JN002132

エコハウスのウソ 2

前 真之

エコハウスのウソ2
目次

イラスト：ナカニシミエ
図版作成：村上総（カミグラフデザイン）
写真・資料：特記以外は前真之

PART2
変わらない真実——対策編

はじめに

みんながエコハウスで
暮らせるために

　本書「エコハウスのウソ」は、2012年の「初版」、15年の「増補改訂版」に続く3冊目である。初版では、冬は寒く、夏は暑い、そして電気代も高い——そんな「ウソのエコハウス」がたくさんあることを示し、その「ウソ」を暴くことが主たる目的であった。「増補改訂版」では初版を踏襲しながら、もう1歩踏み込んで、エコハウスの設計に必要な気候や建物外皮・設備の理論・知識をできる限り網羅した。

　3冊目の本書はいわば「実践編」。健康・快適な暮らしを未来永劫、エネルギーコストゼロで実現する。そんな究極のエコハウスづくりについて、ぜひ知っておいていただきたい最新の情報を、25年間にわたって住宅のエネルギーを専門に研究してきた筆者の知見の及ぶ限り、厳選してまとめている。前作の「増補改訂版」も併読いただければ、より理解が深まると思う。

健康・快適な室内環境が家づくりの最重要課題に

　本書で取り上げるエコハウスの究極目標はただ1つ。「暖か
く涼しい健康・快適な暮らし」を「いつまでも最小のエネル
ギーコスト」で「全ての人」に届けることである。

　大前提として、家づくりで最も重視するべきは、建て主の
「生活」。これはずっと昔から変わらない。苦労してお金を工面
し実際に家を建てるのは建て主なのだ。

　一方で、家づくりを取り巻く状況は、刻一刻と変化している。
増補改定版の発行から5年がたち、近年のヒートショック問題
や2020年冬からの新型コロナウイルス問題をきっかけに、住
環境が健康にもたらす悪影響の深刻さは広く知られるように
なった。

もはや、不健康・不快な室内環境を「ガマンしてはいけない時代」に入っているのだ。家族みんなが健康・快適に暮らせるよう、室内の温熱環境や空気質を上手に整えることが、住宅の最優先事項の１つであることをくれぐれもお忘れなく。

新型コロナ問題で生活の中心は再び住宅に

最近まで、住宅はコンパクト化が進んでいた。共働きが増えて交通の便利さが重視され、都心に近い高額な狭い敷地にコンパクトな住宅を建てることが主流となった。日中は家族全員が外出し、家では食事や団らん、就寝がもっぱらのライフスタイルであれば、狭い住宅でもさして問題なかった。

しかし、新型コロナ問題により、感染拡大予防のために在宅勤務が増加した。それまで受け入れられていたコンパクトでオープンな住宅プランでは、ウェブ会議をするにもプライバシーの確保が困難。在宅勤務なら利便性の高い場所にこだわる理由もなくなるのだから、郊外の割安な広めの土地に、プライバシーを確保しつつ長時間過ごすためのゆとりのある家づくりを希望する人も増えると予想される。

再び生活の中心舞台となる住宅では、長時間在室しても電気代の心配がいらないよう、しっかりしたエネルギー計画も必要となる。エコハウスの重要性は、ますます高まっているのだ。

エコハウスを実現できなかった住宅・エネルギー業界

こうしたエコハウスは、住む人のためにあり、また、みんなが住めないと意味がない。お金持だけが健康・快適に安い電気代で暮らせるというのでは、まさに「最悪の格差社会」であ

住宅産業・エネルギー産業に潜む「エコハウスのウソ」

太陽光発電載せとけば
FITで電気代ゼロでしょ？
10年たって高額買い取りが
終わったら？
オレの知ったことかよ。

ハウスメーカーの
営業

全ての人が健康・快適
に暮らせる家づくりですって？
もちろん国もそれが
望ましいとは思ってますよ。
ま、あくまでも
住宅産業サマの
お邪魔にならないのが
最優先ですがね…

役人

うちの家を買える
お金持ちだけが
暖かく涼しく安い電気で
暮らせればいいの！
当たり前になったら
差別化にならないでしょ！

ハウスメーカーの
営業

おやおや節電され
ちゃうと電気代が
いただけませんね〜
送配電網や原子力の
維持費用は幅広く
ご負担いただかないと。

大手の電力会社

デカい太陽光発電さえ載せ
れば昔はボロ儲けだったんです
最近は蓄電池が
はやりですよ〜

太陽光発電や
蓄電池の
販売メーカー

快適？健康？家は
忍耐力を鍛える場所だ！
地球のために暑さ
寒さは我慢しろ！

伝統を重視する建築家

換気装置はとにかく
設置だけしておけばOK。
どうせメンテナンスなんか
されないし。
空気の質なんて誰も
気にしないでしょ？

換気装置の営業

UA値とかηAC値とかよく
分かんないけどとにかく数字だけ
小さくすればいいんでしょ？

ハウスメーカーの
設計者

る。これには、住宅やエネルギーを取り巻く政策や産業界の動きが深く関係してくる。

　残念ながら、誰でも当たり前にエコハウスが建てられるようになることを、つくり手である住宅産業に丸投げしていては、エコハウスに住める可能性は低い。建て主みんながしっかり勉強して、エコハウスを確実に建ててくれる設計者・施工者を見つけ出す努力が不可欠なのだ。

　本書では、家づくりに関係する制度やその背景、歴史などを踏まえながら、業界に忖度（そんたく）しない中立的な視点でエコハウスを考えているので、安心してお読みいただきたい。

　なお、本書はこの思い切った（？）タイトルから、「エコハウスなんかいらない」と主張するトンデモ本の類と誤解されることも少なくない。しかし、科学的にエコハウスを考える至って真面目な本なので、くれぐれもお間違えなく！

全ての人がエコハウスで暮らせる幸せな時代

　近年の住宅の進歩は急速である。高性能部材の低廉化と設計手法の高度化によって、低コストで健康・快適な家をリーズナブルに建てることは十分に可能になっている。

　住宅産業の「ウソ」に惑わされることなく、優良な住宅設計者・施工者と巡り合うことができれば、かつては理想でしかなかったエコハウスを「ホント」にできる、素晴らしい時代なのだ。この素晴らしい時代に家づくりができる幸運を最大限に生かし、理想の生活を手に入れていただきたい。本書がそのお役に立てることを、心より祈念する。

前 真之

家づくりを 住宅産業に 丸投げしてはダメ！
建て主みんなが 住まいのことを
しっかり勉強して、
✦✦ **本当のエコハウス** ✦✦ を 建ててくれる
設計者・施工者を
見つける努力が大事！

サーモ画像の見方

　「サーモ画像」は物体表面から放出される遠赤外線を可視化したもので、表面温度分布を分かりやすく見せてくれる。ただし印象的な分、いいかげんな比較がされている場合も多い。本書では冬・夏ごとに温度レンジをそろえて温度線形処理を行うことで、異なる画像でも季節ごとに同じ色が同じ表面温度となるよう工夫している。

(使用機材：FLIR T620 80度超広角レンズ)

冬
温度レンジ 5 〜 35℃

夏
温度レンジ 10 〜 40℃

エネルギーと熱は同じ単位

　住宅の周りでは、様々な種類のエネルギーが互いに変換され、人が必要とする用途に活用されている。原子力を除く全エネルギーの大元は、地表に降り注ぐ「太陽エネルギー」である。これを過去の植物が光合成で固定化し、地中に埋没していたものが「化石燃料」である。

　様々な種類のエネルギーや熱は相互に変換が可能であり本質的に同じなので、エネルギー量と熱量は同じ単位となる（熱エネルギーという呼び方は物理的に不適切なので、本書では単に熱と呼称する）。本書では、エネルギー・熱の単位としてkWh（キロワットアワー）を基本として用いている。

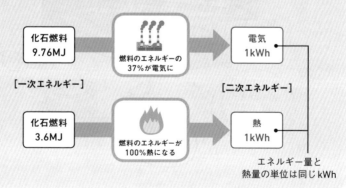

エネルギー量の単位Wh/Jとパワーの単位W

　1kWh（キロワットアワー）は、1kW（キロワット）のパワーの「電力」を1時間だけ流した場合に消費されるエネルギーの量「電力量」を表す。

　エネルギー量・熱量の単位には、他にJ（ジュール）がある。建築物省エネ法やZEH（ゼッチ）では、一次エネルギー量の単位としてMJ（メガジュール）を用いている。ガスや石油などの化石燃料を3.6MJ分燃やすと、1kWhの熱を得られるが、発電所はその熱の一部（約37%）しか電気に変換できないため、9.76MJの一次エネルギーが消費してようやく1kWhの電気がつくられることになる。

　本書ではなるべく分かりやすくするため、消費電力量や熱量をWh、一次エネルギー量をJで表記した。1W（ワット）は1秒に1Jを消費することなので、1kWh=1kW×3600秒/h=3.6MJ（メガジュール）と換算できる。

※1G（ギガ）=1,000M（メガ）=1,000,000k（キロ）=1,000,000,000

エネルギーの量 = J（ジュール）
または Wh（ワットアワー）

ジュールは石油やガスの熱量（一次エネルギー）、
ワットアワーは電気の量に用いられることが多いです。
いずれも同じくエネルギーの量を表します。
1Wh=3.6kJ、1kJ=0.28Wh で換算ができます！

仕事率 W（ワット） = J（ジュール）÷秒

ワットは1秒間に消費されるエネルギーの量を表します。
仕事率というとピンときませんが
瞬発力・パワーのようなものと考えてください。
能力のワットの値が大きい機器は、
強力に暖冷房や給湯を行うパワーがありますが、
電気やガスのエネルギー供給に必要なワットも大きくなります。

仕事率 W（ワット）×時間 =
エネルギーの量 Wh（ワットアワー）

ワットに時間をかけると、またエネルギーの量に戻ります。
100Wの電気を消費するテレビを1時間見るには、
100W×1h=100Whの電力量が必要になります。
本書での1kWh当たりの買電単価は28円（2019年全国平均）。
電気をためるバッテリーの容量もWhで表すのが一般的です。

PART 1
変わる
常識
——— 基本編

エコハウスづくりに関係する環境・エネルギー問題や気候、
新技術などの情報は常に更新され続けている。
これまでの常識がいつの間にか"ウソ"に変わっていることも。
設計に取り掛かる前に、前提となる常識をアップデートしよう。

第1章

環境・エネルギー

地球温暖化やエネルギー問題というと、家づくりには関係のないこと、もしくは個人ではどうしようもないことと思うかもしれない。だが本当は、電気代に直結する身近な問題であり、子どもたちの未来に影響する切実な課題でもあるのだ。国やつくり手に任せきりで大丈夫なのだろうか。

Q.1
地球の温暖化はウソだよね？

地球は温暖化なんか
してないですよ
むしろ
寒冷化してるんですよ

CO2排出量を減らしても
意味はないのじゃ
人間は悪くない！

A.

▶ 冬は暖かく、夏はさらに暑くなっている事実を、
　日本全国の気象データが裏付けている。

▶ 地球温暖化は「リアル」な脅威であり、
　全世界の早急な対策が求められる。

地球温暖化について多くの議論が交わされるなか、いまだに「地球は温暖化していない」「温暖化していても人間のせいではない」といった、「温暖化懐疑論」が根強く噂されている。温暖化は本当か、またそれは人間のせいなのだろうか。

世界の結論は「温暖化は疑う余地なし」「人間が原因」

　国際連合の「気候変動に関する政府間パネル」、通称IPCCは、1990年から地球温暖化について各国の専門家による調査研究を続けている 図1 。世界中の研究者が地球の温度予測について真剣な議論を積み上げた結果、既に2007年の第4次報告書において「温暖化は疑う余地がない」と結論付けている。

図1 “地球温暖化は人間が原因”が世界のファイナルアンサー

気候変動に関する政府間パネル（IPCC）においては、世界中の専門家が温暖化の進捗調査（WGI）と影響予測（WGII）、その緩和策（WGIII）を議論している。2007年の第4次報告書で地球が温暖化していることを確定。13年の第5次報告書でその主因は人間が排出する温室効果ガスであると確認された。この結果を踏まえて具体的なCO_2削減目標を設定したのがパリ協定である

1990年	第1次報告書	「CO_2などの温室効果ガスが地球の気候を変化させる可能性がある」
1995年	第2次報告書	「人類の活動により地球の気候が人類の歴史において前例がないほど変化すると予想される」
1997年	京都議定書	先進国を中心にCO_2削減目標を設定（日本は2010年までに1990年比6%削減が目標）
2001年	第3次報告書	「過去50年の温暖化の大部分は、人類の活動が原因とする新しい強力な証拠が存在する」
2007年	第4次報告書	「温暖化には疑う余地がなく（unequivocal）、1950年以降の温暖化は人類起源の温室効果ガスの増加による可能性が非常に高い（very likely 90%以上の可能性）」
2007年12月		IPCCがノーベル平和賞を受賞
2013年	第5次報告書	「温暖化には疑う余地はなく、人類活動による可能性が極めて高い（extremely likely 95%以上の可能性）」
2015年	パリ協定	温度上昇を2℃以内、できるだけ1.5℃以内に抑えるために、2050年までにCO_2排出量ゼロを目指して各国が努力することに

IPCC 第5次報告書の要旨
- 1850～1900年の期間に比べて2006～15年の10年間は、0.87℃程度温度が上昇している
- 人間活動による地球温暖化は10年で約0.2℃進んでいる
- このまま温度上昇が進むと2030年～52年の間に温度上昇が1.5℃を超え、地球環境に大きな影響が出る
- 温度上昇を1.5℃以内に抑えるためには、2050年までにCO_2排出量をゼロにする必要がある

15

図2 **建築物省エネ法の地域区分も見直し**

冬の気温の低さを表す「暖房デグリーデー」に基づく地域区分は2019年11月、気象データが
最新のものに差し替えられ、多くの地点がより温暖な地域区分にシフトした

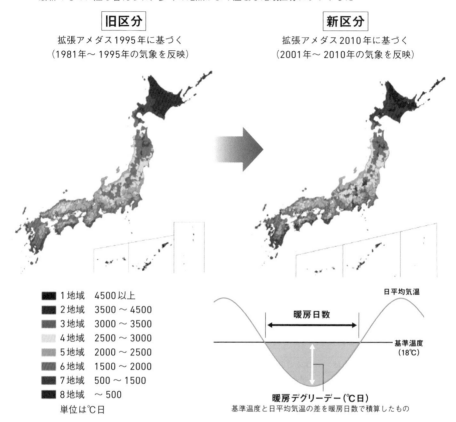

旧区分	新区分
拡張アメダス1995年に基づく （1981年～1995年の気象を反映）	拡張アメダス2010年に基づく （2001年～2010年の気象を反映）

1地域　4500以上
2地域　3500 ～ 4500
3地域　3000 ～ 3500
4地域　2500 ～ 3000
5地域　2000 ～ 2500
6地域　1500 ～ 2000
7地域　500 ～ 1500
8地域　～ 500
単位は℃日

日平均気温

暖房日数

基準温度（18℃）

暖房デグリーデー（℃日）
基準温度と日平均気温の差を暖房日数で積算したもの

図3 仙台市が4地域から5地域に変更

旧→新区分	地点名
1地域 ⇒ 2地域	旭川市　釧路市　帯広市　北見市　網走市　稚内市　紋別市　ニセコ町
2地域 ⇒ 3地域	十和田市　室蘭市
3地域 ⇒ 4地域	宮古市　北上市　米沢市　日光市　富士吉田市　松本市　高山市
4地域 ⇒ 5地域	仙台市　鶴岡市　福島市　長岡市　飯田市
5地域 ⇒ 6地域	前橋市　足利市　さいたま市　町田市　八王子市　福井市　甲府市　奈良市
6地域 ⇒ 7地域	館山市　横須賀市　藤沢市　静岡市　沼津市　和歌山市　松山市　熊本市　大分市
7地域 ⇒ 8地域	小笠原村　奄美市

地域区分の見直しの結果、より温暖な地域に区分が変更になる地点が続出した。特に、厳寒地
の代表であった旭川市が1地域から2地域に、準寒冷地の代表であった仙台が4地域から5地
域に変更されたことは、温暖化の進行を強く印象付けた

（出典：国土交通省の地域区分新旧表、2019年11月版）

図4 1月の平均気温も間違いなく上昇している

年間で気温が最も低い1月の平均気温の推移。特に都市部や寒冷地での温度上昇が激しい
（資料：気象庁の気象データを基に筆者が分析）

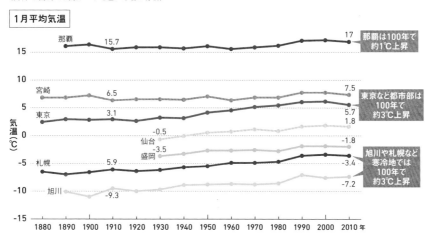

1月平均気温

- 那覇は100年で約1℃上昇
- 東京など都市部は100年で約3℃上昇
- 旭川や札幌など寒冷地では100年で約3℃上昇

図5 冬の寒さ指標「暖房デグリーデー」も急減少

暖房デグリーデーは冬の気温の低さを積算したもので、暖房消費エネルギー量と相関すると言われている。冬の気温上昇を反映して、各地で暖房デグリーデーは急速に減少している
（資料：気象庁の気象データを基に筆者が分析）

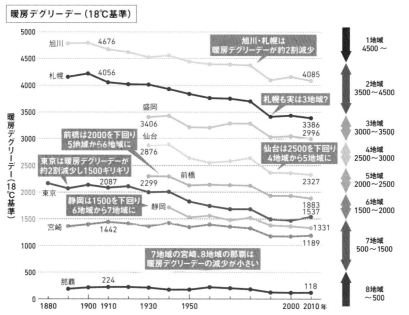

暖房デグリーデー（18℃基準）

- 旭川・札幌は暖房デグリーデーが約2割減少
- 札幌も実は3地域？
- 前橋は2000を下回り5地域から6地域に
- 東京は暖房デグリーデーが約2割減少し1500ギリギリ
- 仙台は2500を下回り4地域から5地域に
- 静岡は1500を下回り6地域から7地域に
- 7地域の宮崎、8地域の那覇は暖房デグリーデーの減少が小さい

1地域 4500〜
2地域 3500〜4500
3地域 3000〜3500
4地域 2500〜3000
5地域 2000〜2500
6地域 1500〜2000
7地域 500〜1500
8地域 〜500

17

さらに13年度の第5次報告書において、「温暖化は人間活動起源の温室効果ガス排出などによる可能性が極めて高い」と明確に示した。長い時間をかけた世界中の専門家の調査研究と議論を通し、世界の「ファイナルアンサー」は既に出ていることを忘れてはならない。

建築物省エネ法「地域区分見直し」の衝撃

国連の結論は、あくまでも世界規模の話でしょ？と、他人ごとに思う人も多いだろう。だが日本の気象データにおいても、温暖化の影響はくっきり表れている。

最近話題になったのが、「地域区分の見直し」。「建築物省エネ法」においては、日本を冬の寒さに応じて8つの「地域区分」に分けて、それぞれ達成すべき省エネ性能を定めている。この1地域から8地域までの8区分の根拠は「暖房デグリーデー」。基準温度（通常18℃）以下となる気温の差分を積算した値で、「冬の気温の低さ」を示す指標として広く用いられている。

この地域区分が19年11月、気象データ更新と市町村合併対応のために見直された 図2 。その結果、以前より温暖な地域区分に変更された市町村が続出 図3 。温暖化の影響を、改めてまざまざと感じさせる結果となった。

冬の寒さは和らいできている

実際の気温はどうなっているだろうか。日本では1875年（明治8年）ごろから継続的に、温度などの気象データが各地で計測・記録されている。先人が残してくれた、この貴重な

図6 日最低気温0℃以下の「冬日」も急減少

日最低気温が0℃以下になる「冬日」（気象庁の定義）は、各地で30～60日も減少している。氷がはらない日が増えている印象は間違っていなかったのだ（資料：気象庁の気象データを基に筆者が分析）

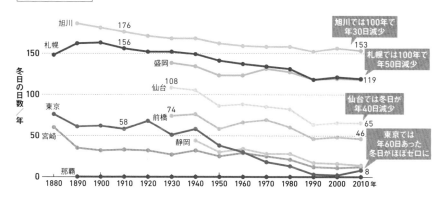

データを分析してみると、年間で気温が最も低い1月の平均気温は、都市部や寒冷地ではこの100年で約3℃も上昇していることが分かった 図4 。

　気温の上昇に伴って暖房デグリーデーも急激に減少しており、寒冷地や都市部ではおよそ2割減 図5 。仙台や前橋、静岡では、地域区分の境界である2500、2000、1500℃日の値を切ってきており、区分が見直されたのも当然といえる。

　併せて、1日の最低気温が0℃以下となる「冬日」も、各地で年30～60日減と大幅に減少 図6 。特に東京では、かつて年に2カ月程度あった冬日がほぼゼロに。最近は屋外で水が凍らないなという実感は、気象データ上でも裏付けられている。

夏の暑さは危険レベルに突入

　冬の寒さが和らぐ一方で、夏の暑さは厳しさを増している。8

19

月の平均気温を見てみると、東京ではヒートアイランド効果も
あって3℃も上昇 図7。他の準寒冷地や寒冷地でも、近年の気
温急上昇が心配になる。

　最高気温が30℃以上の「真夏日」も大幅に増加し、温暖地
では年間60日間と、2カ月間相当が真夏日だった 図8。最高気
温が35℃を超える「猛暑日」も、前橋などの内陸地で特に増
えている 図9。消防庁の統計でも、熱中症の患者数が2010年
以降に急増しており、昼間の暑さは看過できない「危険」なレ
ベルに達していることが分かる。

　夏の暑さは日中だけではない。最低気温が25℃を下回らな
い「熱帯夜」も急増 図10。年間100日オーバーの那覇は別格と
しても、都市部や沿岸部でも30日に達している。夜寝るとき

図7 夏の平均気温も上昇中

8月の平均気温の推移（各都市の10年間の平均値）。夏の気温は東京など都市部や前橋などの
内陸地で急激に上昇し、28℃に達している。準寒冷地や寒冷地でも近年の温度上昇が急激で
ある（資料：気象庁の気象データを基に筆者が分析）

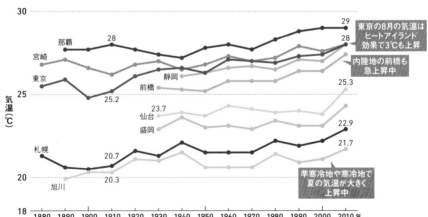

8月平均気温

図8 30℃オーバーの「真夏日」が夏の間ずっと続く

日最高気温が30℃を超える真夏日（気象庁定義）の日数の推移（各都市の10年間の平均値）。蒸暑地の那覇で真夏日が100日を超えるのは別格としても、東京などの温暖地でかつて30日だった真夏日が約60日にまで長期化していることが分かる。仙台でも真夏日が30日超、北海道でも10日以上となっている（資料：下も気象庁の気象データを基に筆者が分析）

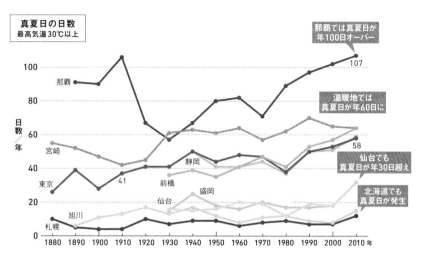

図9 35℃オーバーの「猛暑日」が急増

日最高気温が35℃を超える猛暑日（気象庁定義）の日数の推移（各都市の10年間の平均値）。以前はめったに発生しなかった猛暑日だが、近年では内陸地や都市部で頻繁にみられるようになってきている。初夏に急に訪れる猛暑日では、熱中症への警戒が特に重要になる

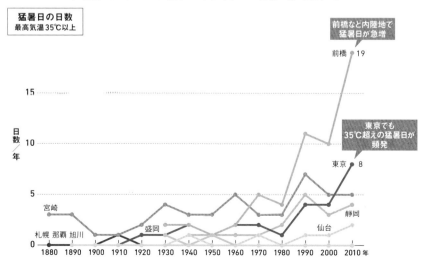

図10 夜も25℃オーバーの「熱帯夜」が長期化し夜の冷房も必須に

日最低気温が25℃を切らない熱帯夜（気象庁定義）の口数の推移（各都市の10年間の平均値）
東京や宮崎、静岡など、都市部・沿岸部では30日を超えてきていることが分かる

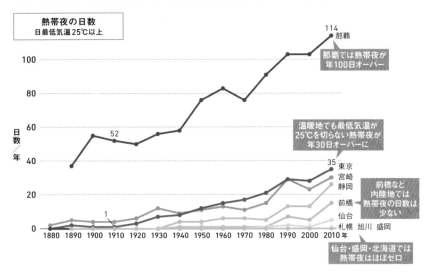

図11 大雨の日も増えている

1時間当たりの降水量が20mmを超える大雨の日数の推移（各都市の10年間の平均値）。大雨
も増加傾向にあることが分かる。今後、温暖化によって台風の増加も予想されることから、大
雨や強風に強い家づくりが大事な時代になってきている（資料：気象庁の気象データを基に筆者が分析）

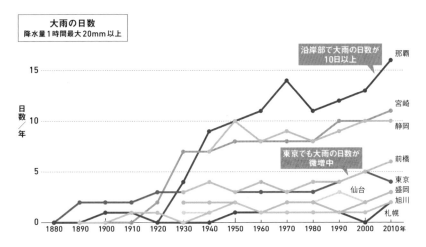

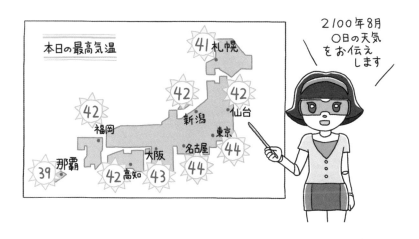

も冷房は欠かせない時代に入っているのだ。

暑さと風水害への備えを忘れずに

　気温の変化と連動し、昨今の自然災害の激化も心配になる。降水量が1時間最大20mm以上の大雨があった日数を見てみると、やはり徐々に増えている傾向がうかがえる 図11。地球温暖化が台風の発生に及ぼす影響については、まだ研究途中のようであるが、風水害の激化への備えは今後欠かせないだろう。

　IPCCの第5次報告書に基づき、地球温暖化がこのまま進めば、2100年には夏の最高気温が全国で40℃オーバーと破滅的な未来が訪れるという、環境省の未来予報も配信されている。

　残念ながら既に、地球温暖化は紛れもなく「リアル」な脅威である。温暖化の抑制に最大限努めるとともに、一方で激化への備えが欠かせない厳しい時代に入っているのだ。地球の住民全員がこの事実を真摯に受け止め、直ちに行動する必要に迫られている。

Q.2
住宅のCO$_2$削減は他人ごと？

ところで、冬寒くて仕方ない私たちの家はどうなるの？

まあ、誰かが何とかしてくれるんでしょ？

A.

▸電力会社と家電メーカーのツートップに頼り
　過ぎた結果、住宅の質の向上が遅れる痛恨。

▸省エネ・省CO$_2$と健康・快適の両立は、
　一人ひとりが自分ごとと認識する必要あり。

地球温暖化がリアルな問題として深刻化するなか、日々の生活によって排出されるCO₂を限りなく減らす「エコハウス」を、全ての人が住めるように普及させていくことはとても大事。だが、そのエコハウスは、地球のために日々の生活を犠牲にしなければならない「ガマンの家」なのだろうか?

世界はCO₂排出量ゼロに向けて動き出している

　2013年のIPCC第5次報告書を受け、パリ協定において世界中の国々がCO₂削減目標を約束した **図1**。日本は、13年のCO₂排出量12.35億トンを、30年までに26%削減、50年までに80%削減することを国際公約としている。

　日本全体のエネルギー消費量およびCO₂排出量は、高度経済成長期の1955年以降に急増 **図2**。70年代のオイルショック、90年代以降のバブル崩壊後の停滞も乗り越えて増え続けた後、

	削減目標		基準年
中国	**2030年までに**	GDP当たりのCO₂排出を **60~65%削減**	2005年比
EU	**2030年までに**	**40%削減**	1990年比
インド	**2030年までに**	GDP当たりのCO₂排出を **33~35%削減**	2005年比
日本	**2030年までに**	**26%削減** ※2005年比では25.4%削減	2013年比
ロシア	**2030年までに**	**70~75%に抑制**	1990年比
アメリカ	**2025年までに**	**26~28%削減**	2005年比

2015年10月1日時点

図1 世界各国のCO₂削減目標

2013年のIPCCによる第5次報告書の結論を受け、15年のパリ協定で交わされたCO₂削減目標。2100年までの温度上昇を2℃以内、できる限り1.5℃以内に抑え込むために各国が設定している。しかし、その後もアメリカが離脱するなど、必ずしも順調に進んでいない

(資料:国連気候変動枠組条約に提出された約束草案より抜粋)

25

2008年のリーマンショックと11年の東日本大震災以降に減少に転じている。

　しかし、今後も順調に減り続けるかは不透明だ。特に、2050年までに80%減というのは、高度成長期前半の1960年時点の排出量にまで戻すことを意味する。小手先の対応では到底実現できない。社会・生活全体の根本的な見直しが不可欠なのだ。

パリ協定順守のため住宅分野に厳しい CO_2 削減目標

　2030年までに26%削減という公約を達成するため、国は各部門の削減目標を設定している。この中で最も厳しいのは、業務その他の「オフィス・店舗」と、家庭部門の「住宅」。それ

図2 日本のエネルギー消費と CO_2 排出の歴史

日本では1955年からの高度経済成長以降、エネルギー消費量と CO_2 排出量が急増した。70年代のオイルショックや90年代のバブル崩壊、そして2011年の東日本大震災を経て減少傾向にはあるが、次の CO_2 削減目標である「2030年26%削減」の達成すら不透明。「2050年80%削減」に至っては全くメドが立っていない（資料：EDMC／エネルギー・経済統計要覧を基に筆者が分析）

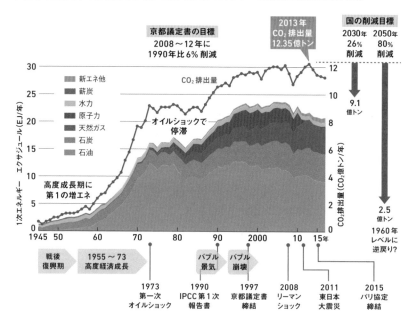

それ CO_2 を40％削減、39％削減という非常に大きな目標が課されている 図3 。

住宅の CO_2 排出量（≒エネルギー消費量）については、最近まで一貫して増加し、東日本大震災直後の12年に1965年比

図3 国が設定した CO_2 削減目標、「住宅」は責任重大

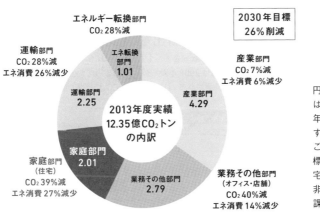

2030年目標
26％削減

2013年度実績
12.35億 CO_2 トン
の内訳

エネルギー転換部門
CO_2 28％減

運輸部門
CO_2 28％減
エネ消費26％減少

エネ転換
部門
1.01

運輸部門
2.25

家庭部門
（住宅）
CO_2 39％減
エネ消費27％減少

家庭部門
2.01

産業部門
4.29

業務その他部門
2.79

産業部門
CO_2 7％減
エネ消費6％減少

業務その他部門
（オフィス・店舗）
CO_2 40％減
エネ消費14％減少

円グラフ外側の数値は、国際公約の「2030年26％削減」を達成するため、国が部門ごとに定めた削減目標。家庭部門の「住宅」では39％削減と、非常に厳しい目標が課されている

図4 少人数世帯の増加が住宅の CO_2 削減を難しくする

住宅（家庭部門）からの CO_2 排出量は、2012年まで増え続けてきた。その背景にあるのは、少人数世帯の増加だ（資料：EDMC／エネルギー・経済統計要覧を基に筆者が分析）

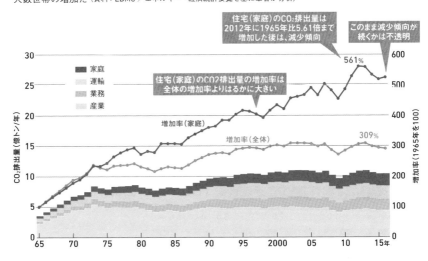

住宅（家庭）の CO_2 排出量は2012年に1965年比5.61倍まで増加した後は、減少傾向

このまま減少傾向が続くかは不透明

住宅（家庭）の CO_2 排出量の増加率は全体の増加率よりはるかに大きい

増加率（家庭）

増加率（全体）

561%

309%

家庭
運輸
業務
産業

CO_2排出量（億トン/年）

増加率（1965年を100）

5.61倍の1.98億トンでピークをつけた 図4 。その後は減少しているが、このまま減り続けるかどうかは不透明である。

人口減でも増え続ける少人数世帯が CO_2 排出を下支え

　日本では2008年ごろから人口が減少しており、一見すると削減も容易にみえる。しかし、単身や夫婦のみの少人数世帯は

図5 少人数世帯では1人当たりの CO_2 排出量が増加する

世帯数の推移。少人数世帯はエネルギー利用の無駄が多く、1人当たりの CO_2 排出量で比較すると、単身世帯は、4人世帯のおよそ2倍。人口は2008年から減少が始まっているが、世帯数は少人数世帯を中心に25年まで増加が続くと推測されており（上図）、 CO_2 排出量削減の大きな障害となると予想される

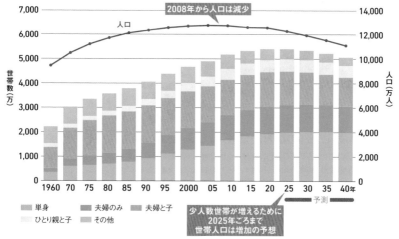

（出典：2015年までは国勢調査、2020年以降は国立社会保障・人口問題研究所の将来人口推計）

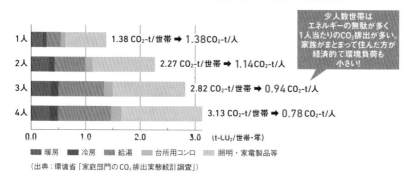

（出典：環境省「家庭部門の CO_2 排出実態統計調査」）

増え続けており、世帯数は25年まで増加する見込みだ 図5 。

　少人数世帯は多人数世帯に比べてエネルギー利用のムダが多く、1人当たりのエネルギー消費量やCO_2排出量は多くなる。つまり、人口が減っても少人数世帯が増え続ける限り、エネルギー消費量やCO_2排出量はあまり減らない可能性が高いのだ。

CO_2削減は電力会社と家電メーカーの仕事？

　率直に言って、CO_2削減は日本社会で大きな関心を集めてきたとは言い難い。その原因として、日本の住宅におけるCO_2削減は、電気を供給する「電力会社」と、電気を使う家電製品の製造者である「家電メーカー」が対応するべき課題とされてきたことが挙げられる。

　前者は原子力発電によって「低CO_2で安価な電気」を安定供給し、後者はエアコンや給湯機・家電など「設備の高効率化」を推し進めてきた。つまり、ほとんどの日本人にとってCO_2削減は「誰かが解決してくれる」他人ごとだったのだ。

ツートップ戦略の栄光と崩壊、京都議定書もお金で補填

　この電力会社と家電メーカーの「ツートップ」戦略は、一時期は大きな成功を収めた。しかし、2011年の東日本大震災で一気に暗転。原子力発電は全停止となり、その後の推進も極めて困難になった。家電のエネルギー効率向上も頭打ちになり、日本メーカーは国際競争力をすっかり失ってしまった。

　そして、京都議定書で日本が約束した「1990年比でCO_2排出量6% 減」の国際公約も、2008 〜 12年の評価期間での達成が危うくなってしまった。仕方がないので1000億円以上の国

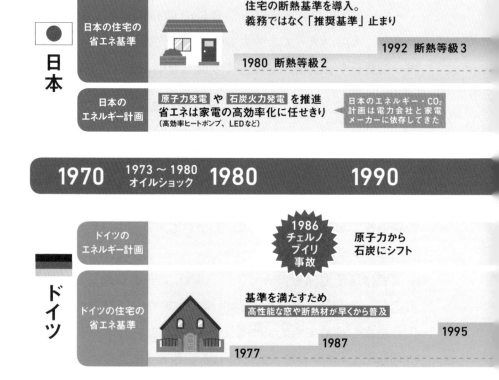

図6 日本の住宅の省エネ基準はレベルが低い？！――日本とドイツの比較

日本

日本の住宅の省エネ基準
住宅の断熱基準を導入。
義務ではなく「推奨基準」止まり
1980 断熱等級2
1992 断熱等級3

日本のエネルギー計画
原子力発電 や 石炭火力発電 を推進
省エネは家電の高効率化に任せきり
（高効率ヒートポンプ、LEDなど）
日本のエネルギー・CO₂計画は電力会社と家電メーカーに依存してきた

1970　1973～1980オイルショック　1980　1990

ドイツ

ドイツのエネルギー計画
1986 チェルノブイリ事故
原子力から石炭にシフト

ドイツの住宅の省エネ基準
基準を満たすため
高性能な窓や断熱材が早くから普及
1977　1987　1995

費を投じ、国内外のCO_2排出権を買いあさって補填するハメに。まさにツートップ戦略の「崩壊」である。

日本で重視されてこなかった住宅そのものの性能確保

　日本のエネルギー・CO_2計画はツートップ戦略に頼り過ぎたため、他の分野はなおざりになっていた 図6。

　住宅についてもオイルショック以降の1980年に、住宅の省

ようやく温暖地でペアガラスが標準に。
相変わらず推奨基準のまま義務化されず

「説明義務化」は始まるも
要求水準は約20年前のまま

1999 断熱等級4　　　　　　　　　　　**2021**

住宅のストックは
ほぼ無断熱レベルが中心に…

**2011
東日本
大震災**

石炭火力を増やす？原発再稼働？
省エネ家電の効率アップは限界に？

**1997
京都議定書 2000　　　2010　 2015
パリ協定 2020**

風力や太陽光など再生可能エネルギーにも注力

2022
原発全廃　**2038**
石炭火力全廃

2014

2009

2002
高断熱住宅が当たり前になり、
高効率部材が安価な 普及価格帯 に

再生可能エネルギーで
自給自足が可能に！

住宅の省エネ基準の変遷。日本とドイツのエネルギー・CO_2計画とそれぞれの省エネ基準を照らし合わせてみた。違いは明らかだ。CO_2削減やエネルギーの問題は、社会全体、一人ひとりが取り組むべき課題であることを忘れてはならない

エネ基準が一応は定められた。だが、求める断熱水準は極めて低く、また義務ではなく任意の「推奨基準」止まり。92年と99年に強化されたものの、要求水準は依然として控えめで、推奨基準のまま。このため、現在ストックされている住宅の多くは実質、無断熱となってしまっている。2021年4月から「説明義務化」が始まるが、時すでに遅し。

　日本との比較でよく挙げられるのがドイツだ。国民全体での

議論を深める中で、再生可能エネルギーにシフトするとともに、住宅性能の向上にも力を入れてきた成果が、社会全体に恩恵を与えている。やはりCO_2削減やエネルギーの問題は、みんなで議論し多様な対策を進めるべき。誰かが解決してくれる問題でなく、「我々一人ひとりが取り組むべき課題」なのである。

家の寒さでヒートショックが大問題に

ツートップ戦略が崩壊し、後には無断熱のひどく寒い住宅が大量に残された日本。「まあ運が悪かったけど、家が寒いくらいはガマンすればいいか」。寒さが健康に及ぼす悪影響が明ら

**部屋間の寒暖差による血圧の急変動が
ヒートショックを引き起こす**

年間1万人
以上が
ヒートショックで
死亡!?

暖かい部屋
血圧が安定

血圧

寒い脱衣室・浴室
血管が収縮して血圧上昇

血圧

熱いお風呂
血管が拡張して血圧低下

血圧

「断熱改修等による居住者の健康への影響調査」で明らかになった寒さと健康の関係

室温が20℃から10℃に低下すると……
➡最高血圧が11.6mmHg上昇（80歳女性）
室温が18℃未満だと……
➡総コレステロールが2.6倍、心電図異常所見ありが1.9倍
床付近温度が15℃未満だと……
➡高血圧が1.51倍、糖尿病が1.64倍

リフォームで断熱を改善
➡最高血圧が3.5mmHg低下
➡浴槽湯温度が下がりヒートショックリスクが低減
➡住宅内での活動時間が1日当たり34分増加
➡夜間頻尿回数が有意に減少

図7 寒い家は命を脅かす健康リスクに

住戸内の温度差「暖差リスク」により、急激に血圧が上下することで心臓や脳の血管にダメージを与え、心筋梗塞や脳梗塞などの発作を起こすのが「ヒートショック」。2011年の1年間で約1万7000人もの人がヒートショックに関連した入浴中急死をしたと推計されている
（出典：東京都健康長寿医療センター「日本サステナブル建築協会　断熱改修等による居住者の健康への影響調査 中間報告（第3回）」）

かになりつつある現在、そうした諦めも許されない。

　国土交通省や厚生労働省が進める住宅と健康の関係に関する調査などにより、家が寒いことは様々な健康リスクをもたらすことが明らかになってきた 図7 。特に、部屋間の温度差によって生じる「ヒートショック」は浴室での死者が年間1万人以上とも推測されており、メディアなどを通してその危険性が広く知られるようになってきた。まさに「寒い家は人を殺す」という事実が、白日にさらされたのである。

家中を暖かくできない無断熱住宅は健康・快適の大敵

　もはや寒さはガマンの対象ではなく、解決しなければならない課題である。残念ながら、健康のために家中を暖かくしつつ、暖房費を誰もが払えるリーズナブルな金額に抑えることは、日本にストックされた無断熱住宅では不可能である。住宅の性能向上を軽視したツケは、ただ不快感をもたらすだけでなく、不健康な生活として重くのしかかっているのだ。

　住宅は、住む人の健康・快適で幸せな生活を支える「器」であり、将来のエネルギー問題や地球温暖化を解決する「主役」でもある。住む人の健康・快適な暮らしをまず最優先に担保したうえで、CO_2 を出さず地球に優しい再生可能エネルギーで賄っていくことが、本書でいうエコハウスの大目標である。

　建物の性能確保、暖房・換気設備の設計、そしてエネルギーの計画が一体となれば、「健康・快適」で「末永く安心」な家は十分に実現できる。「エネルギー・地球環境問題」を自分自身の問題として、しっかり考え取り組んでいくことが、明るい未来につながっていくのではないだろうか。

33

Q.3 安い電気は 良い電気?

うちの電気に替えて電気代を安くしませんか?

どうして安くできるのかしら??

エコな電気も注文できるの?

電力自由化

新電力

A.

▶ 電力の全面自由化で登場した「新電力」の コストメリットは、電力消費の多い世帯限定。

▶ 電気は燃料次第で CO_2 排出量が変わる。 安さだけでなく「きれいな」電気を選ぼう。

住宅のエネルギーの主役は、なんといっても「電気」。電気の「中身」を知り、どの電力事業者を選ぶかは、単なる電気代節約だけでなく、地球環境や地域への貢献にもつながる大事なポイントになる。安さだけに注目するのではない、「良い電気」の選び方を考えてみよう。

電力の小売り全面自由化で好きな電気を選べる時代に

2016年4月から、住宅も含めて電力の「小売り全面自由化」が実施された。かつての電力事業は「地域独占」で、住民は電気を買う先を選ぶことはできず、必ず地元の電力事業者から買わなければならなかった。

こうした地域独占の電力事業者は「一般電力事業者」と呼び、東京電力や関西電力など全国に10社あった。現在では、こうした一般電力事業者に限らず、好きな電力事業者から電気を買うことが可能になっている 図1 。新規参入の小売り電力事業者は「新電力」と呼ばれている。

新電力の参入を促進するため、従来からの一般電力事業者は「発電」「送配電」「小売り」の3つに解体された。東京電力の場合はそれぞれ、「東京電力フュエル＆パワー」「東京電力パワーグリッド」「東京電力エナジーパートナー」の3社に分割されている。

このうち発電と小売りの間をつなぐ送配電部門だけは、「一般送配電事業者」として従来と同じく地域独占のまま。地域の電気を一手に送配電し、「託送料金」を徴収する。その代わり、安定した送配電に責任を持ち、かつ全ての発電・小売り事業者に公平に対応することが義務付けられている。

小売り電力事業者は必要な電気を個別に調達

　消費者が電力会社を変更しない場合は、従来の一般電力事業者の小売り業務を引き継いだ「みなし小売り電力事業者」との契約が継続されている。消費者が「電力会社を変える」場合、新電力系の「小売り電力事業者」を自分で探すことになる。

　小売り電力事業者は消費者に電気を売る契約を結ぶとともに、消費者が必要とする電気を調達する義務がある。新電力の多くは自前の発電設備を持たないため、他の発電事業者と契約して

図1

地域独占から「小売り自由化」「発送電分離」へ

電力事業の競争促進と透明性向上のため、従来からの一般電力事業者による地域独占が解体された。2016年に「小売り完全自由化」で消費者は自由に小売り電力事業者を選べるようになり、20年には発送電の分離で発電と送配電の各部門が分離された。消費者のチョイスが広がるとともに、市場原理の中で電気の調達や小売りが活性化することが期待されている

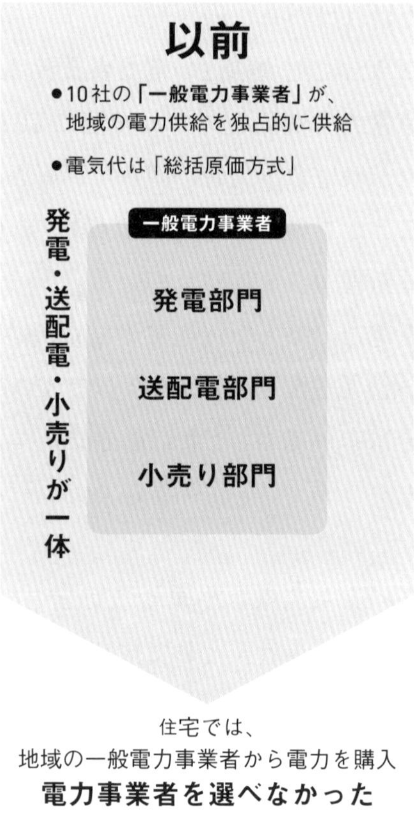

以前

- 10社の「一般電力事業者」が、地域の電力供給を独占的に供給
- 電気代は「総括原価方式」

発電・送配電・小売りが一体

一般電力事業者

発電部門

送配電部門

小売り部門

住宅では、
地域の一般電力事業者から電力を購入
電力事業者を選べなかった

供給を受ける「相対取引」、または日本卸電力取引所（JEPX）を介した「市場調達」により、電気を仕入れることになる。旧一般電力事業者由来の発電事業者から調達することもあれば、太陽光や風力などの再エネ電気を仕入れることもできる。

需要と発電の「同時同量」を守れないとペナルティー

電気はためておくことができないため、小売り電力事業者はどの瞬間にも「消費者の需要」を満たせる「電源の調達」を続ける必要がある。現状では30分間隔で需要と発電の「同時同

現在
発送電分離（2020年4月〜）

- 旧一般電力事業者を「発電事業者」「送配電事業者」「小売り電力事業者」に分離
- 新規の小売り電力事業者「新電力」が市場参入
- 送配電事業者は地域独占のまま。一律の託送料金を徴収する代わりに安定供給の責任

▶ **発電** 旧一般電力事業者由来の発電事業者 ＋ 新規の発電事業者

小売り電力事業者は顧客の需要に対して「同時同量」の電力を調達し供給する義務がある
新電力系の事業者は自社で発電設備を所有せず外部から調達する場合が多い

自社で発電	相対取引	市場調達
旧一般電力事業者由来の発電事業者は火力・水力・原子力など大規模な発電所を数多く所有。新電力でも火力や再生エネの発電所を有する事業者はあるが少数	他社から安定的に調達できる契約を結ぶ	日本卸電力取引所（JEPX）経由で他社からスポット調達

▶ **送配電** 旧一般電力事業者由来の一般送配電事業者が独占

発電事業者が調達した電気は地域独占の「一般送配電事業者」に「託送料金」を支払って需要家に届けられる

「小売り完全自由化」（2016年4月）
住宅用を含めて自由に小売り電気事業者が選べるように

▶ **小売り** みなし小売り電力事業者（旧一般電力事業者の小売り部門）
＋ 新規の小売り電力事業者（新電力）

新電力への切り替えをしていない場合は、そのまま以前の一般電力事業者が小売り電力事業者を引き継いだとみなす

家庭部門でも小売り電力事業者を
自由に選べる時代に

量」を達成する必要があり、バランスを保てなかった場合はペナルティーとして不足分を「インバランス料金」として割高な単価で穴埋めさせられる。

　つまり小売り電力事業者が収益を改善するには、なるべく需要≒発電となるようにし、インバランス（需要と供給の差）を発生させないことが肝心。この需要＝発電のバランスは、電力供給を考えるうえで非常に重要なので、覚えておいてほしい。

新電力の小売りシェアは都市部で増加中

　小売り自由化により、需要家は自由に小売り電気事業者を選んで切り替えることが可能になった。需要が大きい都市部では、多くの新電力事業者が新規参入して活発にアピールするため、

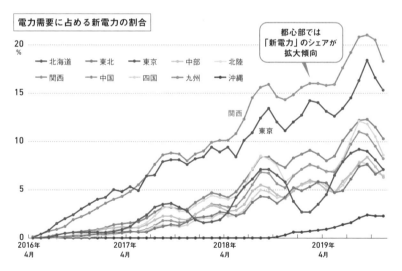

図2 新電力へのスイッチは都市部では進むも、地方では道半ば
東京・関西電力のエリアでは「新電力」の割合が増加傾向。需要が大きく新規の小売電気事業者の参入が多い都心部では選択肢が広がっている。一方、需要が少なく新規参入が少ない地方では、依然として従来の一般電力事業者である「みなし小売り電力事業者」の割合が多い
（資料：新電力ネット（低圧）のデータを基に筆者が分析）

新電力への切り替えが進んでいる。**図2** に示すように、東京電力パワーグリッドや関西電力の管内では、新電力の割合が需要の2割に迫るまでに急増した。

　一方で、市場が小さい地方では新規参入の小売り電気事業者が少ないため、新電力のシェアは1割以下にとどまっている。自由化の恩恵は、市場の大きい都市部に限られているのが現状。エネルギーにも「地域格差」があるのだ。

新電力の安さのカラクリはフラットな単価設定にあり

　新電力のアピールポイントには、通信や交通・ガスなど電気以外のサービスとの連携やポイント特典などもあるが、なんといっても1番の魅力は「電気代の安さ」。しかし新電力といえど、他社から有償で電気を調達し、かつ一般送配電事業者に託送料金も払わなければならない。人件費の削減や検針票の電子

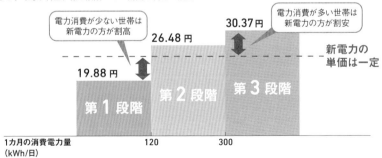

三段階料金制度とは?
省エネルギー推進などの目的から1974年に採用された、料金単価に格差を設けた制度。第1段階は安く、第2段階は家庭の使用量を踏まえた平均的な料金、第3段階はやや割高な料金に設定されている

電力消費が少ない世帯は
新電力の方が割高

電力消費が多い世帯は
新電力の方が割安

30.37円

26.48円

19.88円

新電力の
単価は一定

第1段階

第2段階

第3段階

1カ月の消費電力量
(kWh/日)　　　120　　　300

図3 新電力割引の恩恵を受けられるのは多消費世帯だけ

従来の電気代(電灯料金)は、低所得者向けのナショナル・ミニマム(国が保障すべき最低生活水準)、および多消費世帯への省エネ喚起のため、消費電力量に応じた3段階による料金体系である。新電力の単価の多くは、この段階を廃止して単価を一律とすることで、多消費世帯に対しては三段階料金制度よりも電気代を安く設定している (図の三段階料金制度は東京電力の従量電灯B)

化などではコストダウンにも限界がありそうなものだが、どういうカラクリで単価を安くしているのだろうか。

　従来、一般電力事業者が主に提供してきたのは「三段階料金制度」と呼ばれる料金メニュー（東京電力管内では従量電灯Bなど）。生活者の保護と省エネ意識の喚起を目的に、少なく使う人は割安、多く使う人は割高の単価に設定されている 図3 。

　一方、新電力の多くは単価を一律にフラットとすることで、多消費世帯にとっては三段階料金制度より割安になるよう調整している。逆に、節約している小消費世帯にはメリットがない。新電力といっても、電気を激安で調達できる魔法があるわけではないのだから、コストダウンへの期待はほどほどに。

電源の燃料構成で電気代と CO_2 排出量が大きく変化する

　新電力に契約を切り替えたとしても、地域独占の一般送配電事業者が責任をもって電気を安定提供してくれるので、停電などの心配は特にない。しかし、電気の「質」は値段や安定性ばかりではない。CO_2 排出係数に代表される「環境への負荷」こそ、1番大きな質の違いなのだ。

　発電の燃料を何にするかで、電気の単価と CO_2 排出係数は大きく異なる。図4 に全国のみなし小売り電気事業者ごとの、燃料の内訳と電気単価、CO_2 排出係数を示した。

　電気のコストと環境負荷を決定する特に重要な燃料が石炭。燃料費は非常に安価であるが、CO_2 排出は非常に大きい。そのため、石炭を燃料のメインとする電気は、「安いが汚い」ということになる。

　石油は燃料費が非常に高くつくため、需要ピーク時のみの運

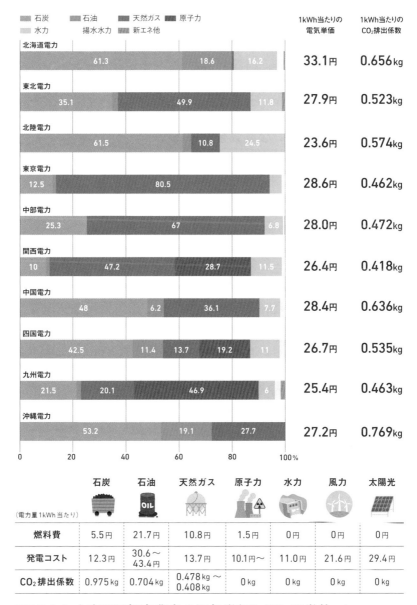

	石炭	石油	天然ガス	原子力	水力	風力	太陽光
燃料費	5.5円	21.7円	10.8円	1.5円	0円	0円	0円
発電コスト	12.3円	30.6～43.4円	13.7円	10.1円～	11.0円	21.6円	29.4円
CO_2排出係数	0.975kg	0.704kg	0.478kg～0.408kg	0kg	0kg	0kg	0kg

（電力量1kWh当たり）

図4 みなし小売り電気事業者の電気単価とCO_2原単位

電源の構成により、電気単価やCO_2排出係数は大きく異なる。石炭は燃料費は割安だがCO_2排出が多く、安いが汚い電気になる。天然ガスはCO_2は少ないが、やや高め。原子力はCO_2が少なく現状では安価とされるが、今後の見通しが厳しい

（電源構成は2018年度、電気単価は従量電灯Bで1カ月400kWh消費した場合の電気単価のkWh平均、燃料費・全体コストは経済産業省の2014年モデルプランと試算結果概要、出典：新電力ネット・経済産業省・電気事業連合会）

41

転が基本。天然ガスは燃料費がほどほどで、化石燃料の中では CO_2 が少なくクリーン。原子力は CO_2 を出さず低コストとされていたが、今後の見通しが立たない。水力は燃料費がタダでゼロ CO_2 だが、水源がほぼ開発済みで新規増設が困難である。

どうせ買うならきれいな電気を選ぼう

みなし小売り電気事業者と同様、新電力も調達してきた電源によって、CO_2 排出係数は大きく異なる。せっかく切り替えるなら CO_2 排出係数の少ない、「きれいな電気」を選びたいもの。CO_2 排出量のランキングも公開されている（新電力ネット https://pps-net.org/ などを参照）ので、参考にしてほしい。

一般電力事業者の独占が続いたせいか、日本人は電気の「中身」を考えることに慣れていない。しかし、電気は発電の仕方

環境負担の低減と地域貢献を可能にする電気選び3つのポイント

ポイント1 **CO_2の少ない電気の調達**
再生可能エネルギーによる電気を優先的に調達している小売り電気事業者が供給する電気は、CO_2排出係数が小さい。「再エネ100%」「水力100%」など、ゼロCO_2の電気を販売している事業者もある

ポイント2 **地元の電気**
地元の再生可能エネルギーを優先して調達する新電力から電気を買えば、払った電気代が地元に還元され、地域活性化につながる

ポイント3 **Jクレジット制度の活用**
CO_2など温室効果ガスの排出削減量や吸収量を「クレジット」として国が認証する制度。CO_2排出がゼロではない電気でも、Jクレジット購入でキャンセルすればゼロCO_2化が可能

図5 せっかくなら環境にやさしい再エネ主体の電気を
再生可能エネルギーが主体でCO_2排出係数が小さく、なるべく地元から調達している小売り電気事業者の電気を選ぶことで、再エネ普及や地域経済の活性化にも貢献できる。また、「Jクレジット制度」によって低CO_2化をしている電気を使えば、省エネや森林経営のサポートにもつながる

やつくられた場所によって、まったく質が異なるものになる。消費者一人ひとりが上手に選択することで、環境負荷を減らしたり地域活性化につなげたりすることも可能である 図5 。

　特に集合住宅に住んでいる人にとっては、自宅の屋根に太陽光発電を載せられなくても環境保護に貢献できる有効な手段。多消費世帯だけが恩恵を受ける（ささやかな）電気代の割引に夢中にならず、身近な電気から地球や地域のことも考えた賢い選択が広がることを期待したい。

Q.4 電気代はずっと上がらない？

A.

▶ 将来的には、需給がひっ迫する「時間帯」や「季節」に電気単価が上がる可能性大。

▶ 買電単価上昇に備えて、太陽光を活用したエネルギー自立の家づくりが求められる。

光熱費の中心である電気。節電・節約と、月々の電気代を気にしている人は多くても、電力量当たりの「単価」までを逐一チェックしている人はそう多くないだろう。将来もこのまま、年間を通じて「常にリーズナブルな一定の単価で供給される電気」をアテにしていて大丈夫なのだろうか。

電気代の値上げは戦後直後とオイルショックの2回

　住宅用（電灯料金）の電気1kWh当たりの単価は、戦後、2回大きく値上げされている **図1**。1回目の値上げは終戦から数年後。地域独占の一般電力事業者が9社設立された際、併せて値上げが行われた。この値上げを原資に発電所や電力系統を増強したことが、日本の高度成長を支えたといえる。

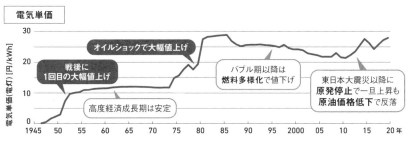

電気単価

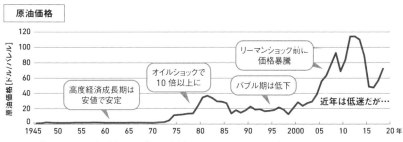

原油価格

図1 **電気代の大幅値上げは戦後2回あった**

戦後2回目の値上げはオイルショックによる原油価格の急騰が原因。その後は石油発電から石炭・原子力発電への転換が進み、1980年後半から単価は低下した。2011年の東日本大震災以降に原発が停止して天然ガス発電が増加するが、たまたま原油などのエネルギー価格が急落したため、電気代の急上昇は抑えられている（出典：EDMC／エネルギー・経済統計要覧）

2回目の値上げは1970年代初めのオイルショックのとき。それまでは欧米のオイルメジャーが原油国を支配していたため、日本は安い石油をふんだんに輸入することで、電気代を安く抑えることができた。しかし、オイルショックにより原油価格が急騰。つられて電気単価も急上昇したことから、脱石油に向けて発電の燃料は石炭と原子力に切り替えられていく。この脱石油シフトのおかげで、90年以降は原油価格の影響をあまり受けずに安い電気を使うことができたのだ。

　さらなる原子力発電への集中を進めていた矢先、2011年の東日本大震災によって原子力発電は全停止する。安価な電源を失うことで電気代の急騰が心配されたが、たまたま同時期に原油価格が暴落。天然ガスや石油の価格も下がったことで発電の燃料費は抑えられ、電気単価「第3の暴騰」は回避された。

　電気の値上がりは景気や生活に与える影響が大きいため、国はできるだけ価格の安定に努めてはいる。一方で、これまで電気単価が災害や国際情勢に大きく振り回されてきた事実は、十分認識しておく必要がある。

電気の従量単価の内訳は？

　日ごろなんとなく支払っている電気代。消費する電力量ごとに課金される従量単価の内訳を見てみよう 図2 。Q.3で触れた電力の全面自由化と発送電分離によって、現在の電気単価は「小売り電気事業者の取り分」と地域一律の「託送料金」に分けられる。小売り電気事業者が利益を上げるには、「自社所有の電源」と「外部から調達した電気」で、顧客の電力需要をどれだけ安く賄えるかが勝負になる。

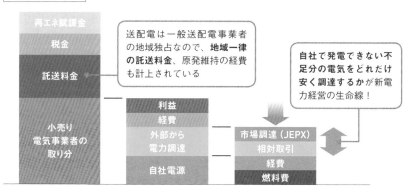

電気代の全体構成

送配電は一般送配電事業者の地域独占なので、**地域一律の託送料金**、原発維持の経費も計上されている

自社で発電できない不足分の電気をどれだけ安く調達するかが新電力経営の生命線！

図2 電気の従量単価を分解してみると…

電気単価の内訳。小売り電気事業者が利益を出すためには、自社電源を動かすか、外部から安い電気を調達してくる必要がある（資料：経済産業省・資源エネルギー庁の資料を基に筆者が作成）

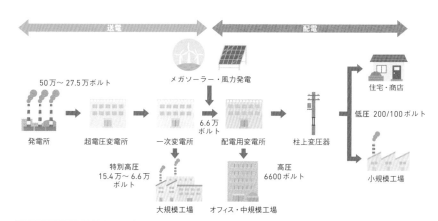

電力会社		北海道電力	東北電力	東京電力	中部電力	北陸電力	関西電力	中国電力	四国電力	九州電力	沖縄電力	10社平均
託送料金（円）	特別高圧	1.85	1.98	1.98	1.85	1.83	2.02	1.62	1.79	2.09	3.01	**2.00**
	高圧	4.17	4.5	3.77	3.53	3.77	4.01	3.99	4.04	3.84	5.2	**4.08**
	低圧	8.76	9.71	8.57	9.01	7.81	7.81	8.29	8.61	8.3	9.93	**8.68**
低圧の託送料金が電気単価に占める割合（％）		37.2	53.2	44.1	43.6	44.7	34.2	40.8	43.1	48.5	44.2	**43.3**

図3 住宅用の託送料金は結構高い

送配電の流れと電圧ごとの託送料金。大規模工場用の特別高圧やオフィス用の高圧に比べ、住宅用の低圧は託送料金が割高だ
（資料：経済産業省の資料を基に筆者が算出）

住宅向けの「低圧」が高い。託送料金が単価の約半分を占めている!!

環境・エネルギー

47

新電力系事業者の多くは自社で電源を持っていないため、外部業者との長期契約による「相対取引」か、日本卸電力取引所（JEPX）からの「市場調達」で顧客の需要を賄う必要がある。

　電気はためることが難しいため、その時々に需要量を賄えるだけの発電量を確保する「同時同量」が大原則。需給バランスがとれずに不足が発生すると「インバランス料金」として割高な電気代が請求されるので、小売り電気事業者は必要な電気を不足なく割安に調達すべく、奔走しているのだ。

住宅の託送料金は割高、さらなる負担の増加も

　2020年の発送電分離の後も、送配電については、それまでと同様に一般送配電事業者の地域独占。地域の送配電を一手に請け負い、託送料金を徴収している。託送料金は電圧によって異なり、住宅用の「低圧」では8〜10円/kWh程度。オフィス用などの高圧や大規模工場用の特別高圧に比べてかなり割高で、電灯単価の半分程度を占めている 図3 。

　ただでさえ高額な託送料金であるが、最近では原子力政策の失敗のツケもふくめ、様々な費用が計上されている。「国民みんなで広く負担」の美名のもと、失策の穴埋めとして託送料金への上乗せが安易に行われている側面は否定できない。

「夏はオフィス」「冬は住宅」が需要のピークをつくる

　月別の需要を電圧種類ごとに見てみると、夏はオフィス向けの高圧、冬は住宅向けの低圧が増加していることが分かる 図4上 。オフィスの冷房と住宅の暖房が、夏と冬のそれぞれの需要を押し上げているのだ。

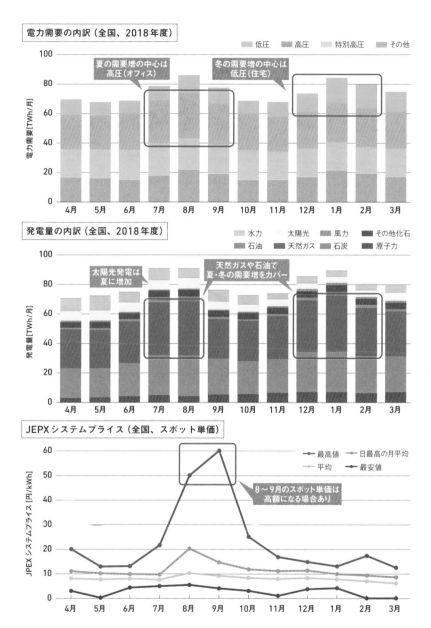

電力需要の内訳（全国、2018年度）

凡例: 低圧　高圧　特別高圧　その他

電力需要[TWh/月]

夏の需要増の中心は
高圧（オフィス）

冬の需要増の中心は
低圧（住宅）

発電量の内訳（全国、2018年度）

凡例: 水力　太陽光　風力　その他化石　石油　天然ガス　石炭　原子力

発電量[TWh/月]

太陽光発電は
夏に増加

天然ガスや石油で
夏・冬の需要増をカバー

JEPXシステムプライス（全国、スポット単価）

凡例: 最高値　日最高の月平均　平均　最安値

JEPXシステムプライス[円/kWh]

8〜9月のスポット単価は
高額になる場合あり

図4 電力の需要と発電・電気代の関係

電力需要を増やしているのは、夏はオフィス向けの高圧、冬は住宅用の低圧である。需要の増加する季節には、割高な天然ガスや石油の発電量が増えるため、電気単価の上昇につながる。日本卸電力取引所（JEPX）で取引される電気のスポット単価も夏場には大きく変化する

（資料：2018年度の経済産業省、電力調査統計表、JEPX統計を基に筆者が分析）

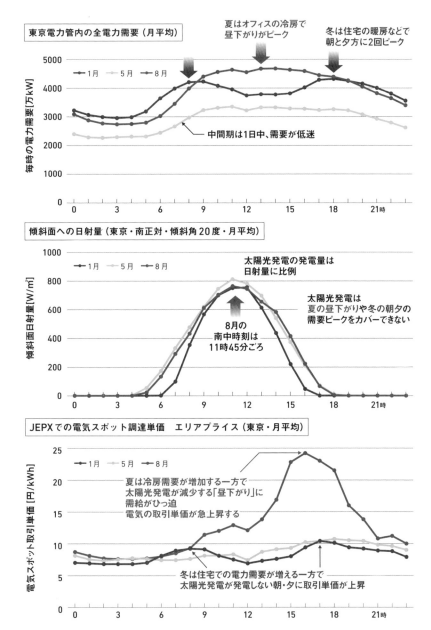

東京電力管内の全電力需要（月平均）

夏はオフィスの冷房で
昼下がりがピーク

冬は住宅の暖房などで
朝と夕方に2回ピーク

- 1月
- 5月
- 8月

毎時の電力需要[万kW]

中間期は1日中、需要が低迷

傾斜面への日射量（東京・南正対・傾斜角20度・月平均）

- 1月
- 5月
- 8月

太陽光発電の発電量は
日射量に比例

太陽光発電は
夏の昼下がりや冬の朝夕の
需要ピークをカバーできない

8月の
南中時刻は
11時45分ごろ

傾斜面日射量[W/㎡]

JEPXでの電気スポット調達単価　エリアプライス（東京・月平均）

- 1月
- 5月
- 8月

夏は冷房需要が増加する一方で
太陽光発電が減少する「昼下がり」に
需給がひっ迫
電気の取引単価が急上昇する

冬は住宅での電力需要が増える一方で
太陽光発電が発電しない朝・夕に取引単価が上昇

電気スポット取引単価[円/kWh]

図5 需要と太陽光発電量で季節・時刻の電気単価が決まる

電力需要と日射量とJEPX電気単価を比較すると、需要が多く日射が少ない夏の昼下がりと冬
の朝夕の時間帯に電気単価が上昇する傾向が見て取れる

（資料：東京電力パワーグリッド電力需要2019年度、NEDO1間時別日射量データベース「METPV-11」、JEPXの資料
を基に筆者が分析）

　夏冬に増加する需要に合わせ、天然ガスや石油など割高な燃料による発電量が増える 図4中。また夏は、冷房によるエネルギー消費と太陽光の発電量のどちらとも、日射の変化に大きな影響を受ける。すると、天気の移り変わりで発電・需要ともに不安定となって需給がひっ迫。JEPX市場では限られた発電への入札が殺到し、取引単価が暴騰してしまうのだ 図4下。

夏は昼下がり、冬は朝と夕方が電力需要のピーク

　より詳しく、需要と日射量、JEPXでの電気単価について、東京を例に時刻別でみてみよう。夏の需要ピークは昼下がりの13〜16時ごろに冷房によって発生する 図5上。一方の日射量は12時前に南中した後に減少 図5中。昼下がりには電力需要が大きいまま太陽光の発電が減少するため、電力が不足してJEPXの取引単価は急騰する 図5下。

　冬は、住宅で電力需要が増加する朝と夕方の2回、ピークが発生する 図5上。朝夕ともに太陽光発電でカバーすることが難しいため 図5中、電気単価も冬は朝夕ともに若干上昇している 図5下。夏の昼下がりのような暴騰ではないが、本書がテーマで掲げる「いつまでも最小コスト」を考えるうえで、冬の朝と夕方の買電抑制は重要となる。

　近年では、夏のピークが低下する一方で、冬のピークは底堅く、夏冬の差は小さくなっている 図6。これまで軽視されてきた冬の朝夕の需要ピークが、重要な時代になっているのだ。

電気が不足する時間帯は電気単価が高くなる時代に

　従来は地域独占の一般電力事業者が発電・送配電・小売りを

一気通貫で行い、こうした季節や時刻の変動を社内で調整していた。そのため消費者は、電力の需給や発電コストの変動を気にすることなく、安定した単価で電力を使うことができた。

　それが現在では、小売り自由化と送配電分離により、「電気が不足する時間帯は電気単価が高くなる」のが当たり前の時代になりつつある。

　現状では、JEPX市場での価格変動を小売り電気事業者がなんとか吸収できているので、消費者が目にする電気単価は一定である。しかし早晩、無理なつじつま合わせには限界がくる。需給状況に合わせて電気単価が変動する制度は「ダイナミック・プライシング」と呼ばれ、近年注目を集めつつある 図7 。

　特に太陽光発電に代表される、変動が激しい再生可能エネルギーの発電に合わせた電力の使い方の工夫、発電に合わせた需

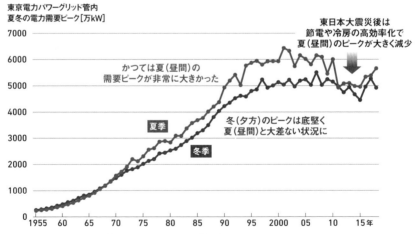

図6 夏のピークと冬のピークは大差がなくなっている

電力需要のピークというと「冷房による夏の昼間」というイメージが強いが、東日本大震災以降の節電と冷房設備の省エネ化で、夏（昼間）のピークの電力量は減少している。一方で冬（夕方）のピークは底堅いままであり、この需要をもたらしている住宅の暖房削減が重要なことが分かる

（資料：東京電力パワーグリッドの資料を基に筆者が分析）

要のコントロールが重要になってきているのだ。

電気単価上昇に備え太陽の都合に合わせた家づくりを

　発電や系統の事情を考えると、電気単価が今のまま安価に維持されると考えるのは、いささか楽観的に過ぎる。特に、住宅では需給がひっ迫する冬の朝夕の時間帯では電気単価のさらなる上昇を警戒すべきだろう。

　一方で、太陽光の電気が余る昼間には割安な電気をふんだんに使っても大丈夫。割安な電気を蓄電したり熱に変えて蓄熱したりすれば、夕方や夜に割高な電気を購入せずに済む。

　将来の電気単価上昇に備えるには、自然エネルギー、特に太陽の都合に合わせつつ、人が快適に暮らせる家づくりが求められる時代になってきているのだ。

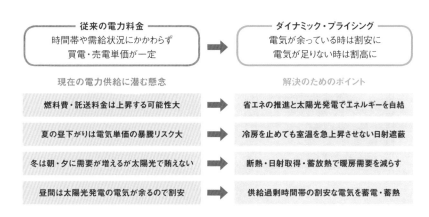

図7 電気代上昇のリスクに備えた家づくりを
電気代が今後上昇する要因は数多くある。系統電力への依存を減らしつつ、自然エネルギー、特に太陽の都合に合わせた家づくりが今後重要となる

第2章

健康

汚れた空気は体に悪い。もちろんウイルスも。健康意識の高まりから、食事に気を使う人は多いが、何か大事なものを忘れてはいないだろうか。1日3度どころか四六時中、常に体に取り入れている空気。目には見えない「室内空気質」にも、これまで以上に意識を向けるべきなのだ。

Q.5
汚れた空気は健康とは無関係？

A.

▶ 人が体内に取り込む物質で最も多いのは「空気」。肺がん急増で死因のトップに。

▶ 健康で快適な暮らしのため、食べ物や水だけでなく、身の回りの空気質にも注意を。

健康のためにと、食べ物や飲み水に気を遣う人は非常に多い。体の中に取り込むのだからなるべく良いものを、と考えるのは当然だが、大きな忘れ物をしてはいないだろうか。

　健康リスクについて尋ねた厚生労働省のアンケート調査を見ても、最上位は「生活習慣病を引き起こす生活習慣（41.9%）」。次に「加齢や遺伝（17.3%）」「不慮の事故（11.7%）」「ストレス（11.0%）」「アレルギー（7.0%）」が続く。「大気汚染・水質汚濁などの環境汚染」は2.6%とごく少ない 図1 。

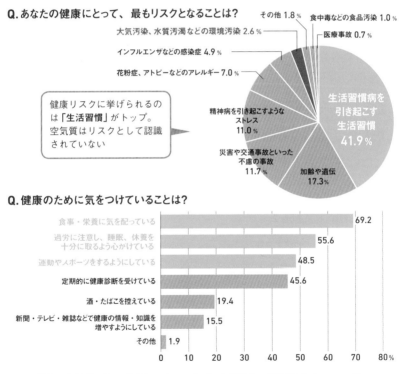

Q. あなたの健康にとって、最もリスクとなることは?

その他 1.8%　食中毒などの食品汚染 1.0%

大気汚染、水質汚濁などの環境汚染 2.6%

医療事故 0.7%

インフルエンザなどの感染症 4.9%

花粉症、アトピーなどのアレルギー 7.0%

健康リスクに挙げられるのは「生活習慣」がトップ。空気質はリスクとして認識されていない

精神病を引き起こすようなストレス 11.0%

災害や交通事故といった不慮の事故 11.7%

生活習慣病を引き起こす生活習慣 41.9%

加齢や遺伝 17.3%

Q. 健康のために気をつけていることは?

食事・栄養に気を配っている　69.2

過労に注意し、睡眠、休養を十分に取るよう心がけている　55.6

運動やスポーツをするようにしている　48.5

定期的に健康診断を受けている　45.6

酒・たばこを控えている　19.4

新聞・テレビ・雑誌などで健康の情報・知識を増やすようにしている　15.5

その他　1.9

0　10　20　30　40　50　60　70　80%

図1 「生活習慣病」予防のため食事や運動が重視されている

健康リスクとして「生活習慣」が最も影響があると考えられており、そのために栄養バランスの良い食事に気を配り、運動をするという回答が目立つ。健康リスクとして環境汚染を選ぶ人はごく僅かだ（出典：厚生労働省「健康意識に関する調査」2014年）

健康のために気をつけていることで多いのは「食事・栄養」や「運動・スポーツ」であり、やはり生活習慣病の予防がメインとなっている。

体に取り込む物質で最も多いのは「空気」

　メタボリックシンドロームなどの生活習慣病による悪影響が知られるようになり、みんなが食べ物や水に気を遣うのは大変素晴らしいことである。しかし、いずれも人が1日に体に取り込む食べ物や水の重さは、1kgちょっとにすぎない。

　図2で示すように、体が最も多く取り入れているのは「空気」。生存に必要な酸素を取り入れ、不要になった二酸化炭素を排出するため、1日当たりにして実に約1万5000リットル（15m^3）、約18kg もの空気が体の中を出入りしているのだ。

　食べ物や水は体に蓄えておけるので、良いものだけを選んで取り入れることが可能だ。しかし、空気は常に取り入れ続けなければならないので、どんな環境下でも身の回りにある空気を

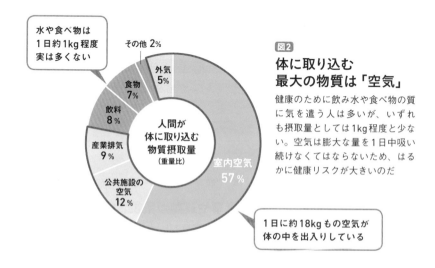

図2
**体に取り込む
最大の物質は「空気」**

健康のために飲み水や食べ物の質に気を遣う人は多いが、いずれも摂取量としては1kg程度と少ない。空気は膨大な量を1日中吸い続けなくてはならないため、はるかに健康リスクが大きいのだ

水や食べ物は
1日約1kg程度
実は多くない

その他 2%

外気
5%

食物
7%

飲料
8%

産業排気
9%

公共施設の
空気
12%

人間が
体に取り込む
物質摂取量
（重量比）

室内空気
57%

1日に約18kg もの空気が
体の中を出入りしている

吸い続けざるを得ない。滞在した全ての周辺環境の有害物が、気管や肺にいつまでも蓄積されてしまうのだ。

死因で急増する「肺がん」と「肺炎」

図3 に、日本における死因の推移を示した。戦前から戦後しばらくは、亡国病と恐れられた「結核」が最大の死因であったが、抗生物質の普及で激減する。その後しばらくは脳血管疾患が最多であったが、薬物療法などの発達でこれも減少。近年最も増えているのは、やはり「がん」。そして戦後しばらくは減少していた「肺炎」も最近また増えはじめている。

　死因となったがんの種類を見てみると、従来は多かった胃がんや肝臓がんが減少し、最近では肺がんが急増していることが分かる。先の肺炎と含め、呼吸器系の疾患が最大の生命リスクとなっているのである 図4 。

肺がんの最大の原因はやっぱり「喫煙」

　国立がん研究センターによると、肺がんの原因はなんといっても「喫煙」。もう聞き飽きてウンザリ気味の愛煙家も多いだろうが、長い期間の研究を重ねて間違いのない事実となっているのだから、ここは素直に受け入れるべきだろう。最近は喫煙の依存性の強さを考慮して、成功率が高く苦痛も少ない優れた禁煙法ができているので、今すぐ「禁煙外来」の門をたたいていただきたい。

　喫煙者自身の禁煙が重要なのはもちろんのこと、非喫煙者の受動喫煙をなくす対策も忘れてはならない。残念ながら、日本では建物内の禁煙すら徹底されていない。健康増進法でも「受

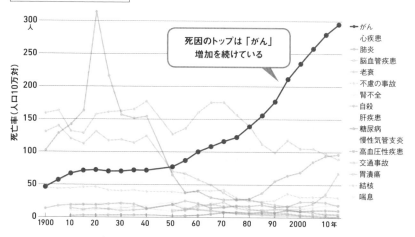

日本における「死因」の推移

死因のトップは「がん」
増加を続けている

凡例: がん / 心疾患 / 肺炎 / 脳血管疾患 / 老衰 / 不慮の事故 / 腎不全 / 自殺 / 肝疾患 / 糖尿病 / 慢性気管支炎 / 高血圧性疾患 / 交通事故 / 胃潰瘍 / 結核 / 喘息

図3 死因のトップ4は「がん」「心疾患」「肺炎」「脳血管疾患」

日本で従来多かった「脳血管疾患」は、薬物治療の普及により減少傾向にある。一方で、「がん」「心疾患」「肺炎」が増加傾向にある。特にがんの急増が目立つ

（出典：厚生労働省「人口動態調査（死因年次推移分類別にみた性別死亡数及び率）」）

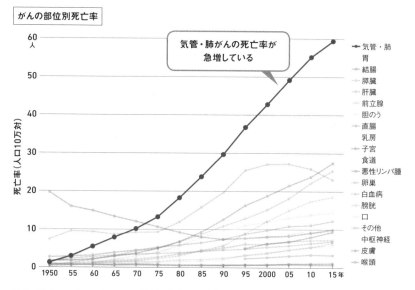

がんの部位別死亡率

気管・肺がんの死亡率が
急増している

凡例: 気管・肺 / 胃 / 結腸 / 膵臓 / 肝臓 / 前立腺 / 胆のう / 直腸 / 乳房 / 子宮 / 食道 / 悪性リンパ腫 / 卵巣 / 白血病 / 膀胱 / 口 / その他 / 中枢神経 / 皮膚 / 喉頭

図4 がんの中でも特に「肺がん」が急増中！

従来、最大の死因であった胃がんはピロリ菌除去の普及などで減少。肝臓がんも肝炎ウイルスの治療で減り始めている。入れ替わるように急増している死因が、気管・肺のがんだ

（出典：厚生労働省「人口動態調査（悪性新生物の主な部位別にみた性・年次別死亡数及び率）」）

動喫煙の防止」がうたわれてはいるものの、建物内禁煙を徹底できず罰則もない「ザル法」である。分煙では受動喫煙の害を防げないことは世界的に明らかになっているので、日本でも早期に「建物内の完全禁煙」が義務化されることが期待される。

空気の汚染は発がん性が確実な「グループ1」に

図5 のように、喫煙や受動喫煙以外の肺がん要因も指摘されている。有害化学物質にさらされる環境は、一般の生活者には縁遠いが、最近あまり聞かなくなっていた「大気汚染」が取り上げられているのは要注意である。

世界保健機関（WHO）の国際がん研究機関（IARC）では、発がん性が確実な要因を「グループ1」としてリストアップしている。微生物や化学物質、アルコールやたばこが挙げられているが、2013年には「屋外空気汚染」「屋外空気汚染中の粒子状物質」が追加された。屋外空気の汚染が、発がん要因として注目されるようになったのだ 図6 。

国立がん研究センターがウェブサイトで公開している「肺がんの発生要因」

喫煙は肺がんの危険因子の1つです。喫煙者は非喫煙者と比べて男性で4.4倍、女性では2.8倍肺がんになりやすく、喫煙を始めた年齢が若く、喫煙量が多いほどそのリスクが高くなります。受動喫煙（周囲に流れるたばこの煙を吸うこと）も肺がんのリスクを2～3割程度高めます。

喫煙以外では、職業的曝露[※1]や大気汚染[※2]、家族に肺がんにかかった人がいる、年齢が高いことなどが発生のリスクを高めると考えられています。

> 屋外の空気の汚れも
> 肺がんリスクに。
> 微小な浮遊粒子も
> 問題視されている

※1 アスベスト、ラドン、ヒ素、クロロメチルエーテル、クロム酸、ニッケルなどの有害化学物質にさらされている
※2 特にPM2.5（粒径2.5ミクロン以下の微小浮遊粒子）による汚染

図5 肺がんの原因は「喫煙」だけでなく「大気汚染」も

肺がんの最大の原因は喫煙であることは既に明白だが、「大気汚染」も発生要因として挙げられている。特にPM2.5による汚染が、発がんリスクを高めることも明記されているのだ

国際がん研究機関（IARC）による発がん性の分類

グループ1：ヒトに対する発がん性が認められる化学物質・混合物・環境

物質の分類	主な項目
細菌・ウイルス	ピロリ菌　肝炎ウイルス　HIVウイルス
化学物質	ヒ素　ベンゼン　カドミウム　六価クロム　太陽光曝露 X線照射　ガンマー線　ラドン
混合物	アルコール飲料　加工肉　煤煙　おがくず
曝露（ばくろ）環境	石炭ガス製造従事　家具製造環境　受動的喫煙環境　喫煙 無煙たばこ　日焼けマシーン
混合物質 Complex/mixed agents	屋外空気汚染　Outdoor air pollution 屋外空気汚染中の粒子状物質　Particulate matter in outdoor air pollution

図6 屋外空気汚染は「最も危険」な発がん性グループ

世界保健機関（WHO）のがん専門研究機関である国際がん研究機関（IARC）においては、発がん性が明らか（Carcinogenic to humans）要因を最も危険な「グループ1」として示している。屋外空気質の研究が進んだことから、2013年より屋外空気汚染および粒子状物質もグループ1に追加されている（資料：IARCの公表データを基に筆者が翻訳）

大気汚染物質は減少したが微小粒子 PM2.5 が問題に

　日本では、1950年代後半から70年代前半の高度成長期に、急増する工場や自動車から排出される排気ガスによる大気汚染が、公害の1形態として大問題になった。全国で空気の汚染状況がモニタリングされるようになり、工場や自動車からの汚染物質排出を減らす取り組みも始まった。

　環境省（当時は環境庁）では、主たる大気汚染物質として、「二酸化硫黄（SO_2）」「一酸化炭素（CO）」「二酸化窒素（NO_2）」「光化学オキシダント（Ox）」「浮遊粒子状物質（SPM）」を選び、全国でモニタリングを開始。幸いにして、排ガス規制の強化のおかげで、この40年の間にこれらの汚染物質の濃度はかなり減少した 図7 。ホッと一安心と言いたいところだが、新たに問題になってきたのが、最近よく耳にする「PM2.5」なのである。

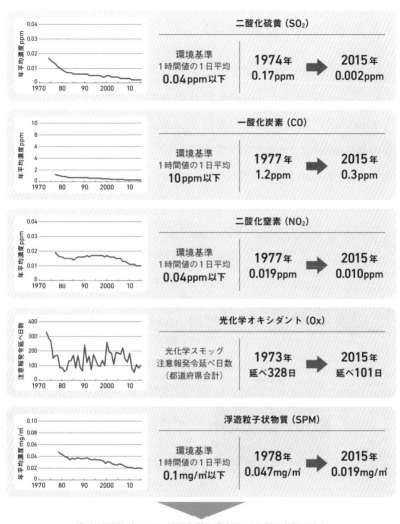

二酸化硫黄（SO_2）		
環境基準 1時間値の1日平均 **0.04ppm以下**	**1974年** 0.17ppm ➡	**2015年** 0.002ppm

一酸化炭素（CO）		
環境基準 1時間値の1日平均 **10ppm以下**	**1977年** 1.2ppm ➡	**2015年** 0.3ppm

二酸化窒素（NO_2）		
環境基準 1時間値の1日平均 **0.04ppm以下**	**1977年** 0.019ppm ➡	**2015年** 0.010ppm

光化学オキシダント（Ox）		
光化学スモッグ 注意報発令延べ日数 （都道府県合計）	**1973年** 延べ328日 ➡	**2015年** 延べ101日

浮遊粒子状物質（SPM）		
環境基準 1時間値の1日平均 **0.1mg/㎥以下**	**1978年** 0.047mg/㎥ ➡	**2015年** 0.019mg/㎥

排ガス規制などにより、汚染物質の濃度は40年間で大幅に減少

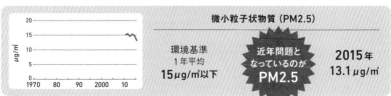

微小粒子状物質（PM2.5）		
環境基準 1年平均 **15μg/㎥以下**	近年問題と なっているのが **PM2.5**	**2015年** 13.1μg/㎥

図7 代表的な汚染物質は減少も新たな問題が浮上

大気汚染の深刻化に伴い、国は汚染物質5種の濃度モニタリングと削減に乗り出し、大幅減少。近年になって問題視されているのは、微小な粒子であるPM2.5だ（出典：国立環境研究所）

大気汚染の新たな難敵「PM2.5」

　PM2.5は直径2.5μm（マイクロメートル）以下の微小な粒子の総称。従来の浮遊粒子状物質に比べてさらに小さいため、空気中を長く漂い続け、ヒトの鼻腔や気管のろ過機構をすり抜けて肺の奥の肺胞まで届いてしまう。お隣の中国において砂漠の黄砂と工場からの排煙が混合してPM2.5となり、長時間空気中を漂ってついには韓国や日本にまで飛来してくることが明らかになっている 図8 。

　PM2.5の有害性についてはまだ十分に明らかになっていな

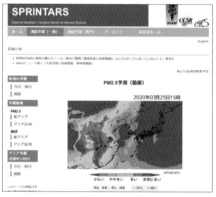

図8

PM2.5は海を渡って飛んでくる

PM2.5は、中国西部の砂漠からの黄砂と、沿岸部の工業地帯からの汚染物質が混じることで多く発生し、その多くが偏西風で韓国や日本にまで届く。こうした国境をまたいだPM2.5の飛来予測も公開されている（出典：SPRINTARS）

図9

日本国内でもPM2.5などの測定値を公開

環境省は毎時の大気汚染状況を公開している。普通は心配する必要はないが、激しい運動をする際などには参考になる（出典：環境省大気汚染物質広域監視システム「そらまめ君」）

いが、日本でも各地でPM2.5のモニタリングやデータ公開が行われるようになっている 図9 。

　日本ではPM2.5の環境基準として、1年平均値が15 μg/m^{3}以下（かつ1日平均値が35 μg/m^{3}以下）と定められており、全国平均もおおむね15 μg/ m^{3}で推移している 図7下 。

　PM2.5の主要な発生源である中国では濃度が数百 μg/m^{3}に達することは珍しくなく、1000 μg/m^{3}を超えることもある。それに比べれば、日本の現状はさして心配するには及ばない。とはいえ、中国からの影響を受けやすい西日本などでは、季節風でPM2.5が飛来しやすい春先を中心に、大気汚染を意識しておくことは有益だろう。

体内に吸い込む「室内空気」にも関心を

　現時点においては、屋外空気の汚染について、過度に心配する必要はあまりない。だが、落ちている得体の知れない食べ物の拾い食いは絶対しないのに、空気については全く心配もせず、ただ身の回りに漂っているものを肺の奥までたっぷり取り込んでいるのだから、ずいぶんバランスの悪い話である。

　近年急増している肺がんや肺炎の原因は全て明らかになっているわけではないが、吸い込む空気の質に、より意識的になるのは健康で快適な暮らしに向けて有意義なことなのは間違いない。

　健康意識の高い欧米では最近、室内の空気質への関心が高まっている。複数の汚染物質を計測して総合的な空気質指数として表示する、手軽な計測器も多く登場している。

　そして、室内の空気をきれいにするための基本は、「汚染源の撲滅」と「換気」。後の項で詳しく取り上げることとしたい。

65

Q.6
ウイルス対策は
加湿でバッチリ?

A.

▸低断熱住宅で無理に加湿すると、低温部に
結露が発生してカビやダニの温床に。

▸それでも加湿する場合は、外皮の断熱や防
湿・換気設備など総合的な計画が必要。

冬になると気になるのが乾燥。インフルエンザが流行する時期には毎年、「ウイルスを防ぐために加湿せよ」と、テレビや新聞も加湿の重要性を連呼している。湿度を高く保つことは、ウイルスの予防にどれほど有効なのだろうか。また加湿にデメリットはないのだろうか。

インフルエンザの予防は合わせ技で

厚生労働省はインフルエンザの予防について、いくつかの具体的な行動をアドバイスしている 図1 。ここで「ワクチン」「手洗い」「休養と栄養」「外出を控える」とともに挙げている

厚生労働省が推奨するインフルエンザ予防

流行前のワクチン接種
インフルエンザワクチンは、感染後に発症する可能性を低減させる効果と、発症した場合の重症化防止に有効

外出後の手洗いなど
流水・石けんによる手洗いは、手指など体に付いたインフルエンザウイルスを物理的に除去するために有効な方法であり、インフルエンザに限らず接触や飛沫感染などを感染経路とする感染症の対策の基本。アルコール製剤による手指衛生も効果あり

十分な休養とバランスのとれた栄養摂取
体の抵抗力を高めるために、十分な休養とバランスのとれた栄養摂取を日ごろから心がける

人混みや繁華街への外出を控える
インフルエンザが流行してきたら、特に高齢の方や基礎疾患のある方、妊婦、体調の悪い方、睡眠不足の方は、人混みや繁華街への外出を控える。飛沫感染などを防ぐことができる不織布製のマスクを着用することは、1つの防御策

適度な湿度の保持
空気が乾燥すると、気道粘膜の防御機能が低下し、インフルエンザにかかりやすくなる。特に乾燥しやすい室内では、加湿器などを使って適切な湿度（50〜60％）を保つことも効果的

図1 インフルエンザの予防には加湿が不可欠？

インフルエンザの予防には、ワクチンの接種や手洗い・休養や栄養摂取・外出を控えるなど、地道な心がけが必要である。この中には「適度な湿度の保持」も示されており、メディアによっては「空気温度22℃、相対湿度60％」とかなり高い湿度を推奨している場合もみられるが、高湿な室内環境の実現は困難で、デメリットも大きい（出典：厚生労働省ウェブサイト「2019年度インフルエンザQ&A」）

67

のが、「適度な湿度の保持」である。「加湿器などを使って50〜60%の湿度を保つ」と簡単に書いてあるが、実はこの湿度の維持はかなり難しく、またデメリットも多いのだ。

　室内の空気質を確保するため、室内の汚れた空気を外に押し出し、外の清浄な空気を取り入れるのが「全般換気」。冬場の冷たく乾燥した外気の温度を上げて湿度を高めるには、それぞれ異なる種類の熱が必要になる。温度を上げるのに必要なのが「顕熱」。湿度を上げるために水を蒸発させるのに必要なのが「潜熱」である。顕熱と潜熱の合計を「エンタルピー」と呼ぶ。

図2 空気の温度を上げるのが「顕熱」、湿度を上げるのが「潜熱」

東京の1月の平均的な温度・湿度の外気を、乾球温度22℃・相対湿度60%まで上げるのに必要な乾燥空気（DA）1kg当たりの熱量を示した。温度を上げるのに必要な熱が顕熱、水を蒸発させて湿度を上げるのに必要なのが潜熱である。絶対湿度は乾燥空気1kg当たりの水蒸気の重さ（グラム）を表す

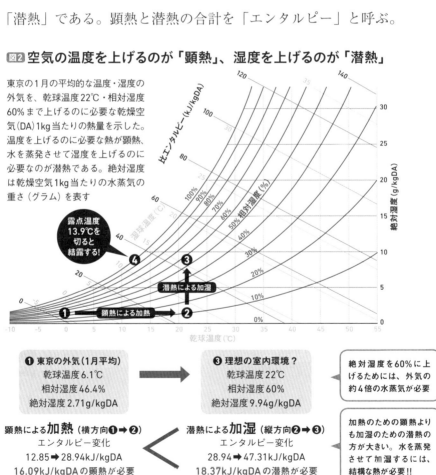

❶ 東京の外気（1月平均）
乾球温度6.1℃
相対湿度46.4%
絶対湿度2.71g/kgDA

❸ 理想の室内環境？
乾球温度22℃
相対湿度60%
絶対湿度9.94g/kgDA

絶対湿度を60%に上げるためには、外気の約4倍の水蒸気が必要

顕熱による**加熱**（横方向❶➡❷）
エンタルピー変化
12.85 ➡ 28.94kJ/kgDA
16.09kJ/kgDAの顕熱が必要

潜熱による**加湿**（縦方向❷➡❸）
エンタルピー変化
28.94 ➡ 47.31kJ/kgDA
18.37kJ/kgDAの潜熱が必要

加熱のための顕熱よりも加湿のための潜熱の方が大きい。水を蒸発させて加湿するには、結構な熱が必要!!

　図2に、東京の1月の外気を室内温度22℃・湿度60％に高めるために必要な顕熱と潜熱の量を示した。空気線図の横への移動（❶→❷）が顕熱供給による加熱、縦への移動（❷→❸）が潜熱供給による加湿である。1kgの外気を加熱するのに必要な熱は、実は加熱のための顕熱（16.09kJ）よりも加湿のための潜熱（18.37kJ）の方が大きいことが分かる。水を蒸発させて加湿するには、結構な熱が必要なのだ。

水1日33リットル・電気代1カ月2万円？

　一般的な住戸で必要な全般換気の換気量を1時間に150m³と仮定して、これだけの空気を湿度60％に高めるためにスチーム式加湿器で24時間加湿し続けると、1日に33リットルもの水が必要になり、電気代は1カ月に2万円に達してしまう。家全体を加湿する水と熱の負担はかなり大きいのだ**図3**。

全般換気150㎥/分の外気を相対湿度60％に加湿するのに必要な水量と潜熱量

加湿に必要な水量

$$150_{m³/h} \times 1.2_{kgDA/m³} \times 7.23_{g/kgDA} = 1301_{g/h}$$

全般換気　　　　空気の密度　　　空気重量当たりの　　1時間に必要な
0.5回/h想定　　　　　　　　　　　必要加湿量　　　　　水量

> 1時間に1リットル以上、1日に約33リットルの水の蒸発が必要！

加湿に必要な潜熱量

$$150_{m³/h} \times 1.2_{kgDA/m³} \times 18.37_{kJ/kgDA} = 3306_{kJ/h} = 918_{W}$$

全般換気　　　　空気の密度　　　空気重量当たりの　　1時間に必要な　　必要な
0.5回/h想定　　　　　　　　　　　必要潜熱量　　　　　潜熱加熱量　　　潜熱加熱能力

加湿に必要な潜熱供給のための電気代
918Wをスチーム式加湿器で電気ヒーターにより潜熱供給すると……

$$0.918_{kW} \times 24_{h/日} \times 30_{日} \times 28_{円/kWh} = 1万8500_{円/月}$$

> 1カ月に2万円近くの電気代がかかる！

図3　室内を湿度60％に保つには大量の水と潜熱が必要

住宅の居室では1時間に半分の空気を動かす「換気回数0.5回/h」が原則であり、2階建ての建物で必要な換気量は150㎥/h程度となる。24時間取り入れられる乾燥して冷たい外気を加湿しようとすると、かなりの量の水と水を蒸発させる「潜熱」のための電力量が必要となる

もちろん、実際には家中をくまなく加湿する必要はない。また、電気ヒーターで加熱をしない「気化式」の加湿器を用いれば、消費電力はもっと抑えられる 図4 。ただし、気化式では加湿器が水の蒸発に必要な潜熱を供給できないので、別に暖房での加熱が必要になる。エアコンのような高効率機種であれば、ヒーター加熱よりもはるかに少ない消費電力で潜熱を供給することができるが、加湿器と暖房機の位置関係が悪いと、冷気だまりや結露の原因となるので注意が必要だ。

気化式

水を含ませたフィルターに空気を通して加湿する方式

消費電力は少ないが、衛生管理は要注意。水の蒸発に必要な潜熱は別途、暖房機などで供給する必要がある

フィルター

スチーム式

電気ヒーターで水を沸かして蒸発させる方式

加湿力が強く衛生的だが、たまるカルキの掃除が必要で、ヒーターの消費電力が非常に大きい

ヒーター

気化式	スチーム式	吹出空気	吹出空気
加湿量 0.33kg/h	加湿量 0.35kg/h	15.8℃ 77%	43.6℃ 99%
消費電力 5.5W	消費電力 305W	8.6g/kgDA	59.7g/kgDA

図4 加湿器は「気化式」と「スチーム式」はどちらが良いか?

電気ヒーターで水を加熱・蒸発させるのが「スチーム式」。加湿能力は高いが、水の蒸発に必要な潜熱を電気ヒーターから直接与えるため、消費電力が非常に大きい。現在では節電のため、水を含ませたフィルターに空気を通過させる「気化式」が一般的。ただし、加湿性能の確保には風量を大きくする必要があり、吹出空気の温度も低い。水の蒸発に必要な潜熱は他の暖房機などから供給する必要があり、十分な衛生管理も不可欠だ

低断熱住宅の加湿にはリスクがいっぱい

　必要な部屋にだけ気化式の加湿器を置いて消費電力を抑えれば、あとは加湿器への水の補給を頑張るだけ。これで問題が解決すればよいのだが、話はそう簡単ではない。

　日本の家は外皮の断熱性能が低く、また限られた部屋を在室時だけ暖房する「居室間欠暖房」が主流。リビングに置かれた暖房機と加湿器でつくられた暖かくて湿った空気は、やがて暖房されずに寒いままの個室や水回りに流れ込む 図5 。

　先の 図2 で示した❸室内温度22℃・湿度60%の空気が結露を起こす❹「露点温度」は13.9℃とかなり高い。当然ながら、非暖房室の壁面はこの露点温度よりずっと冷たいので簡単に結露

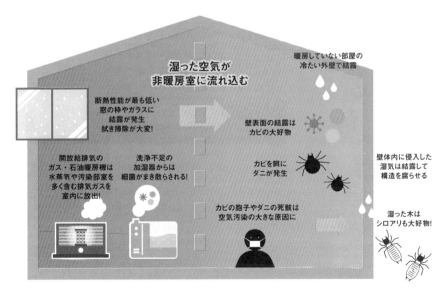

湿った空気が
非暖房室に流れ込む

暖房していない部屋の
冷たい外壁で結露

断熱性能が最も低い
窓の枠やガラスに
結露が発生
拭き掃除が大変!

壁表面の結露は
カビの大好物

開放給排気の
ガス・石油暖房機は
水蒸気や汚染部室を
多く含む排気ガスを
室内に放出!

洗浄不足の
加湿器からは
細菌がまき散らされる!

カビを餌に
ダニが発生

壁体内に侵入した
湿気は結露して
構造を腐らせる

カビの胞子やダニの死骸は
空気汚染の大きな原因に

湿った木は
シロアリも大好物!

図5 低断熱・部分暖房の家で加湿をすると危険がいっぱい
断熱不足の住宅で、必要な部屋だけ暖房していると、様々な問題が発生する。特に、暖房室から暖かくて湿った空気が非暖房室に流入すると、壁の表面や壁体内に結露が起こり、カビやダニによる空気汚染、さらには躯体の劣化にもつながりかねない

健康

71

を起こし、カビやダニの温床となる。壁の内部に侵入した湿気が結露すれば、躯体の腐朽やシロアリ被害につながるのだ。

湿気とカビは世界共通の大問題

　ウイルス防止のためにと加湿を頑張った揚げ句、逆にカビやダニによる空気汚染を引き起こしては本末転倒である。

　実はこの湿気に伴う室内空気汚染は世界共通。DAMP（湿気）によって発生する MOULD（カビ）がもたらす空気汚染は、ヨーロッパやアメリカにおいてもアレルギーや喘息の主因として大きな問題となっている 図6 。

世界保健機関（WHO）ヨーロッパ支部
DAMPNESS AND MOULD（湿気とカビ）

- 湿気ってカビた建物内に暮らすことが、喘息やアレルギーなどの呼吸器疾患につながるという十分な証拠がある
- 欧米や日本の室内環境の10～50%が湿気による問題を抱えている
- 現状の建築基準は湿気問題を十分に取り上げていない

アメリカ環境省（EPA）
Care for Your Air:
A Guide to Indoor Air Quality

- カビはアレルギーや喘息、その他の呼吸器疾患につながる
- 家中の湿気がある所なら、カビはどこでも育つ
- カビ防止に重要なのは湿度のコントロール
- カビ問題が発生している場合は、カビを適切に除去し湿気の問題を解決するべき
- 水にぬれた場所はカビを防ぐために、24～48時間以内に乾燥させること

図6 湿気やカビは世界共通の問題

建物の湿気が引き起こすカビや空気質の汚染は、日本だけでなくヨーロッパやアメリカでも深刻な問題となっている。日本では冬に「乾燥」ばかりが問題にされがちだが、過剰な「湿気」がもたらす弊害も忘れてはならない

室内の空気質を保つために、「湿度を下げる」ことが世界の常識である。加湿には大きなリスクが伴うことを、しっかり認識しておこう。

インフルエンザの感染経路は「飛沫」と「接触」

加湿にリスクが大きいことは分かったにしても、「インフルエンザなどのウイルスが広がらないためには、やっぱり加湿をした方がいいのでは………」と、思う人がいるかもしれない。

確かに、インフルエンザウイルスは空気の湿度が低いと長時間にわたって生存しやすい。だが実は、空気感染はインフルエンザの主要な感染ルートではない。厚生労働省の「事業所・職場における新型インフルエンザ対策ガイドライン」において、以下のようにハッキリと書かれている。

毎年人の間で流行する通常のインフルエンザの主な感染経路は、「飛沫感染」と「接触感染」であると考えられている。（略）事業所においては基本的にはこの2つの感染経路についての対策を講ずることが必要であると考えられる。

「空気感染」の可能性は否定できないものの一般的に起きるとする科学的根拠はないため、事業所等においては空気感染を想定した対策よりもむしろ、飛沫感染と接触感染を想定した対策を確実に講ずることが必要であると考えられる。

つまり、「飛沫感染」を防ぐために感染者がマスクをする、「接触感染」を防ぐために手をこまめに洗う。これが1番効果的ということになる。マイナーな感染ルートにすぎない空気感

染をいくらか防ぐために、大きな負担とリスクを背負って加湿する意味がどれだけあるのか、いま一度考えてみる必要がありそうだ。

それでも加湿するなら建物全体で計画を

ウイルス予防のためだけに加湿するのはおススメできない。だが、冬場に目や鼻・のどの乾燥を感じたり肌のカサカサが気になったりする人は、トラブルなく加湿できるように、外皮の断熱や防湿・換気設備など、建物全体を通した暖房・換気の計画をしっかりとすることをおススメする 図7 。

特に、家中のどこであっても結露が起こらないよう、建物全

それでも加湿したい場合のチェックポイント

☐ **家のどこにも結露をさせずにダニやカビの発生を防ぐ**
  ➡ 外皮の高断熱化で壁の表面温度を高く保つ
  ➡ 家中を適温の空気で満たし非暖房空間をなくす「全館24時間空調」がおススメ

☐ **室内の湿気の壁体内結露を防ぐ**
  ➡ 外壁の室内側防湿・室外側透湿を徹底する

☐ **湿気の滞留による空気汚染を防止する**
  ➡ 全般換気は必ず24時間運転する

☐ **換気で取り入れる外気の加湿に必要な潜熱量を減らす**
  ➡ 全熱交換で室内の湿気を回収して有効利用

☐ **加湿器から細菌などの汚染が広がるのを防ぐ**
  ➡ 加湿器を設置する場合は、こまめに清掃する
  ➡ 室内から自然に発生する湿気で賄える場合もあり

**図7 加湿する場合は、部屋中暖かくして
どこにも結露させない工夫を忘れずに**

湿度の感じ方は人によって大きく違う。冬場にも湿度を高く保ちたい場合は、建物全体のしっかりとした暖房・換気計画をお忘れなく

体を24時間適温に保つ工夫は非常に重要。第一種全熱交換換気（Q26で後述）と合わせ、全館24時間空調の採用も検討しよう。

　なお、加湿器は雑菌が湧いたりカルキがたまったりしやすいので、頻繁なメンテナンスが不可欠。わざわざ加湿器を用いなくても、日常生活に伴う室内からの内部発湿で賄える場合もあるので覚えておこう 図8 。

　冬の風物詩ともいえる加湿器だが、湿度を高くすることばかりに気を取られて、他のトラブルを起こしていては元も子もない。本当に加湿が必要なのかをよく見極めて、加湿するならば、しっかりとした住宅全体の計画が肝心なのだ。

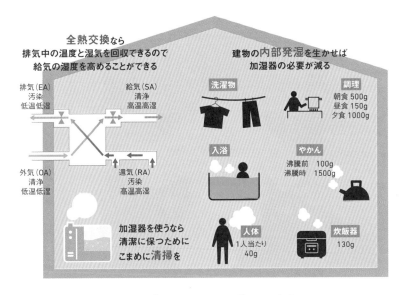

図8 室内にもともとある「発湿源」にも注目しよう

室内には多くの発湿源があり、わざわざ加湿をしなくても湿度をある程度は上昇させることが可能。室内の湿度を回収できる全熱交換を採用した場合は、こうした室内の発湿だけでも湿度をかなり高く維持できる。どうしても加湿器を用いる場合は、雑菌などをまき散らさないよう、毎日のメンテナンスも欠かさないよう注意したい

エアコン ≒ 省エネ界のスター？

第3章

家電

エアコンや冷蔵庫、テレビなど、いかにも電気を
食っていそうな家電製品を買い替える。それが最
もお手軽な節電・節約技だと思っている人は少な
くない。ところが、省エネ家電の性能向上は完
全に頭打ち。お手軽な省エネのネタが尽きる中、
住宅そのものの性能向上が求められている。

Q.7 最新家電なら どれでも省エネ?

A.

▶ 主な家電はトップランナー基準の目標年度を
終えており、さらなる省エネは期待薄。

▶ 家電の高効率化をアテにせず、建物側で
省エネ性能の向上を図っていく必要がある。

住宅の高断熱化や設備の入れ替えに比べれば、家電製品の買い替えは、はるかに簡単でお手軽。最新機種の節電効果に期待して、故障を待たずに「エコ買い替え」を考えているユーザーも多いだろう。ここでは、知っておくとトクをする家電の省エネ性能の動向について解説する。

図1に示すように、住宅における消費電力量の多くは、冷蔵庫や照明、テレビなど、「年間を通して」「毎日長時間利用する」機器が占めている。

国は、こうした消費電力量が多い家電を「特定機器」に指定し、省エネ性能の底上げに取り組んできた。特定機器に定められる「トップランナー制度」では、基準策定時に最も高いエネルギー効率だった機種の性能を「目標基準値」とし、目標年度

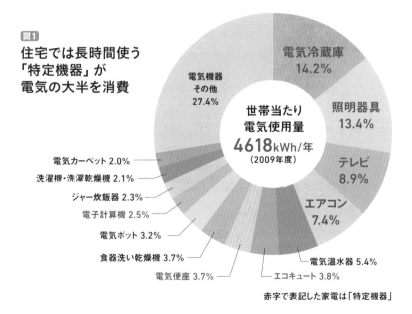

図1
**住宅では長時間使う
「特定機器」が
電気の大半を消費**

電気機器 その他 27.4%

電気冷蔵庫 14.2%

照明器具 13.4%

世帯当たり
電気使用量
4618kWh/年
（2009年度）

テレビ 8.9%

エアコン 7.4%

電気温水器 5.4%

エコキュート 3.8%

電気便座 3.7%

食器洗い乾燥機 3.7%

電気ポット 3.2%

電子計算機 2.5%

ジャー炊飯器 2.3%

洗濯機・洗濯乾燥機 2.1%

電気カーペット 2.0%

赤字で表記した家電は「特定機器」

電気使用量の内訳（家庭部門機器別）。省エネ法では、冷蔵庫や照明、テレビなど、消費電力量が多い機種を「特定機器」とし、トップランナー制度などによって省エネ・節電化を推進してきた（資料：資源エネルギー庁の資料を基に筆者が作成）

家電

までにその目標基準値を全機種がクリアすることを求めている。クリアできない機種は目標年度以降、販売できなくなるため、メーカーは必死に高効率化・節電化を推し進めてきた。

「しんきゅうさん」で家電買い替えの節電効果をチェック

　低効率機種を市場から強制的に退場させるトップランナー制度。家電の省エネ性能については、「標準的な使い方」で「1年間に消費される電力量」が評価指標。この年間消費電力量が小さいほど高効率で省エネとされる。

　資源エネルギー庁では、高効率機器の普及を促進するため、最新機種の年間消費電力量リストを毎年「省エネ性能カタログ」で示している。

　また、環境省が運営するウェブサイト「しんきゅうさん」では、今使っている製品から最新機種に買い替えた場合の消費電力量や電気代の削減具合を確認できるようにしている 図2 。これらのデータを用いながら、家電の省エネ推進における「白歴

図2 買い替え効果が一目で分かる「しんきゅうさん」

環境省が運営するウェブサイト「しんきゅうさん」。消費電力量の削減効果を簡便に知ることができる
（資料：環境省）

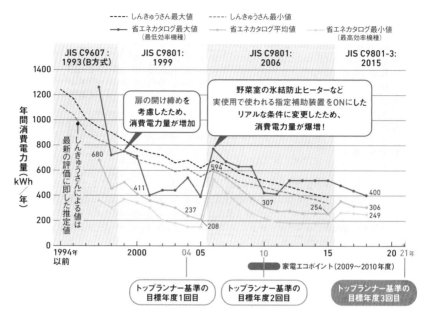

図3 冷蔵庫の消費電力量は高効率化で減少し、評価法変更で増加

凡例:
- しんきゅうさん最大値
- しんきゅうさん最小値
- 省エネカタログ最大値（最低効率機種）
- 省エネカタログ平均値
- 省エネカタログ最小値（最高効率機種）

JIS C9607：1993（B方式）
JIS C9801：1999
JIS C9801：2006
JIS C9801-3：2015

扉の開け締めを考慮したため、消費電力量が増加

野菜室の氷結防止ヒーターなど実使用で使われる指定補助装置をONにしたリアルな条件に変更したため、消費電力量が爆増！

680
411
237
208
594
307
254
400
306
249

しんきゅうさんによる値は最新の評価に即した推定値

年間消費電力量（kWh／年）

1994年以前　2000　04　05　10　15　20　21年

家電エコポイント（2009～2010年度）

トップランナー基準の目標年度1回目
トップランナー基準の目標年度2回目
トップランナー基準の目標年度3回目

「省エネ性能カタログ」と「しんきゅうさん」で示される冷蔵庫（401〜450リットル機種）の年間消費電力量の推移。省エネ性能カタログの値は評価方法の変更が影響し、1999年、2006年、16年に増加している（資料：資源エネルギー庁・しんきゅうさんのデータを基に筆者が作成）

史」と「黒歴史」の両方を見てみよう。

2005年以前の冷蔵庫の消費電力量は実態と乖離（かいり）

　まずは、1年中働き続ける冷蔵庫について。売れ筋である内容積401〜450リットルの冷蔵庫で、年間消費電力量の推移を示した図3。

　省エネ性能カタログに示されている年間消費電力量の「最大値（最低効率機種）」「平均値」「最小値（最高効率機種）」は、順調に減少して省エネが進む時期もあれば、1999年や2006年、16年には値が急に大きくなるなど、浮き沈みが激しい。

図4 冷蔵庫の評価方法は実態に合わせて変化し続けてきた

	JIS C9607:1993 （B方式）	JIS C9801:1999	JIS C9801:2006	JIS C9801-3:2015
周辺温度	常時25℃想定	常時25℃想定	30℃・185日、 15℃・185日	32℃・205日、 16℃・160日
容積当たりの 投入負荷 （ペットボトル）	なし	なし	**冷蔵庫** 500g / 容積75リットル **冷凍庫** 125g / 容積20リットル	**冷蔵庫** 12g / 容積1リットル **冷凍庫** 4g / 容積1リットル
扉開閉回数	扉開閉なし	**冷蔵庫** 25回/日 **冷凍庫** 8回/日	**冷蔵庫** 35回/日 **冷凍庫** 8回/日	**冷蔵庫** 1回/試験 **冷凍庫** 1回/試験
指定補助装置の 作動	なし	なし	あり	あり

冷蔵庫の年間消費電力量の評価方法の変遷。1999年には扉の開閉、2006年には庫内にペットボトルを入れて投入負荷を与えることや氷結防止などの付加機能をONにした状態で評価することが定められた。06年以降の消費電力量は、ほぼ実態に近い値と信頼できる。15年の変更は海外基準に整合させるマイナーチェンジ（資料：日本産業標準調査会の資料を基に筆者が作成）

　メーカーの省エネ努力はコンスタントに続いているはずなのに、なぜこのように急な増エネが発生するのか。理由は評価方法の変更にある。

　冷蔵庫は過去に、省エネ性能カタログに表示されている消費電力量が実態と大きく異なっていると批判されたことから、より使用実態に近づけるべく評価方法が何度も変更されてきた。

　図4の通り、以前は「扉を開けない」「モノを入れない」「普通は使う機能がOFF」という、実使用とはかけ離れた評価をしていたわけで、厳しく批判されるのも当然。買い替えれば電気代が4分の1（！）になると誤って宣伝してメディアにたたかれた「黒歴史」なのである。

古い冷蔵庫の買い替えはコスパ良でおススメ

　何度も改良された現在の評価はかなり実態を考慮したもので、2006年以降の値はおおむね「リアル値」として信用してよい

だろう。ただし、冷蔵庫のトップランナー基準3回目の目標年度は21年と現在進行形なので、目標基準値に達していない低効率な「オレンジラベル」の製品がかなり存在する。基準をクリアした高効率な「グリーンラベル」の製品を選ぶことが肝心である。古い機種を最新機種にすれば年間1万円以上の節電が可能であり、壊れる前の買い替えでも十分にペイできる。

　ちなみに、「しんきゅうさん」が表示する値は、最新の評価方法（JISC9801-3：2015）に従って、製造年・容量ごとに年間消費電力量の最大・最小を「推定」した値である。実機を現在の評価方法で測り直したわけではなく、かなり強引な推定を行っていると推測されるので、参考程度に。

テレビの省エネは液晶化で進むも今は一段落

　次にテレビの年間消費電力量の推移を見てみよう。テレビは1日4.5時間視聴する使い方を想定しており、これまで評価方法に大きな変更はない。

　同じ32型で見ると、懐かしのブラウン管から現在の液晶をまたいで計3回のトップランナー基準による底上げがあり、節電化が推進されてきたことが分かる 図5 。

　特に09〜10年度の家電エコポイントは地デジ対策とも相まって、液晶テレビへの買い替えを後押しした。ただし、トップランナー基準3回目の目標年度だった12年以降は、新しい目標基準値が設定されておらず、さらなる節電は期待薄である。

液晶テレビでも大画面・高画素数なら増エネに

　せっかくテレビを新調するのだからと、ここは思い切って今

図5 テレビの省エネは液晶で進むも新たな目標設定なし

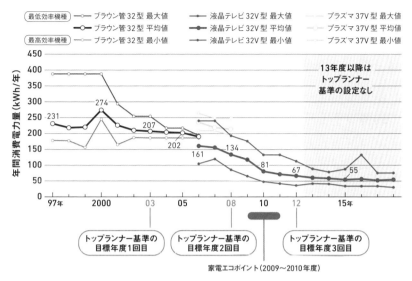

「省エネ性能カタログ」におけるテレビの消費電力量の推移。縦軸の年間消費電力量は、1日のテレビ視聴時間を想定した値。同サイズのブラウン管と液晶の消費電力量は、3回目のトップランナー基準目標年度（2012年）まで減少し続けていたが、トップランナー基準終了後は下げ止まっている。プラズマは省エネな液晶に追いつけず消滅した
（資料：下も資源エネルギー庁の資料を基に筆者が作成）

図6 液晶テレビでも大画面の増エネにご用心

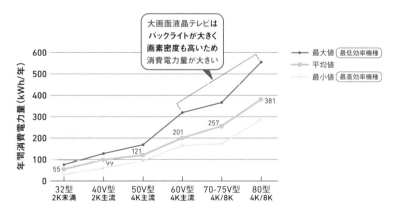

画面サイズ別の液晶テレビの年間消費電力量。画面サイズに比例して消費電力が大きくなっていることが分かる。大画面の液晶テレビはバックライトの面積が大きく、かつ4Kや8Kなどの高密度画素の制御は多くの電力を消費する

家電

の機種より一回り二回り大きめの機種を選びたくなる人も多い
だろう。映像がよりリアルに見える 4K や 8K といった高画素
数の機種も気になってくる。しかし、省エネ・節電の観点から
は、むやみなサイズアップや 4K・8K などの高画素数機種へ
の変更はおススメできない。

　画面のサイズアップに伴って液晶を後ろから照らすバックラ
イトの面積も大きくなるため、急激に消費電力量が増えてしま
うのだ 図6。最近の大画面テレビは 4K や 8K のように高解像
度機種が多く、画面を明るくするために多くの電気を必要とす
ることも覚えておこう。

貯湯式の温水洗浄便座なら買い替えがおススメ

　冷蔵庫やテレビのようにほぼ全ての家庭にあるアイテムでは

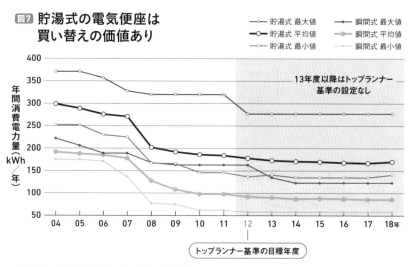

電気便座の年間消費電力量の推移。貯湯式はタンク内の温水を常時保温しているため、消費電
力量が多い傾向がある。古い貯湯式から瞬間式への買い替えは節電効果が大きい
（資料：右も資源エネルギー庁の資料を基に筆者が作成）

図8
トップランナー制度の目標年度が機能しているのは冷蔵庫と照明のみ

「特定機器」に指定されている主な家電のトップランナー制度目標年度。主要な家電においては、電気冷蔵庫と照明を除いて新たな目標年度は設定されていない

家電製品	トップランナー基準目標年度		
	1回目	2回目	3回目
電気冷蔵庫	2004	2010	2021
照明器具	2005	2012	2020
テレビ	2003	2008	2012
エアコン	2010	2012	
電気便座	2012		
電気温水器	2017		

ないが、設置する場合は省エネ型をしっかり選びたいのが温水洗浄便座だ。

　タンクに温水を常時保温する「貯湯式」は、特に多くの電気を消費する。必要なときにだけ温水を加熱する「瞬間式」がおすすめである。ただし、こちらもトップランナー基準の目標年度が12年に終了した後、省エネは進んでいない 図7 。

家電のお手軽な省エネから建物と設備の地道な省エネへ

　ここでは住宅の中で特に電気を消費する「冷蔵庫」「テレビ」「電気便座」について、高効率化の推移を見てきた。2010年ごろまで高効率化・節電化が目覚ましかった一方で、ここ10年ほどは足踏み状態が続いている。テレビや電気便座のトップランナー制度も既に終了しており、さらなる削減は期待薄なことが分かる 図8 。

　また、利便性や画質を重視した家電の高機能化は、往々にして増エネになることにも注意が必要である。今後は家電の買い替えによるお手軽な省エネを当てにせず、建物の外皮性能と設備の組み合わせによる「地道な省エネ」にしっかり取り組むことが重要になる。

Q.8 エアコンを買い替えれば節電に？

A.

▸ エアコン効率 COP や APF は長らく頭打ち。機種交換による節電は、もはや期待できない。

▸ 「畳数の目安」は大昔の低性能住宅を想定したもの。過大な能力の機種を選ぶと増エネに。

熱中症予防のためにも、盛夏の時期に冷房なしで暮らすことは、もはや非現実的であり、エアコンは健康・快適な暮らしの必須アイテム。最近では暖房までエアコンで行う場合も多いが、心配になるのが電気代。最新のエアコンに買い替えれば、もれなく省エネ化できるのだろうか。

まずは**図1**の性能ラベルを例に、エアコン効率を確認するための基本用語などを確認しよう。

エアコンのエネルギー効率は2004年まで、冷房と暖房の定格効率（COP=定格能力÷定格消費電力）で示されており、この値が高い機種を選ぶことが節電につながるとされていた**Ⓐ**。だが、COPは定格能力（÷通常運転における100%能力）での効率しか示しておらず、低負荷での運転が多い実使用との乖離が問題となった。より実態に近づけた新たな指標として、通年エネルギー消費効率（APF）が05年に制定された**Ⓑ**。

APFは冷房と暖房の両方をカバーする効率指標

APFの計算では、東京の外気温の発生時間を基に暖冷房を1日18時間、外気温35℃で冷房定格能力100%の熱負荷がかかると仮定し、後述するエアコンの効率変動を考慮して「期間消費電力量」を算出する**Ⓒ**。暖冷房の熱負荷合計を期間消費電力量で除した値がAPFだ。APFの値が大きいほど少ない電力量で暖冷房の熱負荷を処理でき、節電につながる。

国は、機器の能力ごとにAPFの目標値を定め、到達できない機種を市場から「退場」させている。エアコンの性能ラベルにある「省エネ基準達成率」は、当該機種のAPFがこのトップランナー目標値よりもどれだけ高いかを示している**Ⓓ**。

図1 エアコンのラベルには 情報と問題がいっぱい！

メーカーのウェブサイトなどで公開されているエアコンの性能ラベルの一例。ラベルには、様々な経緯で制定された能力やエネルギー効率に関する情報が凝縮されている。ただし、今日の建物性能や使い方と合致しておらず、間違った機器選びを誘導しがちである

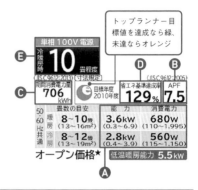

トップランナー目標値を達成なら緑、未達ならオレンジ

Ⓔ 冷暖房時 **10** 畳程度 単相100V電源

Ⓒ (JISC9612:2013による) 期間消費電力量 **706** kWh 目標年度 2010年度

Ⓓ 省エネ基準達成率 **129%** (JISC9612:2005)

Ⓑ APF **7.5**

		畳数の目安	能 力	消費電力
50 60 Hz 共通	暖房	8～10畳 (13～16m²)	3.6kW (0.3～6.9)	680w (110～1,995)
	冷房	8～12畳 (13～19m²)	2.8kW (0.4～3.9)	560w (115～1,150)

オープン価格★

Ⓐ 低温暖房能力 **5.5**kW

Ⓐ 機種の能力と消費電力について、定格能力と最小～最大の能力を示す。2010年以降定格効率（COP）は表示から削除されたが、冷房・暖房の定格能力を消費電力で割れば、自分で計算できる。この機種の場合、
暖房定格効率＝3.6×1000÷680=5.3、冷房定格効率＝2.8×1000÷560=5.0

Ⓑ 通年エネルギー消費効率（APF）＝暖冷房の熱負荷合計÷期間消費電力量。
APFは、2005年に制定された外気温・熱負荷の分布と効率変動に基づく通年の効率。熱負荷の合計は暖冷房能力に応じてJISに定められており、2.8kW機種は5296kWh/年

Ⓒ 期間消費電力量は、夏は冷房、冬は暖房を1日18時間運転した場合の推定消費電力量。JIS C 9612に基づき、東京の気象条件に基づいた冷房期間と暖房期間が定められている

Ⓓ 省エネ基準達成率は、トップランナー基準で機器能力ごとに定められたAPFの目標値（2.8kW機種は5.8）から、どれだけ優れているかを示す。2010年以降は全機種100%以上

Ⓔ 設置場所の畳数の目安は、空気調和・衛生工学会が1965年に制定した推定法に基づく。断熱や日射遮蔽がほとんどない低性能住宅が想定されているので要注意。現代においては、ユーザーを過大な能力のエアコン選びに誘導しかねない
例：単位床面積当たりの冷暖房負荷（1畳≒1.65m²）
　一戸建て木造平屋・南向き和室：冷房220W/m²　暖房275W/m²
　鉄筋集合住宅中間階・南向き洋間：冷房145W/m²　暖房220W/m²

　気になる暖冷房費は、期間消費電力量（kWh）に電気代の単価をかければ目安が得られる。1kWh当たり28円とすれば、図1の機種の場合、706kWh×28円≒2万円/年。高効率機種にするほど電気代は当然安くなるが、この値は前述した通り、1日18時間と長時間暖冷房することが前提なので要注意だ。

90

「畳数の目安」は無断熱・日射遮蔽なしの住宅を想定

　エアコンの性能ラベルで1番問題なのは、冷房能力と畳数の目安**E**。**図1**の冷房能力2.8kW 機種の場合、木造住宅では8〜10畳程度が目安とされる。しかしこの目安は、1965年の推定法に基づくもの。断熱や日射遮蔽がほとんどない大昔の住宅を想定しているため、暖冷房負荷のピークを過大に見積もっていることが以前から指摘されている。

　この畳数目安につられて「冷房が効かないのが心配」と、ついつい大きめの機種を選びがち。だが、過大能力の機種を暖冷房の熱負荷が小さい住宅（高断熱で日射遮蔽も抜かりなし）に設置すると、ほとんどの時間が超低負荷運転となり、増エネになりかねないので要注意だ。

では、標準的な効率のエアコンと高効率エアコンは何が違うのだろうか。**図2**の性能表示を例に解説する。まずは肝心の省エネ性から。高効率機種の期間消費電力量は標準機種に比べて223kWh少なく、金額にして年間約6000円節約できる。

　能力については「最大」能力に注目。高効率機種の冷房能力は、定格2.8kWに対して最大3.9kWとさらに大きく、暖房能力では定格3.6kWに対して最大6.9kWと倍近い。このように、畳数の目安に用いられる定格能力に対し、最大能力（特に暖

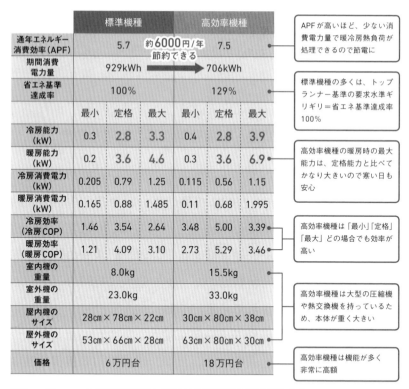

	標準機種			高効率機種			
通年エネルギー消費効率（APF）	5.7		約6000円/年 節約できる	7.5			APFが高いほど、少ない消費電力で暖冷房熱負荷が処理できるので節電に
期間消費電力量	929kWh		→	706kWh			
省エネ基準達成率	100%			129%			標準機種の多くは、トップランナー基準の要求水準ギリギリ＝省エネ基準達成率100%
	最小	定格	最大	最小	定格	最大	
冷房能力（kW）	0.3	2.8	3.3	0.4	2.8	3.9	
暖房能力（kW）	0.2	3.6	4.6	0.3	3.6	6.9	高効率機種の暖房時の最大能力は、定格能力と比べてかなり大きいので寒い日も安心
冷房消費電力（kW）	0.205	0.79	1.25	0.115	0.56	1.15	
暖房消費電力（kW）	0.165	0.88	1.485	0.11	0.68	1.995	
冷房効率（冷房COP）	1.46	3.54	2.64	3.48	5.00	3.39	高効率機種は「最小」「定格」「最大」どの場合でも効率が高い
暖房効率（暖房COP）	1.21	4.09	3.10	2.73	5.29	3.46	
室内機の重量	8.0kg			15.5kg			
室外機の重量	23.0kg			33.0kg			高効率機種は大型の圧縮機や熱交換機を持っているため、本体が重く大きい
屋内機のサイズ	28cm×78cm×22cm			30cm×80cm×38cm			
屋外機のサイズ	53cm×66cm×28cm			63cm×80cm×30cm			
価格	6万円台			18万円台			高効率機種は機能が多く非常に高額

図2 エアコンの標準機種と高効率機種は何が違う？

大手メーカーが公表している、エアコンの省エネ性能や暖冷房能力などを標準機種と高効率機種で比較した（冷房能力2.8kW機種）。高効率エアコンは屋内機や屋外機の重さやサイズが大きく、コストも高くなりがちである

房）はかなり余裕がある。今どきのエアコン（特に高効率機種）を今どきの住宅に設置した場合、「能力不足」はまず起こらないことを覚えておこう。

エアコン ＝ 省エネ界のスター？

♫昔は買い替えてさえいただければ、電気代をズバッとお安くできたもんでございますが……。♫

♫最近ではCOPとかAPFとか効率の数字が上がらないもんですから

♫お住まいに合わせた機種選びと使い方の工夫が肝心でござんす。♫

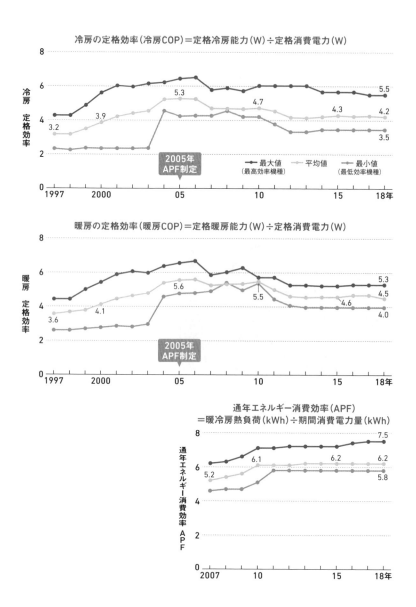

図3 エアコンの定格効率は低下傾向、APFも頭打ちに

冷房と暖房の定格効率と通年エネルギー消費効率（APF）の推移（冷房能力2.8kW機種）。エアコンの効率評価が暖冷房COP（定格効率）からAPFに移行するのに伴い、定格効率は低下傾向にある。APFも、2010年以降は平均値が全く伸びなくなっている

（資料・資源エネルギー庁の資料を基に筆者が作成）

COPはまさかの低下傾向、APFも近年は足踏み

エアコンは省エネ界の花形スターというイメージが強い。国内のメーカーが得意とする分野でもあるので、効率は上がり続けているだろうと期待も高まる。10年前の古いエアコンを買い替えれば、ビックリするほど電気代が下がるのではと期待してしまう。

答えを先に言うと、残念ながら機種交換による節電はもはや期待できない。図3 に示す、冷房と暖房の定格効率、APF の推移を、最大値（最高効率機種）・平均値・最低値（最低効率機種）の別に見てみよう。

この節電時代に驚くべきことだが、2005年以降メインの省エネ指標ではなくなった定格効率は冷房・暖房ともに低下傾向。また新たなメインの省エネ指標である APF も、近年は伸び悩んでいる状況がはっきり見える。標準的な機種を買い替えただけでは、大した節電効果は得られないのだ。

エアコン全体の効率向上が足踏みとなると、なるべく高効率機種を選ぶことをおススメしたいところだが、問題は価格。高効率機種は、標準機種の優に2〜3倍は高価である。国内メーカーお得意の、効率とは関係のない「ガラパゴスな付加機能」がコストアップの主因。高効率機種による節電では初期コストの差を到底埋められないのが現実である。

エアコンは中間能力に効率のスイートスポットがある

新しい機種に買い替えても節電効果なし。高効率機種は高過ぎてペイしない……。エアコンの節電手段は尽きてしまったの

だろうか。確かに、エアコンの心臓部であるヒートポンプの要素技術は改良され尽くされており、定格効率やAPFが今後急速に上昇する可能性はほとんどないのが現実。だが、「実使用における効率」を向上させる余地はまだまだ残っている。

その種明かしの前にまず、エアコンの効率と暖冷房の熱負荷の関係を頭に入れておこう 図4 。ヒートポンプは、処理する熱負荷の大小によって効率が大きく変化する。おおむね定格能力（≒通常運転における100%能力）の半分辺り（中間能力）で効率が最大になる。暖冷房の熱負荷は中間より高くても低くても、いずれの領域でも効率が低下する。

APFの算出においては、この中間能力での効率が非常に大

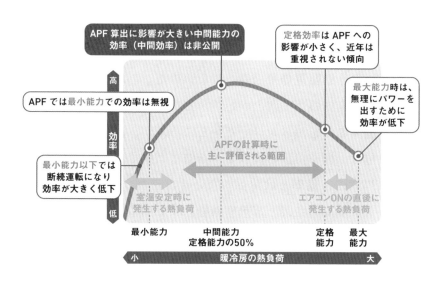

図4 エアコンの効率は暖冷房熱負荷の大小で大きく変わる

暖冷房の熱負荷に応じたエアコンの効率変動。エアコンの効率は、能力の中間辺りで最も高くなり、高負荷・低負荷の領域では低下する。省エネ指標であるAPFの算出に用いられるのは定格効率と中間効率だが、実使用では低負荷か高負荷の運転が多い

きな影響を持っているため、エアコンメーカーは改善に邁進してきた。だが、この肝心の中間効率は各メーカーの「トップシークレット」で非公開。APFがどのような性能値に基づき算出されているか、部外者は検証できないのだ。

エアコンの実運転は高負荷 or 超低負荷がほとんど

APFの別の課題として、実使用での熱負荷との乖離がある。実使用において、エアコンをONにした直後は、できるだけ早く設定温度に到達しようとフルパワーの最大能力でダッシュする。ひとたび設定温度に達すると、室温維持のためにダラダラと超低負荷運転に移行する。

つまり実使用では、ヒートポンプの効率が悪い高負荷か超低負荷いずれかという両極端な運転に集中してしまう。中間効率メインのAPFの想定とは、大きく異なっているのである。

エアコン効率のスイートスポットを生かす使い方

さらに、断熱や日射遮蔽の向上が進む現在の住宅において、家中の各部屋にエアコンを個別に設置する場合は特に、極端な低負荷領域での「トロトロ運転」にはまりやすく、エアコンの妙味である中間効率を生かせない。冷房能力不足を恐れて過大なサイズのエアコンを想定した場合、この超低負荷問題はより深刻になる。

超低負荷問題を克服して「実使用時の効率」を大きく向上させるためには、エアコンが分担する負荷を中間効率の領域に集中させ、ヒートポンプ効率の「スイートスポット」を生かすことが重要。全館24時間空調はその1つの方策となる。

第4章

太陽光発電

太陽光発電は住宅の再生可能エネルギーでは、ほぼ唯一の選択肢。設置コストも手ごろになっており、割高に電気を買い取ってくれる制度もある。蓄電池の省エネ効果には検討の余地があるが、太陽光発電を設置しない理由はもはやない。エネルギー自立に向けて抑えるべきポイントと「損得」をみていこう。

Q.9
太陽光発電はもう載せなくていい？

MEGA SOLAR

ママ、何か寂しそう

ポツン

A.

▶ 太陽光発電は、ネガティブな情報が広がっているが、住宅の再エネではほぼ唯一の選択肢。

▶ エネルギー自立にも必須であり、住宅用は優遇されているので絶対に載せるべき。

ふんだんに降り注ぐ太陽のエネルギーを電気に変えてくれる太陽光発電。その青く輝く屋根は、まさにエコハウスの象徴といえる。だが最近は、「買い取り価格引き下げ」「アフターFIT」「出力抑制」などと、ネガティブな情報も増えてきている。太陽光発電は屋根に載せなくてもいいのだろうか。

設置コストの補助から固定価格買い取り制度「FIT」へ

太陽光発電は、かつて日本企業がリードしていた分野。世界的に先駆けて1990年代前半ごろから住宅の屋根への設置が始まるが、当時は発電容量1kW当たり100万円以上と設置コストがベラボウに高かった。

設置費用を補助する国のテコ入れで普及が進み始めるが、2006年の補助廃止とともに新規設置が一旦減少に転じてしまう 図1。当時の売電単価は買電単価と同額だったため、設置コストを賄うことが困難だったのだ。

産業育成と京都議定書達成に向けて再スタートとばかりに、太陽光発電の余剰電力買い取り制度が09年に開始。さらに12年に東日本大震災後の政治的ドタバタを経て「再生可能エネルギー特別措置法（再エネ特措法）」が施行された。FIT（固定価格買い取り制度）が導入され、再エネの電気を従来の買電単価より割高の固定価格で買い取ることで設置コストの早期回収を可能にし、普及を強力に後押ししたのだ。

買い取り価格の急変に伴う太陽光バブルの発生と崩壊

余剰電力買い取り制度の導入においては、「いくらで太陽光の電気を買い取るべきか」が1番問題である。結局は、再エネ

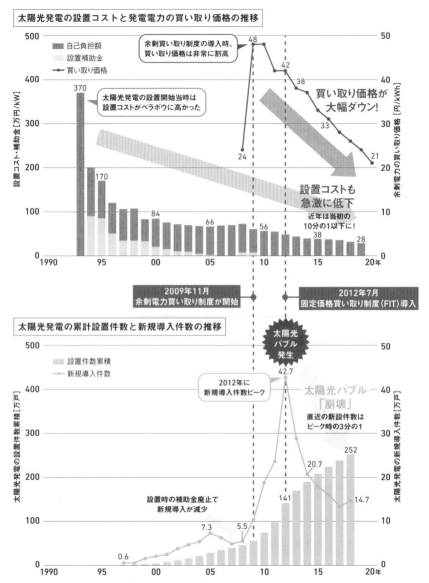

太陽光発電の設置コストと発電電力の買い取り価格の推移

太陽光発電の累計設置件数と新規導入件数の推移

図1 太陽光発電バブルの発生と崩壊

以前は太陽光発電の設置コストが非常に高かったため、設置費用を補助する政策が採られていた。だが、補助金の廃止に伴って新規導入件数は減少。2009年11月に「太陽光発電の余剰電力買い取り制度」による割高な買い取りが始まると、再び太陽光発電の導入件数が急増し、住宅用では12年に約42万戸に達した。その後は買い取り価格の低下と連動してピーク時の3分の1にまで縮小している。累積の設置件数は250万戸を超えているが、住宅全体では5%未満にすぎない（資料：上は経済産業省資源エネルギー庁、下は太陽光発電協会それぞれの資料を基に筆者が分析）

普及を最優先し、非常に割高な買い取り価格（09年の住宅余剰電力買い取り価格は48円/kWh）が設定された。「太陽光発電の売電は儲かる」とばかりに、12年には新規設置住戸が42万戸に達し、「太陽光バブル」が発生する。

　いささか大盤振る舞いが過ぎたかと、その後に買い取り価格を急激に下げた結果、バブルはあえなく「崩壊」。現状の新規導入はピークの3分の1まで激減してしまった。

　このFIT制度を巡るバブルの発生と崩壊は、太陽光業界を疲弊させ、様々な禍根（かこん）を残した。何より、継続的にあまねく普及させるべき再エネを、一過性のブームで終わらせてしまった

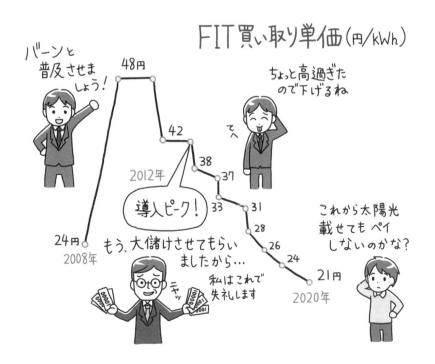

太陽光発電

普及を最優先し、非常に割高な買い取り価格（09年の住宅余剰電力買い取り価格は48円/kWh）が設定された。「太陽光発電の売電は儲かる」とばかりに、12年には新規設置住戸が42万戸に達し、「太陽光バブル」が発生する。

　いささか大盤振る舞いが過ぎたかと、その後に買い取り価格を急激に下げた結果、バブルはあえなく「崩壊」。現状の新規導入はピークの3分の1まで激減してしまった。

　このFIT制度を巡るバブルの発生と崩壊は、太陽光業界を疲弊させ、様々な禍根（かこん）を残した。何より、継続的にあまねく普及させるべき再エネを、一過性のブームで終わらせてしまった

太陽光発電

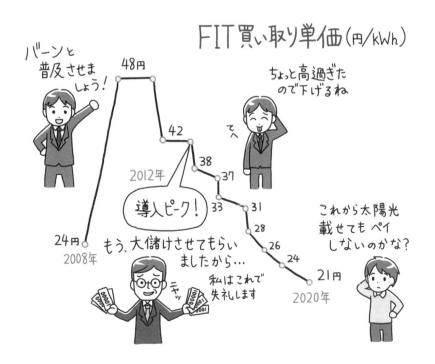

のは残念である。目先の利く一部のプレーヤーだけが過剰な恩恵を独占してしまったと言わざるを得ない。

10年経過の「アフターFIT」で買い取り単価暴落

FIT制度で割高に電気を買い取ってもらえるのは、固定価格買い取り期間中の10年間だけ。19年11月からのFIT期間が終了し、「アフターFIT」に突入する住宅がぼちぼち出始めている。アフターFITになると、自分で買い取り先を「相対・自由契約」で見つけてこない限り、旧一般電力事業者の言い値で売ることになる。

ところが、この言い値（アフターFIT買い取り価格）が軒並み8円/kWh前後と非常に安い 図2。今まで1kWh当たり48円で売れていた電気がたった8円でしか売れないのだから、家庭の売電収入は6分の1に激減する。

FIT期間中の買い取り価格は、後述する政策誘導の結果な

図2
アフターFITの買い取り価格と回避可能費用

アフターFITの買い取り価格は、FIT期間中に比べると極端に安いが、電力会社が意地悪をしているわけではない。太陽光の電気購入によって電気事業者が削減できるコスト「回避可能費用」とほぼ同額である。事業者によっては、表中のみなし小売り電気事業者よりも割高な買い取りを行っている事業者もある

（資料：買い取り価格は筆者調べ、回避可能費用は日本卸電力取引所の2019年度の年平均）

（単位：円/kWh）

電力事業者	アフターFIT買い取り価格	回避可能費用
北海道電力	8.00	10.7
東北電力	9.00	9.1
東京電力	8.50	9.1
中部電力	7.00	7.2
北陸電力	8.00	7.2
関西電力	8.00	7.2
中国電力	7.15	7.2
四国電力	7.00	7.1
九州電力	7.00	6.8
沖縄電力	7.70	7.9

FIT導入当初は48円だった**買い取り価格**がアフターFITでは**6分の1に激減**

アフターFITの買い取り価格は、回避可能費用（電気の原価）とほぼ同等

ので割高なのは当然だ。しかし、系統の電気を買う際の買電単価（約28円/kWh）と比べても、なぜアフターFITの買い取り価格はかくも安いのだろうか。

アフターFITの買い取り単価≒回避可能費用

電力事業者が太陽光の電気を買い取った場合、自分の発電所で必要だったはずの燃料や経費、市場からの電気調達にかかるはずだった取引費用を減らすことができる。この費用を「回避可能費用」と呼び、原則的にはQ.4で述べたJEPX（日本卸電力取引所）の価格と連動する。回避可能費用とは聞きなれない言葉であるが、「電気の原価」と考えれば大丈夫 図3 。

図2 の表に示した通り、この回避可能費用とアフターFITの

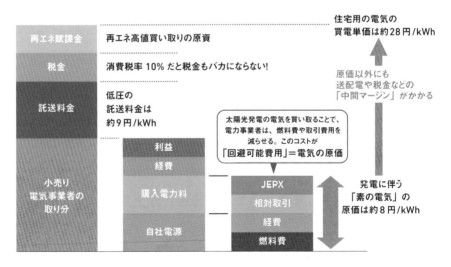

図3 電気代に占める発電コストの原価は意外と小さい

住宅などで電気を系統から購入するときの買電単価のうち、実際の発電そのものにかかるコストは一部にすぎない。地域の電力事業者などが太陽光発電の電気を購入することで節約できる取引や燃料などのコストを「回避可能費用」と呼ぶが、ほとんどの地域・季節で10円/kWh未満。FIT終了後に太陽光の電気を買い取る金額にほぼ等しい

買い取り価格を比較すると、地域差はあるものの両者が大体等しいことが分かる。アフターFITの買い取り価格がひどく安く見えるのは、電力事業者が意地悪しているわけではない。FITのプレミアムがなくなった「素の電気」には、発電そのものの「原価」しか支払えないのは当然なのだ。

電気代に占める発電コストの原価は意外と小さい

図3でみた通り、電気代に占める発電や調達そのものにかかる原価（≒回避可能費用）は意外と小さい。だが、電力事業者から電気を買う「買電」にしても、太陽光発電の余った電気を売る「売電」にしても、電力系統を経由して事業者と売買する以上、託送料金や電力事業者の経費、おまけに税金といった「中間マージン」が生じてしまう。

考えてみれば、外食して支払う金額のうち材料原価は一般に2〜3割。1kWh当たり原価8円の電気を28円で買うと原価率は8÷28=約29%だから、まあ常識レベルともいえる。

系統を利用する「買電」「売電」は高くつく。この事実は「いつまでも最小のエネルギーコスト」のエコハウスを考えるうえで、重要なポイントになる。

高値買い取りの原資「再エネ賦課金」が上昇中

FIT期間中において、割高な売電単価と回避可能費用の「差額穴埋め」の原資は、電力需要家が支払う電気代に上乗せする「再エネ賦課金」として、薄く広く徴収されている 図4 。

再エネの普及と買い取り金額の増加に伴い、穴埋めに必要な再エネ賦課金の上乗せ比率も上昇。19年度には税込み2.98円／

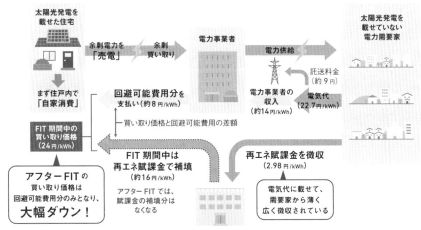

図4 FIT期間中に太陽光発電の電気が 高く買い取ってもらえる仕組み

FITの固定価格買い取り期間に太陽光の電気が高く買い取られるのは、電力需要家から薄く広く集めた「再エネ賦課金」で穴埋めをしているから。期間終了後のアフターFITになると、電力事業者から「回避可能費用」分しか支払われなくなるので、売電分の買い取り価格が極端に安くなってしまうのだ（図中の買い取り単価や電気代は2019年度の数字）

図5 再エネ賦課金で押し上げられる電気代

家庭用の電気代（電灯単価）の推移（数値は全国平均）。再エネの電気を割高に購入する原資である「再エネ賦課金」は、国民全体の買電単価に上乗せされて薄く広く徴収されており、近年は増加傾向にある。最近の原油価格の低迷もあり、電気代そのものが安値安定なため、買電単価合計の上昇は抑えられているが、今後の推移に注意する必要がある

kWh と、電気代の 1 割以上を占めるまでに増加している 図5 。幸い近年の原油価格低迷のおかげで本体の電気代が安値安定なので、再エネ賦課金増加の負担感も感じずに済んでいる。しかし今後もし燃料費が高騰して、電気代の上昇が始まれば、賦課金の痛みはより厳しいものになるだろう。

　太陽光発電は、この再エネ賦課金急増の主犯として、批判を

再エネの買い取り電力量の推移

再エネの買い取り金額の推移

図6 **太陽光発電による電力のメインは「10kW 以上」の大規模物件**
FIT 制度導入後の、再エネ電気ごとの買い取り電力量と金額の推移。いずれも、10kW 以上の大規模な太陽光発電が占める割合が大きい。一方で、住宅用の 10kW 未満の割合は 1 割程度
（資料：資源エネルギー庁の固定価格買取制度情報公開用ウェブサイトのデータを基に筆者が分析）

浴びることが多い。確かに太陽光発電は再エネ電気の7割以上を占める主役だが、その買い取り電力量や金額の大部分は10kW以上のメガソーラーなどの大規模物件がメイン 図6 。住宅用がほとんどの「10kW未満」は、再エネ全体の1割にも満たないのだ。

先のFIT導入のドタバタにおいて、メガソーラーは高過ぎる買い取り価格(12年度 40円/kWh＋税で20年間)や遠隔出力制御の欠如など、特に問題が多かった。

太陽光発電からの売電が断られる「出力制御」が発動

メガソーラーが急速に普及した九州地方などでは、「出力制御」がかけられる日が発生してきている 図7 。出力制御とは、電力系統を安定させるため、太陽光発電など再エネ電気の売電を一時的に禁じるものだ 図8 。FIT導入時に遠隔での遮断機能を義務化しなかったため、この出力制御を上手にコントロールするのが難しい状況になってしまっている。

さらには、高く電気を売る権利だけ確保して設置コストが安くなるよう稼働をギリギリまで遅らせる「未稼働物件」問題が深刻化。また、風水害時には太陽光発電パネルの破損事故も大きく報道された。太陽光発電を筆頭に再エネ全体へダーティーなイメージが広がってしまったのである。

再エネをもっと増やすことは絶対必要

太陽光発電へのネガティブな報道が相次いだため、太陽光発電や再エネ全体に悪いイメージがついてしまった感は否めない。発電全体に占める再エネの割合は、水力を入れても2割に満た

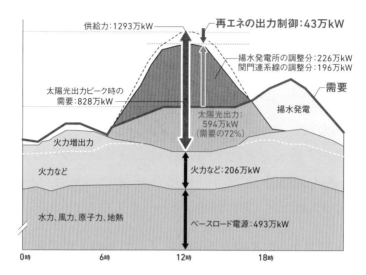

図7 九州電力が国内初の「出力制御」を実施

九州電力が公表した2018年10月13日土曜日の需給見通し。横軸が時間。揚水発電や関門連携線の調整など、あらゆる手段を駆使しても再エネ電力を系統側で吸収できないとして、太陽光発電設備などの出力制御43万kWを実施した。離島を除くと、国内初だ

（資料：九州電力の資料を基に作成）

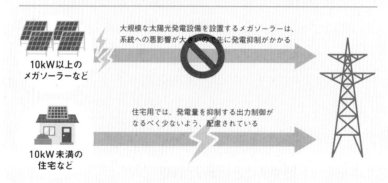

図8 住宅より先にメガソーラーに出力制御がかかる

系統が一時的に電力の受け入れを拒否する「出力制御」は、電力の需要が少ない春・秋の休日の昼間を中心にして、実施される事態が起こっている。特に10kW以上の太陽光発電設備の電力量が過剰になる場合が多く、出力制御の発動頻度が増加している。ただし住宅用（10kW未満）には、発電抑制がなるべくかからないよう対象順位が配慮されている

ない 図9 。先はまだまだ長いのだ。

　再エネの中でも、太陽光発電は日本の気候に適した優れた方
式で、特に住宅スケールでは唯一の選択肢。あら探しに明け暮
れるのではなく、その強みと弱みを正しく理解して、主力電源
化に向けたさらなる普及と課題の解決を社会全体で真面目に考
えるべきだろう。

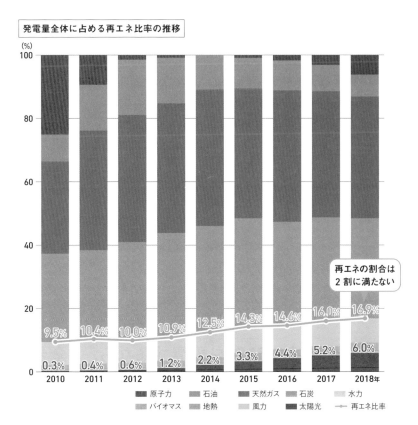

発電量全体に占める再エネ比率の推移

再エネの割合は
2割に満たない

原子力　石油　天然ガス　石炭　水力
バイオマス　地熱　風力　太陽光　再エネ比率

図9 再エネが占める比率はまだまだ低い

FIT制度が導入されて以降、再エネの比率は増え続けているが、以前として割合は小さい。エ
ネルギー自立とCO₂削減のためには、再エネのさらなる普及は不可避である
（資料：資源エネルギー庁の総合エネルギー統計を基に筆者が分析）

Q.10
太陽光発電は売電で大儲け？

A.

▶ これから太陽光発電を設置するなら、「全量買い取り」ではなく「余剰買い取り」が基本。

▶ 従来の系統への売電中心から、住宅内の需要を賄う「自家消費」が重要に。

太陽光発電の設置を検討するうえで気になるのが、太陽光発電を載せさえすれば、トクをするのかどうかだろう。たくさん発電して系統に電気を売れば売るほど、家計は潤うといえるのか。

売電方法は発電容量 10kW を境に 2 種類ある

　太陽光発電の売電は、発電分をまず住戸内で自家消費してから残りを売電する「余剰買い取り」と、自家消費せずに全て売電する「全量買い取り」の2種類がある 図1。余剰買い取りの場合は一般に、発電量の3割程度が自家消費され、残り7割が

図1 住宅用の売電は「余剰買い取り」と「全量買い取り」

太陽光の売電には、「余剰買い取り」と、「全量買い取り」の2種類がある。全量買い取りは容量10kW以上の場合だけ選択できる。自家消費した電気の価値は、太陽光発電設備がなければ系統から購入することになった「買電単価」に等しい

（設備の稼働率・自家消費率は調達価格等算定委員会資料を基に作成）

113

売電とされる（経済産業省の調達価格等算定委員会の資料より）。売電の価値は「買い取り」単価、自家消費した電気の価値は系統から購入せずに済んだ「買電」単価に等しい。

全量買い取りは、自家消費せずに発電分を全て売電する形式で、発電容量10kW以上の場合だけ選択できる。割高の固定価格で買い取ってもらえるFIT期間は、余剰買い取りが10年、全量買い取りが20年。単価も大きく異なっている。

かつては「余剰買い取り」より「全量買い取り」がトクだった

Q.9で触れた太陽光バブル真っ盛りの2012年、太陽光発電を設置した人はどれだけトクをしたのだろうか？　調達価格等算定委員会がまとめた資料の想定と現状値を基に、FIT期間中とアフターFITの10年までを見越した20年間にわたって、設置コスト（システム費用）とローン金利や修繕コストなどの「支出」、売電と自家消費でトクした「収入」を、発電容量1kW当たりで比較した。

12年の買い取り単価は余剰買い取りで42円/kWhと高額だったのだから、さぞ儲かったと思えばさにあらず。収支がプラスとなったのは余剰買い取りの場合、太陽光発電を現金で購入した「借り入れなし」のケースだけ 図2上。当時は太陽光発電のシステム費用が高額であり、さらにソーラーローン（短期・高利）や住宅ローン（長期・低利）で借り入れると、金利分もバカにならない。さらにFIT終了後の売電単価は当時想定の11円/kWhから、実際はさらに安い8円/kWh程度に低下してしまい、売電金額が減少したことも影響している。

12年設置でトクをしたのは、なんといっても容量10kW以

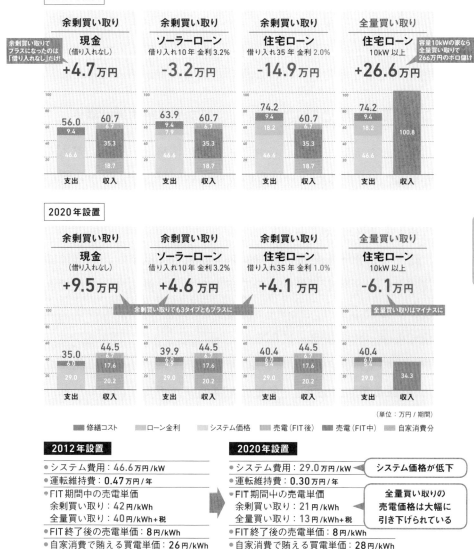

2012年設置

| 余剰買い取り
現金
（借り入れなし）
+4.7万円 | 余剰買い取り
ソーラーローン
借り入れ10年 金利3.2%
-3.2万円 | 余剰買い取り
住宅ローン
借り入れ35年 金利2.0%
-14.9万円 | 全量買い取り
住宅ローン
10kW以上
+26.6万円 |

余剰買い取りでプラスになったのは「借り入れなし」だけ!!

容量10kWの家なら全量買い取りで266万円のボロ儲け

2020年設置

| 余剰買い取り
現金
（借り入れなし）
+9.5万円 | 余剰買い取り
ソーラーローン
借り入れ10年 金利3.2%
+4.6万円 | 余剰買い取り
住宅ローン
借り入れ35年 金利1.0%
+4.1万円 | 全量買い取り
住宅ローン
10kW以上
-6.1万円 |

余剰買い取りでも3タイプともプラスに

全量買い取りはマイナスに

（単位：万円／期間）

■修繕コスト ■ローン金利 ■システム価格 ■売電（FIT後） ■売電（FIT中） ■自家消費分

2012年設置
- システム費用：46.6万円/kW
- 運転維持費：0.47万円/年
- FIT期間中の売電単価
  余剰買い取り：42円/kWh
  全量買い取り：40円/kWh＋税
- FIT終了後の売電単価：8円/kWh
- 自家消費で賄える買電単価：26円/kWh

2020年設置
- システム費用：29.0万円/kW
- 運転維持費：0.30万円/年
- FIT期間中の売電単価
  余剰買い取り：21円/kWh
  全量買い取り：13円/kWh＋税
- FIT終了後の売電単価：8円/kWh
- 自家消費で賄える買電単価：28円/kWh

システム価格が低下

全量買い取りの売電価格は大幅に引き下げられている

図2 太陽光発電を導入した住宅の20年間収支（発電容量1kW当たり）

太陽光発電の設置年別に20年間の収支をシミュレーションした。当初10年間はFIT期間、後半10年間はFITが終了したアフターFIT。買い取り単価が高かった2012年設置で利益が出たのは、全量買い取りだけ。余剰買い取りは必ずしもトクではなかった。システム費用や金利が低下した2020年設置の方が、実は確実に利益が確保できるのである（経済産業省の調達価格等算定委員会資料の値を基に筆者が算定、現状値は筆者設定、住宅ローン金利はフラット35を参照）

上限定の「全量買い取り」。容量1kW当たり26.6万円もトクなのだから、容量10kWの家なら266万円のボロ儲け。当時、この利益を狙って容量20kWや30kWの「デカソーラー」住宅が大流行した背景には、こうした損得勘定があったのだ。

もう全量買い取りは儲からない、これからは余剰買い取り

これから太陽光発電を設置する場合の損得はどうなのだろうか 図2下。Q.9でみたように買い取り価格はどんどん下がっているのだから、ペイしなくなっているのではと不安になるが、実は心配しなくて大丈夫。

近年では太陽光発電の設置コストが大きく低下し、おまけに住宅ローン金利も下がったので支出を大きく減らすことができる。現金でも借り入れでも、余剰買い取りの20年間の収支は全てのケースでプラスになる。

一方の全量買い取りは、2020年の計算ではマイナスに沈んだ。「大盤振る舞いし過ぎ」「全量売電は系統が不安定になる」とたたかれまくり、売電単価を大幅に引き下げられたのが原因（13円/kWh＋税）。最近は、デカソーラーの新築が全くはやらないのも当然といえる。

自家消費できるだけの適性容量の太陽光を載せるのが基本

売電単価が引き下げられても余剰買い取りはペイするが、大きな容量の太陽光パネルを載せるほど、メリットは大きいのだろうか。2020年設置（住宅ローン）のケースで考えよう。

確かに余剰買い取りではFIT期間中の売電単価が割高で有利だが、始めの10年間だけでは発電容量1kW当たりの収支は

ほどほどPV

自家消費した余りを売電する
「余剰買い取り」
(固定価格買い取り期間10年)

デカPV

発電分を全て売電する
「全量買い取り」
(固定価格買い取り期間20年)
容量10kW以上でのみ選択可

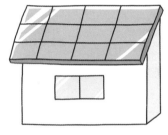

20年間の収支

20年間の収支

売電単価が前半10年42円 後半10年8円で収支トントン	2012年 設置	売電単価が20年ずっと40円+税と やたら高かったのでボロ儲け！
売電単価が前半21円に下がるも システム費用も低下で収支プラスに 自家消費を増やせば更にお得！	2020年 設置	固定価格買い取り期間は20年のままだが 売電単価が13円に大幅引下で 収支マイナスに転落

売電単価は1kWhあたり

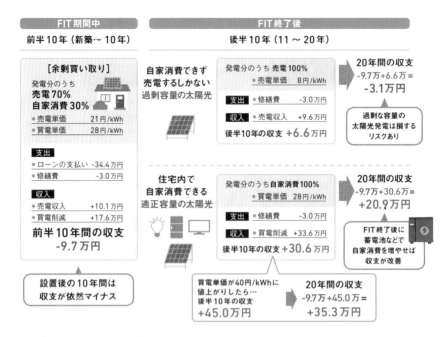

図3 「過剰容量」と「適正容量」の太陽光20年間の収支 （1kW当たり）

同じ容量の太陽光発電を設置した住宅で、自家消費の有無によってFIT期間中とアフターFITの各10年間、計20年間の収支がどう推移するのかシミュレーション（発電容量1kW当たり）した。余剰買い取りにおいても、割高に売電できるFIT期間だけではペイできない。FIT終了後まで含めた採算を考えると、自家消費できるだけの「適正容量」を設置するのが1番おトクなのだ

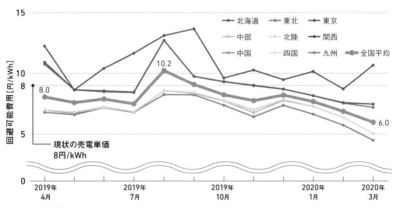

図4 10年後の売電単価は8円/kWhより安くなる？

電気の原価である回避可能費用は、地域や季節により大きく変化している。特に電力供給が過剰気味な春・秋については、単価が急落する傾向がある。10年後のFIT終了後の売電価格は、現状想定の8円/kWhより大幅に安くなっても不思議ではない（資料：新電力ネットのデータを基に筆者が分析）

マイナス 9.7 万円 **図3**。FIT 期間だけでは元が取れないので、アフター FIT の収支までしっかり考えておく必要があるのだ。

　太陽光発電の全容量のうち、自家消費できる分を超えた過剰容量分は、FIT 終了後も全て売電するしかない。すると楽観的に現状の売電単価 8 円 /kWh が 20 年先まで維持されたとしても、収支はマイナス 3.1 万円 /kW。そして最近では回避可能費用が 8 円 /kWh を大きく下回る地域・季節が出てきている **図4**。回避可能費用の低下につられて売電価格のさらなる引き下げが進めば、実際の収支はさらにマイナス側に下振れする。過剰な容量の太陽光発電は、損するリスクが大きいのだ。

　一方、自家消費できるだけの適性容量の部分については、FIT 終了後に蓄電池などを活用しながら全量を自家消費すればプラス 20.9 万円 /kW と大きな利益となる。Q.4 で触れたように、電気代はずっと安いままとは限らないので、仮に買電単価が 40 円 /kWh に値上がりしたとすると、系統から買電するはずだった分の費用が削減できるので、20 年間の収支はプラス 35.3 万円 /kW と恩恵はさらに大きくなる。

　「全量買い取りで太陽光発電の容量がデカいほど儲かる」時代はすでに終わった。これからは「余剰買い取りでアフター FIT も見越して自家消費で使い切れる適正容量の太陽光発電」で、しっかり利益を確保することが肝心だ。

初期費用ゼロでも太陽光は載せられる

　太陽光発電は載せたいが初期費用がやはり気になる人向けに、第三者保有モデル（TPO）などを活用した「初期費用ゼロ」のプランも登場している **図5**。

図5 初期費用ゼロでも太陽光発電は設置できる

太陽光発電設置の最大のネックは初期費用。建て土の初期費用負担がゼロで設置できるスキームとして、「第三者保有モデル（TPO）」など複数ある。太陽光発電の設置費用は事業者持ちで、居住者にも電気代低減のメリットがある。契約期間（10～20年が主流）が終了したら、太陽光発電設備は居住者に譲渡される

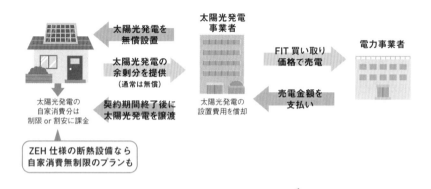

　太陽光発電事業者の負担で発電設備を設置・所有し、契約期間（10年程度が一般的）の余剰電力を引き取って売電することで、初期コストを回収するスキームだ。居住者にとっては屋根を貸す形で初期費用はかからないので「屋根貸しモデル」とも呼ばれる。契約期間後は発電設備が譲渡されるので、後は自家消費や売電を自由に行うことができる。

　屋根貸しモデルでは、発電分からあまりに多くを自家消費されてしまうと業者は売電できず損してしまう。そのため、自家消費分を単価ゼロではなく課金するか、タダで自家消費できる量を制限する場合が多い。建物の断熱と設備をZEH（ネット・ゼロ・エネルギー・ハウス）仕様とすることで省エネを図り、自家消費の量に制限をつけない太っ腹なプランもあるので、調べてみてほしい。

　繰り返すが、太陽光発電はエネルギー自立に向けたエコハウスの必須アイテム。設置コストがここまで下がり、初期費用ゼ

図6 太陽光発電に関するポイントを整理しよう

太陽光発電の普及が頭打ち
- 固定価格買い取り制度（FIT）の買い取り価格が低下（2009年48円/kWh ➡ 20年21円/kWh）
- FIT期間（10年）終了後の相対・自由契約での買い取り価格は、約8円/kWh（≒回避可能費用）
- 割高な買い取りの原資である「再エネ賦課金」の負担の急増が買電単価を押し上げ
- 発電過剰時に「出力制御」がかかり、売電ができない事態が発生
- 以前のように「売電で大儲け」は無理な時代に。特に全量買い取りは不利に

太陽光発電はエコハウスのエネルギー自立に不可欠
- 電気は生活に不可欠。住宅スケールでの現実的な再生可能エネルギーは太陽光発電しかない
- 設置コストも低下している。FIT期間中の買い取り価格（売電単価）は、20年以内にコスト回収できるよう決められている
- 再エネ賦課金負担の急増はメガソーラーが主因。住宅用は発電制御もあまりかからないよう配慮されている
- 非常時の電源確保のためにも、住宅用の太陽光発電は政策的に優遇されている

太陽光発電への基本方針
- 今後は余剰買い取りが基本。自家消費できるだけの「適正容量」なら、太陽光発電の収支は大きくプラス
- FIT終了後は、売電をアテにせず、蓄電池導入などで自家消費を検討する
- 自家消費によって買電・売電を減らせば、中間マージンを回避でき、FIT終了後もコストメリット大
- 初期費用ゼロの設置方法もある。新築時には必ず太陽光発電の設置を！

ロの屋根貸しも可能な現在において、その搭載を躊躇する理由はない。太陽光発電はなにかと誤解されやすいので、Q.9で解説した内容も含めて、いま一度要点を整理しておこう 図6 。

売電ではなく自家消費優先で太陽光発電は必ず載せる

太陽光バブルのときのように「売電で人儲け」という時代が終わったのは事実である。FIT終了後の買い取り価格（≒回避可能費用）の安さを考えると、売電に過剰な期待は、もはやできない。

「いつまでも最小のエネルギーコスト」の実現には、買電・売電をできるだけ避け、太陽光発電の電気で住宅内の需要を大幅に賄う「自家消費」が重要になってくるのだ。

Q.11 蓄電池で停電とアフターFIT対応は万全?

A.

▶「太陽光発電の自家消費」と「停電対策」を定置型蓄電池の容量で両立するのは困難。

▶当面はポータブル蓄電池での備えが現実的。電気自動車を活用するV2Hも有望。

太陽光発電の売電単価はQ.10で触れたように、アフターFITではタダ同然。発電分をなるべく自家消費して割高な買電を減らすのが得策。そこで登場するのが「蓄電池」だ。昼間に太陽光で発電した電気をためて、夕方や夜に自家消費すれば「アフターFITもバッチリ」と、固定買い取り期間が終了した住宅に「定置型蓄電池」が盛んに売り込まれている。

　そして近年、地震や風水害後に広域で長時間の停電が深刻化。電気が使えないのは死活問題と、「蓄電池で停電に備えよう」と考えるユーザーも増えている。果たして定置型蓄電池は、太陽光発電の自家消費と停電時の電源を兼ねられるのだろうか。

蓄電計画にはカバーしたい用途の見極めが重要

　蓄電池の必要容量は、非常時にどの用途までカバーしたいかで大きく違ってくる 図1 。瞬間で必要な電力（W＝J/s）に1日の使用（充電）時間（h）をかければ、1日に必要なエネルギーの量である電力量（Wh）を計算できる。

　照明やスマートフォン充電（1回に0.01kWh程度）の確保は特に重要だが、幸いにして必要な電力（W）・電力量（Wh）はごく小さい。数万円で購入できる0.5〜1kWh程度のポータブル蓄電池でも、スマートフォンを何十回も充電できる。

　一方、調理や暖冷房、さらに給湯まで賄うには、かなり大きな電力・電力量が必要となる。こうした大量の「熱」が必要な用途は無理に電気で賄おうとせず、カセット式ガスコンロや石油ストーブで備える方法も有効である。「照明・スマートフォン充電を最低限カバーすればOK」なのか「普段と変わらない電気中心の生活をしたい」のか、用途の見極めが重要なのだ。

太陽光発電

123

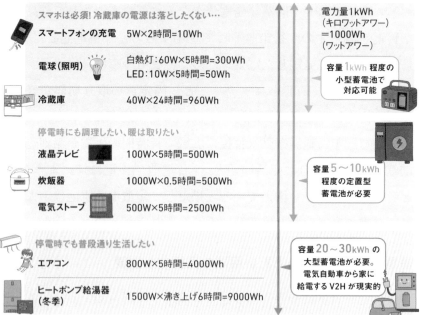

電子機器	電力（W）×使用時間（h）＝電力量（Wh）	

スマホは必須! 冷蔵庫の電源は落としたくない…

スマートフォンの充電　5W×2時間=10Wh

電球（照明）　白熱灯：60W×5時間=300Wh
　　　　　　　LED：10W×5時間=50Wh

冷蔵庫　40W×24時間=960Wh

停電時にも調理したい、暖は取りたい

液晶テレビ　100W×5時間=500Wh

炊飯器　1000W×0.5時間=500Wh

電気ストーブ　500W×5時間=2500Wh

停電時でも普段通り生活したい

エアコン　800W×5時間=4000Wh

ヒートポンプ給湯器（冬季）　1500W×沸き上げ6時間=9000Wh

電力量1kWh
（キロワットアワー）
=1000Wh
（ワットアワー）

容量1kWh程度の
小型蓄電池で
対応可能

容量5〜10kWh
程度の定置型
蓄電池が必要

容量20〜30kWhの
大型蓄電池が必要。
電気自動車から家に
給電するV2Hが現実的

図1　非常時に使いたい用途ごとに必要な蓄電池容量が変わる

蓄電計画は、非常時にどこまでの用途をカバーしたいかがポイントになる。スマートフォンの充電や照明、冷蔵庫程度であれば、小型のポータブル型電池で対応可能だが、調理や暖冷房、給湯まで蓄電池でカバーしようとすると、大容量の電池が必要となる

蓄電池の「定格容量」はフルに使えない

　大抵の用途を賄える大容量の蓄電池として、選択肢になるのが定格容量5〜10kWh程度の定置型蓄電池だ。1kWh当たりのシステム単価は13.5万円（ZEH補助金の要件である保証期間15年の場合）程度なので、容量10kWhとすれば135万円と、なかなか高価である。

　定格容量10kWhをフルに使えるのであれば、かなりの用途を賄える。停電時には普段通りの生活ができ、平時は太陽光発

電で昼に充電して夜に自家消費するから売電単価の引き下げも怖くない……。こうして「停電対応」と「自家消費」の両立ができれば最高だが、残念ながら10kWh程度の容量での両立は難しい。実は、蓄電池の容量は全てを使えるわけではない。

通常、蓄電池の容量といえば、電池の全セル容量合計「定格容量」を指す。しかし、電池寿命を延ばすために確保された「最低残量」は使用できない。また電気を出し入れする際に避けられない「充放電損失」も、利用できる電力量をさらに少なくしてしまう。

最近では、この最低残量と充放電損失を除いた本当に有効利用できる「初期実効容量」が定義され、おおむね定格容量の8割 図2。定格容量10kWhの蓄電池でも、実際に使える初期実効容量は8kWh程度なのだ。

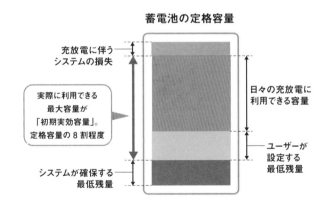

蓄電池の定格容量

充放電に伴う
システムの損失

実際に利用できる
最大容量が
「初期実効容量」。
定格容量の8割程度

システムが確保する
最低残量

日々の充放電に
利用できる容量

ユーザーが
設定する
最低残量

図2 **蓄電池の「定格容量」はフルに使えない！**

「定格容量」とは、電池セル容量の合計。電池は寿命を長くするためにあらかじめ「最低残量」が確保されており、システムによる充放電損失も勘定すると、定格容量の8割程度の「初期実効容量」分しか利用できない。日々の充放電に利用できるのは、初期実効容量から停電時に備えた「ユーザー設定残量」を除いた残りの部分だけとなる（資料：日本電機工業会の資料を基に筆者が作成）

図3 定置型蓄電池の容量では「自家消費」と「停電対応」の両立は難しい

蓄電池は常時確保しておきたい「ユーザー設定残量」を設定できる。上段のように太陽光発電の自家消費によるコストパフォーマンスを重視するか、下段のように停電時のための確保を優先するかは悩ましい。蓄電池の容量をうまく使うのは意外と難しいのだ

「ユーザー設定残量」を小さく設定すると自家消費に有利

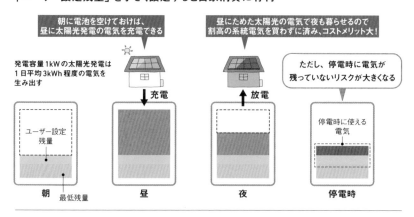

「ユーザー設定残量」を大きく設定すると停電対応に有利

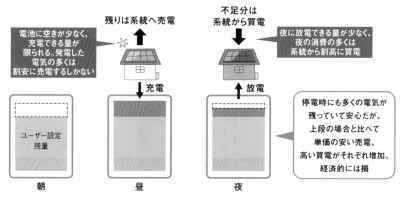

自家消費と停電対応の両立は?

　定格容量10kWh・初期実効容量8kWh の蓄電池で、「停電対応」と「太陽光による電気の自家消費」をどこまで両立できるのだろうか。「システムが勝手に確保する最低残量」とは別の、

停電時に備えて常時確保する「ユーザー設定残量」の設定が問題になる。

「太陽光発電の自家消費」を優先するならば、昼間にたくさん充電する必要がある。「空きがなければためられない」のだから、ユーザー設定残量を小さく設定して、朝に電池を大きく「空けておく」方がトクになる。しかし、運が悪いタイミングで停電が起こると、電池に電気があまり残っておらず困ったことになる 図3上。

いつ起こるか分からない停電への備えを重視するならば、常時たくさんの電気を残しておくよう、ユーザー設定残量を大きく設定した方が有利 図3下。ただし、アフター FIT 対応は困難になり、ランニングコストは増加する。

なるべく大きく出し入れして電池全体を有効に使う平時の「自家消費」と、常時なるべくためておくべき非常用の「停電対応」は本質的に逆ベクトル。両立が難しいのも当然なのだ。

経年劣化は蓄電池最大の弱点

さらに残念なことに、蓄電池の容量は利用とともに経年劣化が激しい。一般的な定置型蓄電池は、「15年後に初期定格容量の50%」程度を保証している場合が多い。つまり、15年後には容量が半分になっても「想定内」。システムの最低残量2kWhとユーザー設定残量3kWh を確保し続けると、15年後には充放電可能な容量は、なんと「ゼロ」になってしまう計算だ 図4。

この経年劣化による容量減少は、蓄電池の「アキレス腱」。しかしながら、業界統一のきちんとした評価や対応が行われていないのだから、由々しき事態である。

太陽光発電

127

深夜電力充電モードで使うなら蓄電池はただの「増エネ設備」

　経年劣化と並ぶ蓄電池2つ目のダークサイドは、「深夜電力充電モード」の乱用だ。エコノミーモードなどと穏やかにネーミングされているが、要は安価な深夜電力で充電し、夕方に放電することで、「買電」と「深夜電力」の差額を狙った利益最

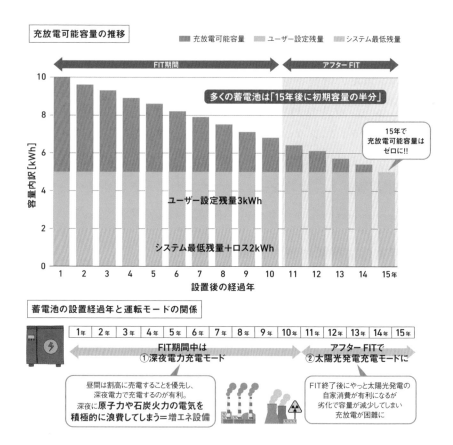

図4 15年たつと充放電可能容量はゼロに？

蓄電池には経年劣化がつきもの。「15年後に初期容量50％保証」の製品が多い。システム最低残量とユーザー設定残量を確保すると、FIT終了後に太陽光発電充電モードに切り替わった際には充放電できる容量がほとんど残っていない

優先の制御である 図5。

「深夜電力充電モード」は充電にかかるコストは安いので経済的には有利だが、蓄電池は充放電ロス（一般に 5% 程度）と待機電力（10 〜 30W 程度）が発生する。深夜に原子力や石炭火力の電気を積極的に浪費してしまうのだから、蓄電池は単なる「増エネ設備」と言われても仕方ない。

「太陽光発電充電モード」であれば、太陽光発電の自家消費を増やせるのでエコである。しかし一般的には、太陽光の電気が高く売れる FIT 期間中は深夜電力充電モード、FIT 終了後に

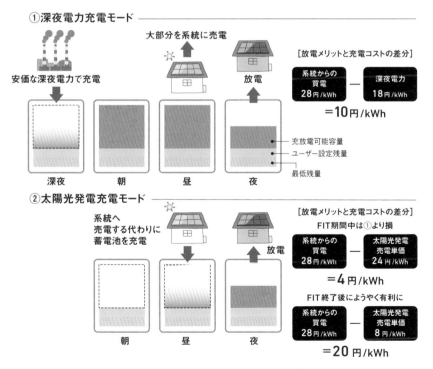

図5 蓄電池は制御モード次第で省コストだが「増エネ設備」に

蓄電池が省エネになるのは②太陽光発電充電モードの場合だが、コストで有利になるのは FIT 終了後。FIT 期間中は①深夜電力充電モードがコスト的に有利だが、原子力や石炭火力の電気を浪費する「増エネ設備」に転落してしまう。単価は 2019 年度の値。充放電ロスなどは無視

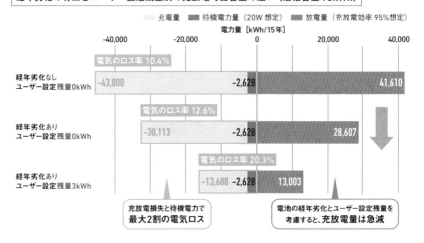

経年劣化の有無とユーザー設定残量別の充放電可能容量の違い（定格容量10kWh）

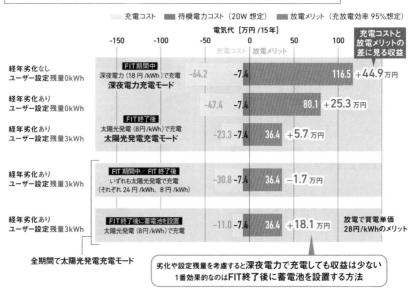

充電コストと放電メリットで比較した15年間の収益の違い（定格容量10kWh）

図6 太陽光発電の自家消費に使える容量はごく少なく、現状でペイすることはほぼ不可能

比較的大きな定格容量10kWhの蓄電池でも、経年劣化やユーザー設定残量を考慮すると、有効に使える容量は激減する。太陽光発電の自家消費を増やして系統からの買電を減らしても、大した収益は得られない（下グラフで1番下はアフターFITから蓄電池を導入、それ以外はFIT1年目から蓄電池を設置）

130

ようやく太陽光発電充電モードに切り替える場合が多いとされる。蓄電池はあくまで「省コスト機器」であり「省エネ設備」としては、運用されていないのが実態なのだ。

定置型蓄電池は現状では採算がとれない

こうした「停電時に備えたユーザー設定残量」「経年劣化」まで考慮すると、定格容量10kWhの比較的大きな蓄電池でも、保証期間の15年間に充放電できる量は急減する **図6上**。また「充放電ロス・待機電力」を考慮すると、実に1〜2割の電気をロスしてしまうのも大問題である。

蓄電池を安い電気で充電する「充電コスト」を、夜に放電することで割高な買電（28円/kWh）を節約する「放電メリット」が上回ることはできるのだろうか。15年間の収支を **図6下** に示す。

コスト最優先の深夜電力充電モードで深夜18円/kWhの電気で充電しても、「劣化なし・ユーザー設定残量0Wh」の蓄電池ならプラス44.9万円と悪くないが、現実の「劣化あり・ユーザー設定残量3Wh」では、わずか5.7万円をトクするのみ。

エコ優先の太陽光発電充電モードでは、FIT期間中に24円/kWhで売電できる太陽光の電気で充電するため充電コストが高くなり、マイナス1.7万円と採算が悪化する。

1番トクなのは蓄電池をFIT終了後に設置する場合。太陽光の売電単価が8円なので充電コストが下がり収益が向上する。現状ではプラス18.1万円程度だが、今後の売電・買電単価の遷移と蓄電池の性能の向上次第で改善が見込める。

これまでみてきた通り定置型蓄電池は制約が多く、省エネや

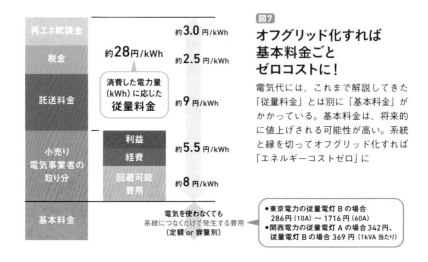

図7

**オフグリッド化すれば
基本料金ごと
ゼロコストに！**

電気代には、これまで解説してきた「従量料金」とは別に「基本料金」がかかっている。基本料金は、将来的に値上げされる可能性が高い。系統と縁を切ってオフグリッド化すれば「エネルギーコストゼロ」に

（図中）

再エネ賦課金　約3.0円/kWh

税金　約2.5円/kWh

約28円/kWh

託送料金

消費した電力量（kWh）に応じた **従量料金**

約9円/kWh

小売り電気事業者の取り分

利益　経費　約5.5円/kWh

回避可能費用　約8円/kWh

基本料金

電気を使わなくても
系統につなぐだけで発生する費用
（定額 or 容量別）

● 東京電力の従量電灯Bの場合
286円（10A）〜1716円（60A）
● 関西電力の従量電灯Aの場合342円、
従量電灯Bの場合369円（1kVA当たり）

太陽光発電の自家消費への効果はあまり期待できない。様々な補助金がつぎ込まれているが、本当にその価値があるのか、現状では極めて疑わしい。FIT終了後に検討すれば十分だ。

　アフターFIT対策だけなら、電力会社が提案している「電気預かりサービス」などを利用した方が、蓄電池の設置をパスできるので経済的なことは覚えておきたい。

電気の「基本料金」は将来値上がりするリスク大

　前述の通り、定置型蓄電池は現状ではペイしない。しかし今後、太陽光発電の売電単価が下がり続ければ充電コストが低下するし、電気の購入にかかるコストが高くなれば放電メリットが大きくなるので、採算が改善される。

　これまで、電気のコストは消費する電力量に応じて課金される「従量料金」だけを考えてきた。しかし月々の電気代には、消費電力量に関係なく「基本料金」が別に含まれている 図7。

電力需要の動向に応じた適切な固定費回収の方法
(1) 現行制度上の課題
送配電関連費用に占める固定費の割合は約８割であるにもかかわらず、現行の託送料金では、基本料金による費用回収が約３割しかなく、残りは従量料金により回収しているという実態にある。
このように、送配電関連費用の費用構成と実際の費用回収構造が大きく異なるという状況は、公平かつ適切な費用負担という観点からみると、歪みが生じているといえる。これに加えて、実績需要量が託送料金認可時の想定需要量を下回ると、料金算定時に前提となっていた固定費回収額を十分に回収できないおそれがある。
(中略)
これらの課題に対応するには、送配電関連費用の固定費については、原則として基本料金で回収する方向で見直すことが適当である※23)。

※23) 諸外国においても、基本料金による回収率を引き上げる動きが見られる。

出典：第13回送配電網の維持・運用費用の負担の在り方検討ワーキング・グループ事務局提出資料、2018年6月1日（金）

図8 基本料金の値上げは規定路線！？

政府の「回送配電網の維持・運用費用の負担の在り方検討ワーキング・グループ中間取りまとめ（案）」においては、今後の送配電網維持のために基本料金の値上げが明確に提言されている。本来は需要低減に伴う送配電網の簡易化や送配電範囲の縮小も議論されるべきであるが、送配電の専門家は現状維持を前提としたコスト負担の議論に終始してしまっている

現状では、この基本料金は比較的安いのであまり注目されていないが、実は今後の値上げが既定路線になっている。太陽光発電を載せて買電量が少ない住宅が増えると、太陽光を載せずに買電量が多い住宅に、地域の送配電網の維持負担が集中して不公平だというのである。

この「負担の公平」のため、政府の委員会報告では「送配電関係費用の固定費は基本料金で回収すべし」と明記されている図8。つまり今後、系統につなげる基本料金が値上げされ、省エネや太陽光発電で買電量を減らしてもトータルの電気代があまり下がらない時代がくることが予想されるのだ。

基本料金が上がればオフグリッドが採算ラインに乗る

系統につなぐだけで高額な電気代を問答無用で請求されると

なると、いっそ系統から離脱して電気代を全く払わない「オフグリッド」が有効になる。

オフグリッド住宅にチャレンジして系統から離脱する人は今でもいるが、現状の低廉な電力料金ではペイしないし、生活の不便も大きい。電気だけ自給自足しても暖房や給湯を石油やガスで賄う場合、エネルギー自立にはなっていない。

しかし近い将来、基本料金を含めた電気代が大幅に値上がりした時点で定置型蓄電池を導入、系統と縁を切ってオフグリッド化すれば、太陽光発電で昼間に充電し、夜に放電して自給自

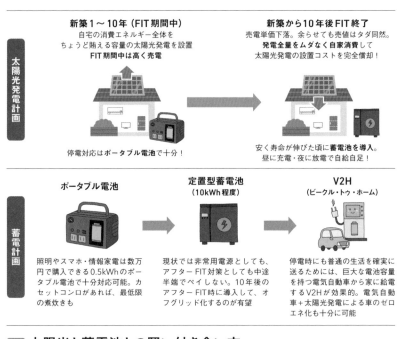

図9 太陽光と蓄電池との賢い付き合い方
現状のFIT制度と蓄電池の性能を考えると、新築時に発電全量を自家消費できる適量の太陽光発電を搭載しておき、新築後10年のFIT終了時に、安く寿命も伸びた蓄電池の導入を検討するのが得策。必要に応じてオフグリッドに踏み切れば、末永くエネルギーコストの心配から解放される

足する真の「エネルギーコストゼロ」が十分に可能になる。

オフグリッド化を見越して使い切れる容量の太陽光発電を

　繰り返しになるが、新築時に太陽光発電をしっかり設置するのは必須。ただしQ.9で見たように、春・秋の発電過剰時には太陽光の売電単価はさらに安くなることが予想されるので、発電した電気を余らせたら単なるムダになる。年間を通じて自家消費で使い切れる容量だけ設置するのが肝心だ 図9 。

　そのうえで、新築から10年後にFITが終了し、売電単価がタダ同然となった時点で、電力料金全体を見ながらオフグリッド化のメリットを計算。必要なら安くなって経年劣化も改善された蓄電池を適量導入して系統からおさらばすれば、エネルギーコストはゼロになる。電気料金や送配電網がどうなろうと心配ない、エネルギーコストの不安から解放されるのだ。

　筆者も一市民として、電気代が将来にわたって安く抑えられ、現状の送配電網があまねく維持されることを切に願う。しかし人口減少・需要低減が継続的に続く中で、社会の変化を予測し備えておくことは非常に有意義なはずだ。

完璧を目指すなら電気自動車を活用するV2H

　停電時の照明やスマートフォン充電ができればよいと割り切れるのであれば、容量0.5kWh程度のポータブル電池で事足りる。数万円で購入できるから、今すぐ1家に1台備えることも十分可能だ。

　自家消費と停電対応の両立を完璧に目指したいのであれば、定置型を大きく超えた大容量電池が必要。最近注目されている

のは、なんといっても電気自動車（EV）。40kWh 以上の大容量電池を積んでおり、世界市場の激しい競争のおかげで電池の性能向上や低コスト化が急速に進んでいる。その EV の電気を住宅に供給するのが、「V2H（ビークル・トゥ・ホーム）」である。

　パワフルな V2H なら、停電時にも家中の電気を普段通り賄うことが余裕でできる。そして平時は太陽光発電の電気をたっぷりためて、買電に頼らないエネルギー自立も十分可能だ。

移動を含めたゼロエネは究極の目標、まずは建物をしっかりと

　住宅単体のゼロエネ・ゼロ CO_2 は既に十分に可能になっている中、残された大きな課題は「移動手段のゼロエネ化」。自動車のガソリンによる CO_2 排出量やコストは、生活全体でみても非常に大きい割合を占める 図10 。家は移動手段なしでは成り立たない。太陽光発電に EV まで組み合わせれば、モビリティーまで含めた生活全体のゼロエミッション化が実現する。

　ただ、V2H のために EV を買おうという人はまだ多くないだろう。数十年住み続ける家と違い、車は 10 年程度で買い替える。EV の今後の進化に期待することとして、とりあえず V2H は「待ち」でも OK だ。

　電池などの設備は、どうしても性能劣化や故障が避けられない。想定外のエネルギーロスも考えると、経済的メリットはごく限られる。10 年程度で更新される設備への期待はほどほどに、建てれば数十年使われ続ける建物そのものをしっかり工夫することが 1 番重要なのだ。

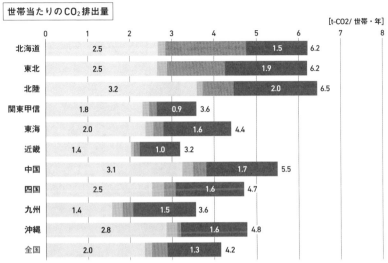

世帯当たりのCO₂排出量

凡例: 電気　都市ガス　LPガス　灯油　自動車ガソリン・軽油

[t-CO2/世帯・年]

地域	電気系計	自動車	合計
北海道	2.5	1.5	6.2
東北	2.5	1.9	6.2
北陸	3.2	2.0	6.5
関東甲信	1.8	0.9	3.6
東海	2.0	1.6	4.4
近畿	1.4	1.0	3.2
中国	3.1	1.7	5.5
四国	2.5	1.6	4.7
九州	1.4	1.5	3.6
沖縄	2.8	1.6	4.8
全国	2.0	1.3	4.2

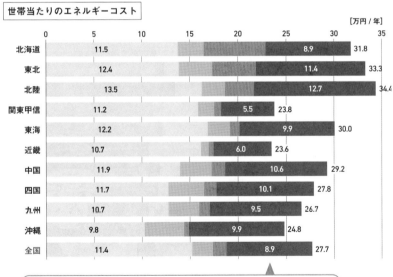

世帯当たりのエネルギーコスト

[万円/年]

地域	電気	自動車	合計
北海道	11.5	8.9	31.8
東北	12.4	11.4	33.3
北陸	13.5	12.7	34.4
関東甲信	11.2	5.5	23.8
東海	12.2	9.9	30.0
近畿	10.7	6.0	23.6
中国	11.9	10.6	29.2
四国	11.7	10.1	27.8
九州	10.7	9.5	26.7
沖縄	9.8	9.9	24.8
全国	11.4	8.9	27.7

自動車によるCO₂排出量やエネルギーコストは、電気と並ぶほど大きい

図10 自動車のCO₂排出量とコストは非常に大きい

住宅単体のゼロCO₂やゼロコストはそれほど難しくないが、移動手段まで確保しなければ生活は成り立たない。電気自動車と太陽光発電の組み合わせによって、モビリティーも含めた生活全体のゼロエミッションか視野に入ってくる

はネとエ旨しと
む、ロを冬べす
ゼ

吉田兼好?

第5章

エコハウスの目標

真のエコハウスが普及していくためには、正しい政策誘導が欠かせない。だが、本当の主役はあなた自身。適切なゴール設定の下、住まい手が健康・快適な暮らしを諦めず、つくり手が工夫を凝らせば、誰もがエコハウスを建てられる日は決して夢ではないのだ。

Q.12 省エネの義務化なんて必要ないよね？

A.

- ▶ 建築物省エネ法の住宅の適合義務化は見送り。
- ▶ 低性能な「ハズレの家」を引けば、暑さ寒さと高額なエネルギーコストに苦しむことに。
- ▶ 政策誘導による早急な性能確保は不可欠。

住宅の効果的な省エネのためには、民間企業の努力とともに、国が意味のある目標を設置し、政策により目標達成へ誘導していくことも重要である。そういえば、2020年には住宅を含めた「全ての建築で省エネ義務化」とか言っていた気もするが、結局どうなったのだろうか。

建築物省エネ法は一次エネルギーの規制がメイン

　住宅を含めた建築の省エネ対策を強化するため、2015年に「建築物のエネルギー消費性能の向上に関する法律」（通称：建築物省エネ法）が制定された。住宅では、次の2つを求めている。①1999年に定められた「断熱等級4」程度の外皮の断熱性能を満たすこと、②建物の建つ地域・床面積に応じた一次エネルギー消費量の「基準値」を、設計中の建物の「設計値」が下回ること。

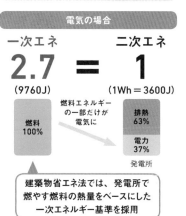

一次エネルギー
石炭・石油・天然ガスなど自然界に存在する素のエネルギー源。建築物省エネ法で規制

二次エネルギー
一次エネルギーを変換・加工して得られるエネルギー。電気は発電所で一次エネの燃料を燃やしてつくられる

石油・都市ガス・プロパンガスの場合

一次エネ　　二次エネ

1 ＝ **1**

元の燃料をそのまま燃やして熱を利用

電気の場合

一次エネ　　二次エネ

2.7 ＝ **1**

（9760J）　　（1Wh＝3600J）

燃料エネルギーの一部だけが電気に

燃料100%

排熱63%
電力37%
発電所

建築物省エネ法では、発電所で燃やす燃料の熱量をベースにした一次エネルギー基準を採用

図1 素のエネルギーを比較する
異なる燃料のエネルギー消費を公平に比較するため、建築物省エネ法では一次エネルギーを指標としている。電気については、発電所で燃焼された燃料の熱量に換算する

一次エネルギーとは聞き慣れない言葉であるが、要は電気と
ガス・石油を公平に比較するために、電気は発電所で燃やす燃
料の熱量に換算するということ 図1 。一次エネ基準では、電気
はハンディが大きいので、高効率設備の利用が不可欠だ。
　建築物省エネ法の中心は、なんといっても②の一次エネ規制。
①の外皮性能は、あくまでオマケなのだ。

建築物省エネ法「住宅」は適合義務ならず！

　建築物省エネ法では当初から、建築物省エネ法の要求をクリ
アしていなければ建設許可が下りない「適合義務」を、オフィ
スなどの大規模な建築物に課していた。一方、住宅で求められ

改正前（2021年4月まで）

	建築物	住宅
大規模（2000㎡以上）	特定建築物 **適合義務** 基準値＞設計値でないと建築不可	**届け出義務** 省エネ計算と届け出はマストだが、基準値＞設計値でなくてもOK
中規模（300㎡以上2000㎡未満）	**届け出義務**	
小規模（300㎡未満）戸建て住宅が主	**努力義務** 「建築主はエネルギー消費性能の向上を図るよう努めなければならない」 実質は野放し	**努力義務** トップランナー制度 **対象住宅** 持家：建て売り戸建て

改正後（2021年4月以降）

	建築物	住宅
	特定建築物 **適合義務**	**届け出義務**
	適合義務	住宅では適合義務化が見送りに
	努力義務 ＋ 建築士から建築主への説明義務	**努力義務** ＋ 建築士から建築主への説明義務 トップランナー制度 **対象住宅** 持家：建て売り戸建て 注文戸建て 貸家：賃貸アパート

説明義務化とトップランナー制度の拡充にとどまった

図2 建築物省エネ法の改正「全建物で適合義務化」ならず
建築物省エネ法の改正では当初、2020年までに全建物の適合義務化を目指していたが、戸建て
住宅は19年11月からのトップランナ　制度拡充と21年4月からの説明義務化にとどまった

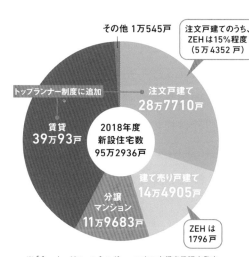

その他 1万545戸

注文戸建てのうち、
ZEHは15%程度
（5万4352戸）

トップランナー制度に追加

注文戸建て
28万7710戸

賃貸
39万93戸

2018年度
新設住宅数
95万2936戸

建て売り戸建て
14万4905戸

分譲
マンション
11万9683戸

ZEHは
1796戸

※「ネット・ゼロ・エネルギー・ハウス支援事業調査発表会2019」の「持家」を注文戸建て、「分譲（一戸建て）」を建て売り戸建て、「分譲（マンション）」を分譲マンションに読み替えて集計。ZEHにはNearly ZEHを含む

図3

住宅の種別ごとに
省エネ性能の底上げを

2018年度の新設住宅戸数と住宅の分類。新築数は減少傾向とはいえ、現在でも100万戸弱の住宅が毎年供給されている。住宅トップランナー制度によってそれぞれの分野の底上げが図られているが、ZEH（ネット・ゼロ・エネルギー・ハウス）は注文戸建て住宅の15%程度にとどまっている

（資料：国土交通省の建築着工統計調査報告（2018）および環境共創イニシアチブの資料を基に筆者が作成）

注文戸建て

- 建築物省エネ法で2021年から省エネ性能の説明義務制度がスタート
- 年間300戸以上を販売する注文戸建て事業者が住宅トップランナー制度に追加された（19年11月施行）。一次エネルギー消費量は基準値から25%削減（当面は20%削減）することが求められる

自由な設計ができる分、コストは高め。エネルギー需要が少なく、外皮や設備の仕様、太陽光発電の採用は建て主が決められるので、エネルギー自立は容易

分譲マンション

- 建築物省エネ法で届け出義務あり

立地が最優先され、省エネは軽視されがち。太陽光発電の設置も困難。2018年度からのゼロエネマンション「ZEH-M」も普及はこれから

建て売り戸建て

- 年間150戸以上を販売する住宅事業者は、住宅トップランナー制度の対象（14年から）。一次エネルギー消費量の基準値から10%削減することが求められている。20年以降、削減率は15%に引き上げられる見込みだ

土地付きで購入できる。購入前に現物を確認できる。売価を抑えるためのコストダウンで性能が犠牲になりやすい

賃貸（いわゆるアパート）

- 19年11月施行の改正建築物省エネ法で、年間1000戸以上を販売する賃貸事業者に住宅トップランナー制度の適用が拡大された。一次エネルギー消費量の基準値から10%削減することが求められる

多くのオーナー（大家）の目的は「安く建てて高く貸す」なので、低品質になりがち。プロパンガス単価も不透明で高額

ていたのは、大規模・中規模では基準値クリアの必要がない「届け出義務」、小規模（戸建て）では実質野放しの「努力義務」だけ 図2 。これを、改正（2021年4月に完全施行予定）のタイミングで「住宅を含めた全ての建築物を適合義務化の対象とする」としていたが、途中で腰砕けに。戸建て住宅については、省エネ基準の存在を建て主に説明する「説明義務化」と「トップランナー制度」の拡充でお茶を濁される形で終わってしまった。

トップランナー制度は「大手事業者のボトムアップ」が実情

トップランナー制度は、一定戸数以上の住戸を販売する大手事業者だけを対象に、建築物省エネ法の基準値からさらなる一次エネ削減を求めた制度。住宅は「注文戸建て」「建て売り戸建て」「分譲マンション」「貸家」に大別され、年間100万戸弱の新築住宅が供給されている 図3 。

従来は年間150戸以上を販売する建て売り戸建て住宅事業者のみが対象だったが、19年11月に年間300戸以上を販売する注文戸建て住宅事業者と、同年間1000戸以上の賃貸事業者も対

図4 省エネの義務化が住宅に必要ないとされる理由

- 戸建て住宅は数が多く規制の効率が悪い
- 届け出の手続きが膨大で行政の負担になる
- 外皮性能・設計一次エネルギー量の計算が大変
- 省エネな設計・施工をできない業者が多い
- 省エネ法の適合率が現状6割程度と低い
- 一般消費者は省エネに興味がない
- 省エネすると家が高くなり、コスパが悪い
- 他の様々な誘導基準で住宅の省エネは進んでいる
- 個人の所有財にあれこれ口を出すのはおかしい
- 建築のデザインが制約される

象に追加された。

　トップランナーというと何か立派そうだが、実際にはほとんどの大手事業者が既に達成している一次エネ削減量を、目標に再設定したにすぎない。落ちこぼれの大手事業者のお尻をたたく、「ボトムアップ」というのが実情である。

戸建て住宅は数が多過ぎて手に負えない？

　建築物省エネ法の適合義務化が住宅でなぜ進まないのか。いくつも挙げられている言い訳について、少し考えてみよう 図4 。
　まず、「小規模住宅は数が多過ぎて規制の効率が悪い」とい

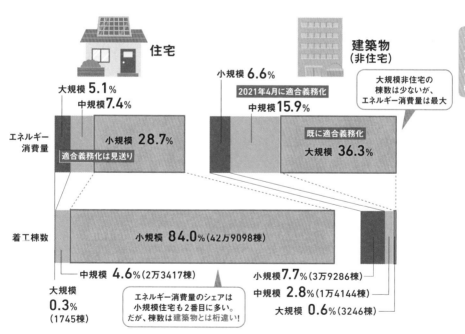

図5 小規模住宅は棟数が多いので行政が二の足？
建物種別のエネルギー消費量と着工棟数。「適合義務化」が先送りとなった住宅の「小規模」は、着工棟数が桁違いに多く、行政側の負担などが懸念された（資料：国土交通省の資料に筆者が加筆）

図6 省エネ計算ができない住宅生産者が約半数

エネルギー消費の
計算ができない
49.5%

外皮性能の
計算ができない
46.2%

住宅瑕疵担保責任保険登録者のうち、住宅の設計または施工を請け負う住宅生産者の約半数が、
建築物省エネ法が求める省エネ性能を「計算できない」と回答した

う言い訳から。建物規模ごとのエネルギー消費量と着工棟数を
みると、大規模な非住宅建築物は建築全体のエネルギー消費量
の36.3%を占めるが、年間着工棟数はわずか3000程度。建物
数の比率では全体の0.6%とごく少なく、規制効率が良いのは
明らか。この大規模非住宅を優先して適合義務化するというの
は、確かに一理ある 図5 。

　一方の住宅は、戸建てなどの小規模が住宅全体のエネルギー
消費量の28.7%を占める。しかし、棟数が42万超と桁違いに
多く、供給者も大小様々である。適合義務化は、省エネ性能を
確保する供給者にとっても、届け出を審査する行政側にとって
も、かなりの負担となる。「届け出地獄」「官製不況」の批判を
恐れる行政は、規制強化に二の足を踏んでいるのだ。

一次エネ計算ができず「省エネ適合」が判定できない設計者

　そして住宅の省エネ義務化における別の障害が、「計算がで
きない」設計者が多数存在するという事実。

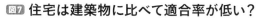

図7 住宅は建築物に比べて適合率が低い？

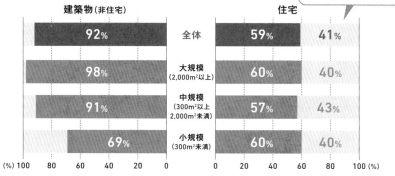

20年前の断熱・省エネ性を満たしていない住宅がいまだに4割も！

建築物省エネ法の適合状況（2016年）。建築物は全体の9割が適合しているが、住宅は6割程度にとどまっている。住宅の断熱・省エネ基準は約20年前のレベルにすぎないが、4割が未達だ

　建物が省エネ法をクリアしているかどうかは、前述した通り、「建物外皮の断熱性能」と「設計一次エネルギー消費量」で判定される。この2つの値を計算するためには、特別なウェブプログラムを用いて建物や設備の性能を入力していく必要があり、ある程度の専門知識と慣れが必要である。

　国土交通省が18年10月の審議会で示した調査によると、設計一次エネルギー消費量または建物外皮の断熱性能を計算できない、という住宅生産者が約半分に達する 図6 。

住宅の適合義務化を吹き飛ばした「未達4割」

　義務化先送りの最大の理由といわれるのが、現状での「達成率の低さ」である。 図7 は、国交省が住宅生産者の外皮・設備仕様を調査し、建築物省エネ法への適合率を推定したものだ。

　非住宅の建築物では、既に9割が省エネ法に適合できており、大規模に続いて中規模も適合義務化を進めて問題なし。そもそも非住宅は建築物省エネ法の要求するレベルが低く、建物性能

図8 一般消費者は本当に省エネに興味がない?

建て主は
省エネ住宅の
メリットを十分に
理解している?
NO
40.9%

1位
住宅事業者選びで
重視するポイントは?
建物の性能
59.2%

3位
建物の性能で
重視する事項は?
省エネルギー性
46.7%

住宅事業者

建て主

事業者が、建て主は省エネのメリットを理解していないと捉えている一方、
建て主側の回答をみると、省エネ性を含めた高性能な住宅を求めている
(資料:左は国土交通省、中央と右は住宅金融支援機構の調査データをそれぞれ抜粋)

の計算さえできれば、大抵クリアできてしまうのだ。

　一方の住宅は、大・中・小規模のいずれも達成率は6割程度と低い。この「未達4割」をもって、建築物省エネ法への準備は不十分であり、適合義務化は時期尚早と判断されたのだ。

「建て主は省エネを求めていない」は本当?

　「未達4割」と聞くと、要求レベルが高過ぎるのではと思うかもしれないが、建築物省エネ法が求めているのは、実質的に「20年前の断熱・省エネ性能」である。断熱等級4は1999年に定められ、一次エネルギー消費の基準値は、2000年ごろの特に省エネを意識していない「標準的な設備」を想定したものにすぎない。これを、いまだ4割もの新築住宅が満たしていないというのだから、なんとも薄ら寒い話である。

　そうしたなかで、設計者がよく口にする義務化反対の言い訳

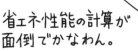

省エネ基準をクリアすると
何のメリットが？

健康快適に暮らせる？
電気代が安くなる？

国も一応仕事してます
ってポーズに決まってる
じゃないですか

みなさんのお邪魔は
しませんから…

役人

省エネ性能の計算が
面倒でかなわん。

説明義務化って
責任をわしらに
丸投げしてない？

建て主

建築士

が、「建て主は省エネを求めていない」というもの。4割の住宅
生産者が「建て主は省エネ住宅のメリットを理解していない」
と答えた調査結果もある 図8左。

　一方で、建て主側の調査からは、全く逆の結果が出ている。
一般消費者が住宅事業者を選ぶ際の最大のポイントは「建物の
性能」と答えており、その性能のうち「省エネルギー性」は3
番目に重視されている 図8右。省エネへの建て主の関心は、確
実に高まっているのだ。

適合義務化の先送りで終わらぬ悲劇

　もちろん、「家を建てる側」「家を買う側」の双方に、省エネ
への関心が低い人たちが相当数いるのは間違いない。では、適

合義務化を先送りすれば、みんながハッピーになるのだろうか。話はそんなに簡単ではない。

　まず「真面目な住宅生産者がバカをみる」。省エネ法に適合させようと計算方法を勉強し、断熱を強化して高効率設備を設置した場合、どうしてもコストアップが生じる。義務化が先送りされてしまえば、基準を無視した"スカスカ外皮"と"低効率設備"で武装した不良業者が、低コストを武器に市場を席巻しかねない。まさに「悪貨は良貨を駆逐する」なのだ。

　省エネ基準が義務化されなければ低性能な家が堂々と市場にあふれたままなので、住宅購入者は「ハズレの家」を引いてしまうリスクが大きくなる。そのツケは、何十年にもわたる暑さ寒さと高額なエネルギーコストとしてのしかかる。

　省エネ義務化の先送りは、行政・生産者・建て主のそれぞれにとって、面倒ごとが増えない現状維持の「おいしい話」に一見思える。しかし、住宅の質の確保を先送りすれば、住宅産業への信頼を損ない、ジワジワと崩壊させかねない。一体誰のための先送りなのか、いま一度考えてみる必要がある。

断熱は本当に「ペイしない」のか?

　「省エネはコスパが悪いから義務化できない」という言い訳もよく聞かれる。本当にそうなのだろうか。

　建築物省エネ法の中心である一次エネ規制については、なにぶん基準値が2000年ごろに標準的だった設備を想定しており、現在の設備なら楽勝でクリアできるので、追加コストは実質ゼロ。オマケの外皮の断熱については、等級4レベルに強化するコストが、追加でいくらか必要になる 図9 。

図9 建築物省エネ法の求める外皮断熱強化はペイしない?

	追加措置	追加コスト	光熱費の低減額	回収期間
大規模住宅	壁断熱厚さ 10mm ➡ 40mm 窓ガラス 単板 ➡ 複層	**22**万円/戸	約**1.1**万/戸・年	約**20**年
中規模住宅		**26**万円/戸	約**1.6**万/戸・年	約**17**年
小規模住宅	壁断熱厚さ 35mm ➡ 85mm 窓ガラス 単板 ➡ 複層	**87**万円/戸	約**2.5**万/戸・年	約**35**年

省エネ基準に適合させるために必要な追加コストの試算例。外皮断熱の追加コストの割には光熱費の低減額が少ないので、回収期間が長過ぎるというのだが…（出典：国土交通省）

　国交省の試算によると、断熱強化によって暖冷房の削減効果は、毎年1万〜2万円程度。これでは回収期間が17〜35年とひどく長くなる。これだけみると、「コスパが悪いから義務化はできない」の言い訳も一理ある気がしてしまう。

　しかし、日本人の多くは「燃料費がガマンできる金額に収まる」よう、暖房を限って暮らしているのが実態だ。低断熱・低気密の家では、家中を常時暖めようとすると莫大な燃料費がかかる。結果、暖房の使用は最小限とせざるを得ない。

　最近になって、無暖房の寒さが「ヒートショック」や「低体温症」など大きな健康リスクにつながることが明らかになっている。しかし、低断熱・低気密の住宅ではなかなか打つ手がないのが実情だ。健康のためと家中を暖房すれば燃料費がずいぶん高額になり、かといって後から断熱強化を行うのは割高につく。結局は、寒くて不健康な環境に「泣き寝入り」しかない。

「住宅業界への忖度」で住宅ストックの9割が無断熱に

　日本の行政は供給サイドの業界からの意見に基づいて、とにかく景気に悪影響がないよう、つくり手が「ほんの少しの努

エコハウスの目標

151

力」で達成可能なレベルに目標設定する場合が多い。住宅の省エネ政策はまさにその典型であるが、この住宅業界を最優先した政策は、既に「大失敗」をやらかしている。

　住宅着工数が多かった時代に十分な断熱性能を早期に義務化しなかったため、現在の建築物省エネ法レベルである断熱等級4のストックはたったの1割にすぎない 図10 。住宅業界の邪魔にならないようにと忖度し続けたばかりに、温暖地では窓が単板ガラスのスカスカ住宅がストックの9割という大失敗。多くの居住者は低質な温熱環境と高額な暖房費に苦しむこととなってしまったのだ。

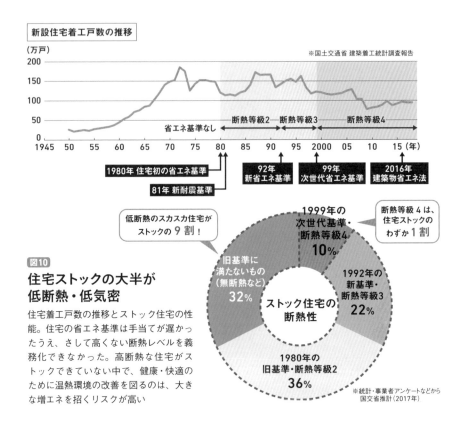

新設住宅着工戸数の推移

（万戸）　　　　　　　　　　　　　　　　※国土交通省 建築着工統計調査報告

省エネ基準なし　　　断熱等級2　　断熱等級3　　　断熱等級4

1980年 住宅初の省エネ基準
81年 新耐震基準
92年 新省エネ基準
99年 次世代省エネ基準
2016年 建築物省エネ法

低断熱のスカスカ住宅がストックの9割！

断熱等級4は、住宅ストックのわずか1割

図10

住宅ストックの大半が低断熱・低気密

住宅着工戸数の推移とストック住宅の性能。住宅の省エネ基準は手当てが遅かったうえ、さして高くない断熱レベルを義務化できなかった。高断熱な住宅がストックできていない中で、健康・快適のために温熱環境の改善を図るのは、大きな増エネを招くリスクが高い

1999年の次世代基準・断熱等級4 **10%**

旧基準に満たないもの（無断熱など）**32%**

ストック住宅の断熱性

1992年の新基準・断熱等級3 **22%**

1980年の旧基準・断熱等級2 **36%**

※統計・事業者アンケートなどから国交省推計（2017年）

建築の省エネが急務なワケはロックイン効果にあり

　地球温暖化に関する世界的な研究組織であるIPCC（気候変動に関する政府間パネル）の報告書では、建築の省エネ政策は特に重要であるとして、その広範な影響を挙げている 図11 。

　1度建った建築物は、その後に数十年にわたって使い続けられる。そのため、劣った性能の建築物が長期にわたって地球や社会に悪影響を及ぼしてしまう「ロックイン効果」が特に大きい。頻繁に買い替えられる家電や車と違い、建築物では、できるだけ早期の性能確保が不可欠なのだ。

　日本と同じ民主主義・自由経済を国是とする多くの国でも、建築物の性能向上は市場経済に「丸投げ」ではなく、行政による規制が積極的に行われている。建築物の責任は重いのだ。

低所得者の家こそ暖かくする国ドイツ

　最後に、高性能な住まいが標準になりつつあるドイツの例を紹介しよう。旧東ベルリン地区は低所得者が依然多く、多くの

図11 世界的研究組織が「建築の省エネ化」が特に重要と指摘

住宅の省エネがもたらす波及効果
- 住宅産業の雇用促進
- エネルギー安全保障の向上
- 国民の生産性向上
- 建物の不動産価値向上
- エネルギー補助金の必要性低下
- 災害時のレジリエンス強化
- 燃料貧乏・燃料依存の低減
- 室内温熱快適性の向上
- 屋外の汚染低減
- 室内の空気質の改善
- 地球環境へのインパクト低減
- ヒートアイランド現象の緩和

建築は1度建つと何十年も使われるためエネルギーの浪費も固定化される「ロックイン効果」が大きい。だから、早めの対策が効果的!!

IPCC（気候変動に関する政府間パネル）が指摘する建築の省エネがもたらすメリット。建築は、「ロックイン効果」が特に大きいため、できるだけ早期の性能確保が重要になる

住民が東ドイツ時代に建てられた粗末な集合住宅に住んでいる。

　当然、断熱性能はほとんどなく、室内環境は劣悪で暖房費も高くつく。ドイツではこうした、住民が自力では改善できない集合住宅に対し、国や自治体が費用をサポートして、断熱改修を優先的に進めている 図12 。

　日本ではかなり割高になる高性能な仕様の部材も、ドイツでは非常に安価に手に入る。厳しい省エネ基準が早くから適合義務化されたため、メーカーは「合法」な高性能品だけをつくるようになり、生産効率が高まって製品コストが劇的に下がったのである。この省エネ義務化によるコストダウンの恩恵で、多くの低所得者が快適・健康な暮らしをわずかな暖房費で送ることができるようになった 図13 。

　国の設定する目標は、国民の居住環境を十分に望ましいレベ

図12
低所得者向け住宅こそ
快適・省エネに

ドイツの集合住宅。国や自治体が費用をサポートし、低所得者が多く住む地区などで断熱改修が進む。200mmのロックウール、3重ガラス＋樹脂サッシといった高性能部材が用いられている

ルに誘導することが本来である。「国民みんなが少ないエネルギーコストで十分に健康・快適に暮らせる」社会をいかに実現するのか。住宅の省エネ政策において、これ以上に重要な目標などありえないのではないだろうか。

　省エネ適合義務化の先送りで国も業界も「ホッと一休み」では、日本の暮らしと住宅の未来は寒々しいものになるしかない。

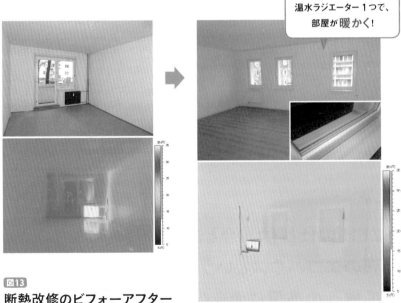

窓と壁の断熱強化により
温水ラジエーター１つで、
部屋が暖かく！

図13
断熱改修のビフォーアフター
ドイツ旧東ベルリン地区の集合住宅の断熱改修前（左）と改修後（右）。改修前は断熱がないため、寒くて暖房熱がだだ漏れだった。だが、改修後は温水ラジエーター１つで十分に暖かくなっている。外皮（特に窓）の断熱は恩恵が大きいのだ

Q.13 ZEHは究極の エコハウス？

A.

- ▸ ZEH の仕様は「今どき当たり前」で、 真のエコハウスというには力不足。
- ▸ 系統への売電に大きく依存しているため、 FIT終了後はエネルギーコストが高額に。

補助金がもらえると人気を博している「ゼロエネルギー住宅」、通称：ZEH。日本の全ての家がZEHになれば火力や原子力などの大規模発電所はいらなくなり、居住者も電気代を心配しなくて済む、バラ色の未来につながるのだろうか。

経産省ZEHは断熱・高効率設備・太陽光発電の3点セット

　まずは、経済産業省が提唱するZEHの定義をおさらいしておこう。ZEHと認められるには、①高断熱、②高効率設備による省エネ、③太陽光発電──この「ZEH3点セット」が必須となる 図1 。

　ZEH要件①の断熱性能はおおよそ、HEAT20（2020年を見据えた住宅の高断熱化技術開発委員会）の外皮性能グレード「G1」レベル 図2 。要件②の省エネは、建築物省エネ法の一次エネルギー基準値から「20%以上削減」が必須だ。 図3 に一次

ZEH要件①
建物外皮の断熱強化
≒ HEAT20 G1 レベル以上
（夏は涼しく、冬は暖かい）

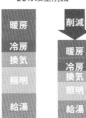

ZEH要件②
高効率設備による省エネ
建築物省エネ法基準値から
20%以上削減

削減

暖房		暖房
冷房		冷房
換気		換気
照明		照明
給湯		給湯

ZEH要件③
太陽光発電
家電など「その他」以外の消費エネルギー量を賄える容量の太陽光を載せる

図1 ゼロエネルギー住宅「ZEH」の三種の神器
ZEH（ネット・ゼロ・エネルギー・ハウス）においては、図に示す3つの手法を組み合わせて、年間の消費エネルギー量（家電などの「その他」を除く）をゼロにすることが求められている
（資料：経済産業省の資料を基に筆者が作成）

図2 **ZEHが要求する外皮の断熱性能 U_A 値は旧 G1 レベル**

地域	断熱等級4	ZEH	ZEHランクアップ(ZEH+)	HEAT20				
				旧G1	新G1	旧G2	新G2	G3
1地域	0.46	0.4	0.3	0.34	0.34	0.28	0.28	0.20
2地域	0.46	0.4	0.3	0.34	0.34	0.28	0.28	0.20
3地域	0.56	0.5	0.4	0.46	0.38	0.34	0.28	0.20
4地域	0.75	0.6	0.4	0.56	0.46	0.46	0.34	0.23
5地域	0.87	0.6	0.4	0.56	0.48	0.46	0.34	0.23
6地域	0.87	0.6	0.5	0.56	0.56	0.46	0.46	0.26
7地域	0.87	0.6	0.5	0.56	0.56	0.46	0.46	0.26

ZEHの外皮性能は、断熱等級4よりも高断熱（より U_A 値が小さい）な HEAT20 G1 レベルが求められている。ただし、以前の旧G1に準拠しているため、現状の新G1とは地域によって齟齬がある。後に追加された「ZEH＋」で求められる「ランクアップ外皮」は、新G2に即したものとなっている

図3 一次エネ消費量が大きい用途から省エネするのが効果的

温暖地では給湯や照明の一次エネルギー消費量の割合が大きいため、ZEH要件②の20％削減のためには、高効率給湯機やLED照明などが有効な対策となる

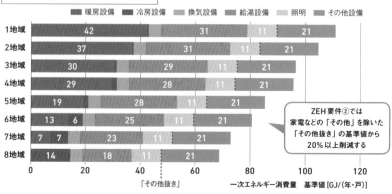

一次エネルギー消費量の基準値内訳

凡例：暖房設備　冷房設備　換気設備　給湯設備　照明　その他設備

ZEH要件②では家電などの「その他」を除いた「その他抜き」の基準値から20％以上削減する

一次エネルギー消費量　基準値[GJ/(年・戸)]

住宅の全一次エネを電気で賄った場合にかかる電力量と電気代

地域別の基準値

	その他抜き (GJ/年)	その他込み (GJ/年)	電力量 (kWh/年)	電気代 (万円/年)
1地域	89.6	110.9	11,363	31.8
2地域	83.4	104.7	10,727	30.0
3地域	75.2	96.4	9,877	27.6
4地域	74.4	95.6	9,795	27.4
5地域	64.1	85.3	8,740	24.4
6地域	59.4	80.7	8,268	23.1
7地域	51.7	72.9	7,469	20.9
8地域	47.6	68.9	7,059	19.7

（建築研究所のWEBプログラムを用いて算出、床面積120㎡想定。kWhの値は一次エネの全てが電気と想定した場合の電力量。電気単価は28円/kWhを想定）

エネの基準値とその内訳を示した。基準値は、断熱等級4の戸建て住宅に2000年ごろに標準だった設備を設置し、「想定した使い方」で用いた場合の値となっている。ZEH要件②の達成には、寒冷地なら暖房、温暖地なら給湯や照明を削減するのが効果的だ。

この①②の要件を満たしたうえで、消費エネルギー量を賄える分だけ太陽光発電を屋根に載せれば、ZEH要件③をクリアでき、めでたくZEHと認められる。

一次エネ消費量の「その他抜き」と「その他込み」

実際にZEHを達成するためには、どの程度の太陽光発電を載せる必要があるのか。標準的な戸建て住宅（6地域・床面積120m^2）の試算例で見てみよう 図4 。

ZEHの計算は建築物省エネ法と同様に、建築研究所の「エネルギー消費性能計算プログラム（住宅版）」、通称：WEBプロで外皮性能や設備などの条件を選択して、一次エネの基準値、設計値を算出する。

先の条件による一次エネルギー消費量の基準値は、「その他抜き」で59.4GJ（ギガ・ジュール）／年、「その他込み」で80.7GJ／年となる。「その他抜き」とか「その他込み」が入り乱れてややこしいが、「その他」とはテレビや冷蔵庫といった家電などの「建築物省エネ法がカバーしない用途」を指している。つまり消費エネルギーの算出において、家電を除いた給湯・照明・換気・暖房・冷房の「その他抜き」だけを対象とするのか、家電も含んだ住宅全体の「その他込み」を対象とするかで、ゼロエネの意味が違ってくるのだ。

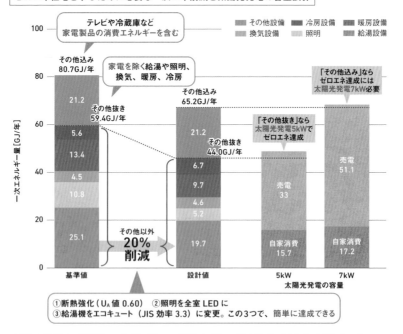

図4 家電の消費エネルギー「その他」を加味するかどうかで
ゼロエネ達成のハードルが変わる

「経産省ZEH」は、その他（＝家電）を除いた「その他抜き」の消費エネルギーを太陽光発電でカバーできれば合格だが、家電も含めた「その他込み」のリアルなゼロエネにはならない

（建築研究所のWEBプログラムを用いて算出。計算条件：東京や大阪などの6地域、床面積120m²の戸建て住宅）

ZEH要件の省エネは「現在では普通」のレベル

　ZEH要件のうち②の省エネでは、「その他抜き」の一次エネの設計値を基準値から20％以上削減する必要がある。ZEHレベルの省エネと聞くといかにも大変そうだが、温暖地であれば外皮のU_A値をZEHレベルにしたうえで、照明を全室LED、給湯機をエコキュートにしてしまえば、あっけないほど簡単に達成できる。なにしろ、基準値で想定しているのは、2000年ごろの標準設備である「白熱灯」や「従来ガス給湯機」なのだ。

太陽光発電の必要容量もごく普通のサイズで OK

　WEB プロによると、消費エネルギー量を賄うために必要な太陽光発電の容量は、「その他抜き」なら約5kW、「その他込み」なら約7kW となる 図4右。前述の通り、ZEH でカバーする必要があるのは「その他抜き」なので、ごく普通の容量である5kW で OK。現状、太陽光発電の設置コストは 1kW 当たり 29万円程度とされているので、容量5kW なら 140万円程度で済むことになる。

　経産省 ZEH が控えめな「その他抜き」で OK とされたのは、建て主のコスト負担を低減するため。確かに暖房のエネルギー消費量が多く必要な太陽光発電の容量が大きい寒冷地では妥当な判断かもしれないが、ZEH といえど家中のエネルギーをゼロにはできないことは要注意だ。

　「その他込み」でもゼロエネを達成している場合は「リアルZEH」と呼ばれることが多いが、いわゆる通称であって、経産省のお墨付きではない。

「今どき当たり前の仕様」の ZEH に補助金の意味は？

　ゼロエネルギーとか ZEH というと、すごそうに思えるが、要は「ちょっとの断熱強化」と「現在では普通の設備」に「普通の容量の太陽光発電」を載せただけ。「今どき当たり前の住宅」にすぎないのだ。こんな低いレベルの住宅に、「今さら補助金を出す意味があるのか」「太陽光発電の FIT と ZEH 補助金は二重取りではないのか」と、ZEH 補助金の政策には疑問の声も少なくない。

エコハウスの目標

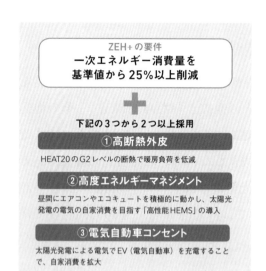

ZEH+の要件
一次エネルギー消費量を
基準値から25%以上削減

＋

下記の3つから2つ以上採用

①高断熱外皮
HEAT20のG2レベルの断熱で暖房負荷を低減

②高度エネルギーマネジメント
昼間にエアコンやエコキュートを積極的に動かし、太陽光発電の電気の自家消費を目指す「高性能HEMS」の導入

③電気自動車コンセント
太陽光発電による電気でEV（電気自動車）を充電することで、自家消費を拡大

図5
ZEH＋で問題は解決する？

2018年度から始まったZEH+（ゼッチ・プラス）の要件。3つの項目のうち2つを採用することが必須だが、実効性に疑問がある項目も少なくない

強化バージョンの ZEH+/ZEH+R も疑問だらけ

　経産省 ZEH にはこの他、いくらか仕様を強化した ZEH ＋もある 図5。最近余り気味の太陽光発電の電気を自家消費する工夫も盛り込まれているが、FIT 制度などと整合が悪く、新築時の実効性は甚だ疑問が多い。通常の ZEH（G1 レベル）よりも高断熱な「ランクアップ外皮」（G2 レベル）の普及は有意義だが、それ以上の過剰な期待は禁物だ。

ZEH ならゼロエネで絶対に健康・快適？

　前述の通り、建築物省エネ法でも ZEH 判定のいずれでも、国の WEB プロで算出された一次エネルギー消費量の「設計値」が判定に用いられる。ただし、両者の扱いは大きく異なる 図6。
　建築物省エネ法は、一次エネの基準値と設計値を比較する。実質的には外皮と設備の効率を比較することになり、気象や使

図6 建築物省エネ法とZEHにおける「一次エネルギー消費量の設計値」の考え方の違い

ZEHは、「太陽光の発電量」と、「消費エネルギー量」という、異なる種類の絶対量を比較することでゼロエネを判定している。消費エネルギー量を算定する際に想定されている「暮らし方」が実際と違っていれば、実際の暮らしはゼロエネにならないのだ

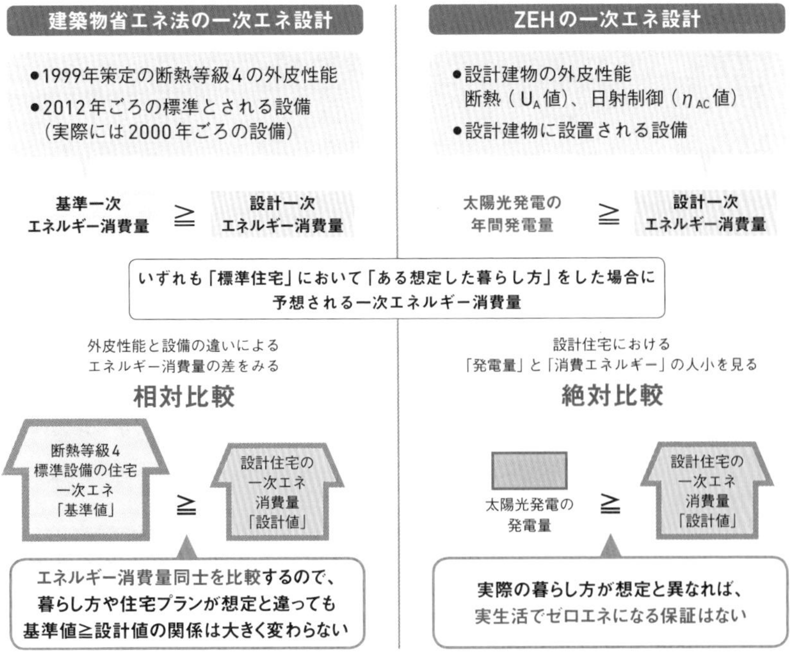

建築物省エネ法の一次エネ設計	ZEHの一次エネ設計
●1999年策定の断熱等級4の外皮性能 ●2012年ごろの標準とされる設備（実際には2000年ごろの設備）	●設計建物の外皮性能 断熱（U_A値）、日射制御（η_{AC}値） ●設計建物に設置される設備
基準一次エネルギー消費量 $\geqq$ 設計一次エネルギー消費量	太陽光発電の年間発電量 $\geqq$ 設計一次エネルギー消費量

いずれも「標準住宅」において「ある想定した暮らし方」をした場合に予想される一次エネルギー消費量

外皮性能と設備の違いによるエネルギー消費量の差をみる **相対比較**	設計住宅における「発電量」と「消費エネルギー」の大小を見る **絶対比較**
断熱等級4標準設備の住宅一次エネ「基準値」 $\geqq$ 設計住宅の一次エネ消費量「設計値」	太陽光発電の発電量 $\geqq$ 設計住宅の一次エネ消費量「設計値」
エネルギー消費量同士を比較するので、暮らし方や住宅プランが想定と違っても基準値$\geqq$設計値の関係は大きく変わらない	実際の暮らし方が想定と異なれば、実生活でゼロエネになる保証はない

い方が変わっても基準値＞設計値の関係は大きく変わらない。

　一方で、ZEHでは地域の気象や想定した「ある暮らし方」での一次エネ消費量の設計値を、地域の気象に基づいた太陽光の発電量と比較し、発電量＞設計値ならゼロエネと判定する。つまり、WEBプロ上でゼロエネと判定されても、実際の暮らしが想定と異なれば、実生活でゼロエネになる保証は全くない。

　図7 に、建築物省エネ法とZEHの計算で想定されている「標準住宅プラン」とエアコンなどの「暖冷房スケジュール」を示す。プランはやや古めかしいし、暖房時間は在室時のみ

163

図7 **住宅の間取りや設備の使い方はWEBプロで固定**

建築物省エネ法やZEHの省エネ計算で用いるWEBプロでは、ある想定された住宅・暮らし方におけるエネルギー消費量に基づいて算定される。恣意的な調節を防ぐため、全ての設備の使い方はプログラム上で固定されている。実際の生活スケジュールを反映した計算はできない

建築物省エネ法・ZEHの一次エネ計算で想定されている「標準住宅プラン」例

※部屋用途ごとの面積補正は行われる

「居室間欠」の空調設備を選択した場合に想定されている暖冷房スケジュール

		0	3	6	9	12	15	18	21	24時
暖房（平日）	LDK			6〜10時 20℃		12〜14時 20℃		16〜24時 20℃		
	子ども室1							20〜21時 20℃	22〜24時 20℃	
	子ども室2							18〜19時 20℃	21〜23時 20℃	
	寝室							18〜19時 20℃	21〜23時 20℃	
冷房（平日）	LDK			6〜10時 27℃		12〜14時 27℃		16〜24時 27℃		
	子ども室1	0〜7時 28℃						20〜21時 27℃	22〜24時 27℃	
	子ども室2	0〜7時 28℃						18〜19時 27℃ 20〜23時 27℃		23〜24時 28℃
	寝室	0〜7時 28℃								23〜24時 28℃

ONの「居室間欠」運転。設定温度は20℃と低く、ヒートショック予防や快適性の確保は甚だ心もとない。

WEBプロでは実際の建物や生活を再現できない

WEBプロは評価の公平を期すため、建物条件や生活条件に関わる多くのパラメーターがあらかじめ固定されており、現実に合わせた生活条件を入力した計算ができない。暖冷房設備の種類を選択すると、ほとんどの場合は前述の「居室間欠」運転

が想定される。

例外として全館空調を選択すると、24時間にわたって家中に空調（ただし設定温度は暖房20℃・冷房27℃で固定）する「全館24時間」運転が自動的に想定される。一次エネの設計値や太陽光発電の必要容量が急増し、ZEH達成が困難になるので、ZEHでは全館空調の採用は避ける場合が多い 図8 。

設備の種類ごとに空調スケジュールが強制的に決まってしまうWEBプロの仕様は、省エネ法の相対比較なら問題ないが、絶対比較のZEHでは課題が残る。最低ラインを公平に判定す

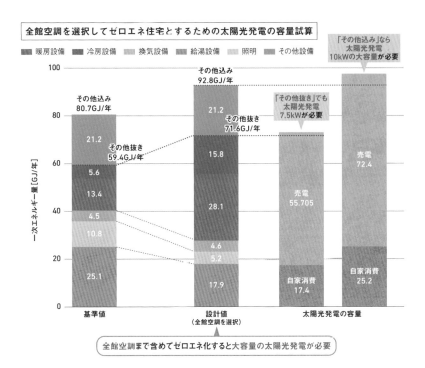

図8 全館空調を選択すると一次エネの設計値が急増

WEBプロで全館空調を選択した試算例。一次エネの設計値が急増し、必要な太陽光発電は「その他抜き」で7.5kW、「その他込み」で10kWと大容量になってしまう。WEBプロでは、基準値はエアコン「居室間欠」、全館空調は「全館24時間」と想定されている

るには極めて有効だが、様々な条件を柔軟に反映できる万能ツールではないのだ。

ネット・ゼロはあくまで「年間で差し引きゼロ」

いろいろ課題はあるにしても、ゼロエネはゼロエネ。ZEHをあまねく普及させれば、火力や原子力などの大規模発電所はいらなくなるのだろうか。答えはそれほど簡単ではない。

その理由はZEHの正式名称「ネット・ゼロ・エネルギー・ハウス」の「ネット」に隠されている。ネットは「正味」とか「差し引き」を意味する。つまり「ネット・ゼロ」とは、消費エネルギー量と発電量が「年間で差し引きゼロ」ということ。裏を返せば、季節ごとではゼロエネルギーになる保証はどこにもないのだ。

ZEHと聞くと
すごそうだけど…
過剰な期待
は禁物

実際のZEHにおける月々の消費エネルギー量と太陽光の発電量を、**図9**に示す。春・夏・秋は、日照時間が長く太陽高度も高いために発電が活発に行われる。一方のエネルギー消費量は夏の冷房を含めても少ないため、発電量（マイナス側）がエネルギー消費量（プラス側）を超えて電気が余り、系統にどんどん売電している状態。売電単価が高額なFIT（固定価格買い取り制度、Q.9を参照）期間中は儲かるが、アフターFITでは売電単価が急落し、収入が激減する。

　一方、冬は日照時間が短く太陽高度も低いために発電量が減少し、給湯や暖房の消費エネルギー量は増加するので電気が不足する。この冬の「赤字」を埋めるため、結局は系統側の発電所から買電してくる必要がある。ZEHでも石炭発電や原子力発電への依存はゼロにならないのだ。

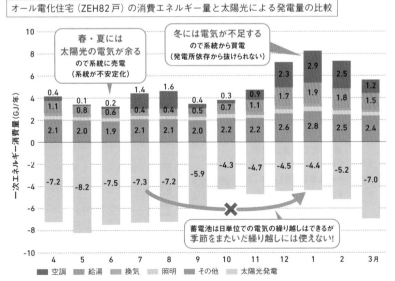

オール電化住宅（ZEH82戸）の消費エネルギー量と太陽光による発電量の比較

図9 「ネット（年間差し引き）・ゼロ」では発電所はなくせない

太陽光の発電量が夏には余り、冬には不足するので、結局は発電所が必要になってしまう。
ZEHの正式名称「ネット・ゼロ・エネルギー・ハウス」は「年間で差し引きゼロ」の意味

ネット・ゼロエネはゼロコストにあらず、FIT 終了後は赤字に

　住まい手の生活にとっては、制度上のネット・ゼロエネの意味など重要ではない。ゼロエネというからには、エネルギーコストもゼロを期待するのは当然である。ZEH 住宅では、確かに

- ●消費電力量（その他込み）：6,176kWh/年
- ●太陽光発電量：7,529kWh/年

各季節の自家消費率30%想定
- ●売電量：5,270kWh/年
- ●自家消費：2,259kWh/年
- ●買電量：3,918kWh/年

FIT 期間中（2020年から10年）

①**売電 21 円/kWh・買電 28 円/kWh**

収入	売電収入：－11.1 万円/年
支出	買電支出：－11 万円/年
収支	＋0.1 円/年

> FIT 期間中は
> ゼロコスト

FIT 終了後

②**売電 8 円/kWh・買電 28 円/kWh**

収入	売電収入：＋4.2 万円/年
支出	買電支出：－11 万円/年
収支	－6.8 万円/年

> FIT 期間が終了した途端に「赤字」に！

③**売電 5 円/kWh・買電 40 円/kWh**

収入	売電収入：＋2.6 万円/年
支出	買電支出：－15.6 万円/年
収支	－13 万円/年

> ZEH なのに月1万円以上の電気代！

FIT 終了後（蓄電池を導入）

**蓄電池で自家消費率
50%に向上させた場合**
- ●売電量 3,881kWh/年
- ●自家消費 3,648kWh/年
- ●買電量 2,528kWh/年
※蓄電池のロスを考慮

④**売電 5 円/kWh・買電 40 円/kWh**

収入	売電収入：＋1.9 万円/年
支出	買電支出：－10.1 万円/年
収支	－8.2 万円/年

> 蓄電池を導入しても
> 冬に系統からの買電が必要だと
> ゼロコストにならない

**図10　ゼロエネ住宅でも
FIT 終了後には赤字に**

エネルギー消費量と発電量の季節変動が大きいままだと、年間でゼロ・エネルギーでもエネルギーコストは FIT 終了後に赤字に。将来の売電単価の低下や買電単価の上昇を考えると、赤字幅はより大きくなる。冬の「赤字」は、蓄電池でもカバーできない。単価は 2020 年度の値

FIT 期間中であれば、売電で稼ぐことで買電分を賄えるので
ゼロコストを実現できるが、FIT 期間が終了した途端、それな
りのエネルギーコストが発生してしまうのだ 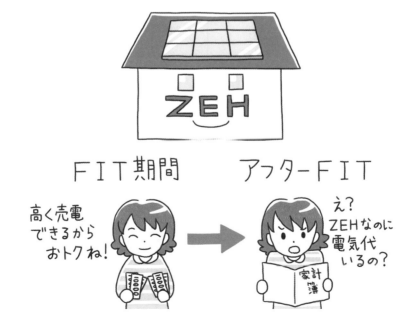図10。

　さらに今後、発電過剰な春・秋の昼間には売電単価が大きく
下落し、需要過多になりやすい冬の朝夕は買電単価が上昇する
リスクが高い（前者は Q.9、後者は Q.6 をそれぞれ参照）。こ
の売電単価下落と買電単価上昇のダブルパンチを食らうと、
ZEH のエネルギー収支はさらに悪化すると予想される。

　電気をためる蓄電池は昼の発電余剰で充電し、夜に放電して
消費を賄う「その日暮らし」の使い方がせいぜいであり、それ
も慎重な計画が必要なことは、Q.11 で見た通り。季節をまたい
だ蓄電で冬の発電不足を補えるわけではないため、結局は買電
に頼らざるを得ず、エネルギーコスト負担はなくせない。

「ネット・ゼロエネはゼロコストにあらず」なのだ。

エネルギー消費と発電の季節変化を小さくする建物の工夫を

　これまで見てきたように、ZEHには一定の意義はあるものの、決して究極のエコハウスではない。「はじめに」で触れた本書の究極目標である『「暖かく涼しい健康・快適な暮らし」を「いつまでも最小のエネルギーコスト」で「全ての人」に』を達成するには、あらゆる意味で力不足なのだ。

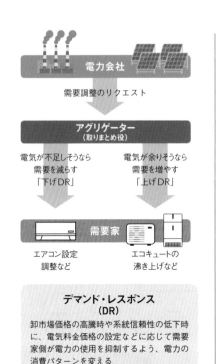

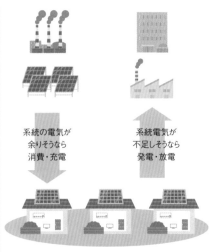

図11 ICTへの期待はほどほどに

デマンド・レスポンス（DR）やバーチャル・パワープラント（VPP）などICT（情報通信技術）系の電力制御の話題をよく聞くが、まだ試行段階であり効果も不明確。標準化も進んでいないので慌てて導入する必要はない。電力系統に依存するコストやサービス利用料も無視できない

太陽光や電気料金の不安を和らげるためか、情報通信技術（ICT）を活用した電力需給の制御も多く提案されている 図11 。だが、実際の効果や普及の可能性は全くの未知数であり、ZEHの課題を根本的に解決することまでは期待できない。

　「将来にわたってエネルギーコストの不安なく快適に暮らしたい」。この素朴な願いに応えるためには、ZEHの課題を乗り越えて、エネルギー消費と発電の両方が季節間で安定するよう、しっかりと考え抜かれた家づくりがカギとなるのだ 図12 。

ZEHの落とし穴		解決策
太陽光発電で相殺する消費エネルギーに家電分を含んでいない。ZEHでも家電分は系統から買電する必要がある		家電を含めた全エネルギー消費量を発電できる太陽光発電の確保。電気自動車もカバーできれば最高
ZEHのエネルギー消費は標準住宅・想定された暮らし方での予測にすぎない。実際に建つ家や住まい方を想定していない！		実際の敷地・住宅プラン、想定する健康・快適な住まい方に合わせたエネルギー消費量を予測できる設定ツールの整備
エネルギー削減の要求レベルが低い。省エネ努力が不徹底で買電量大		系統に依存しない「エネルギー自立」が重要。各季節ごとに発電量≒エネルギー消費量のバランスを確保する
太陽光の売電に大きく依存しておりFIT終了後には電気代が結構かかる		
あくまで年間での差し引きゼロであり冬には需要増と発電不足で買電超過		冬のエネルギー自立がカギ。冬の無暖房化に向けて必要な断熱・日射取得・蓄熱を確保する
断熱は HEAT20 旧G1 レベルそれ以外の仕様は建築物省エネ法と同じ		
ZEH+や蓄電池の自家消費促進施策もFIT期間中は損なので使われていないDRやVPPも系統依存で現状コスパ悪		設備やICTに過剰な期待は禁物。寿命の長い建物自体で今すぐできることをしっかり備える

図12 **ゼロエネ住宅「ZEH」の課題と解決策**
理想とする健康・快適な暮らしを実現するための家づくりでは、ZEHの課題を乗り越えてエネルギー消費と発電量をバランス良く設計することが重要になる

Q.14
エネルギーコスト ゼロで快適な生活は 無理？

あのうち、電気代ゼロで 暮らしている そうよ

まあ、ガマン することが 多そうね

A.

▶ 究極のエコハウスを実現するために必要な 建築関係の部材は、既に一通りそろっている。

▶ 適正な容量・傾斜角の太陽光発電と年中安定 のエネルギー消費量の2つがカギ。

　こまで、日本のエネルギーに関する様々なデータや住宅に関連する政策を眺めてきた。予想される未来は厳しいが、生活の「器」である住宅をしっかり設計しておけば、社会が変化しても、住まい手の生活を守ることが十分に可能である。本項ではPART1のまとめとして「真のエコハウス」の姿を示し、快適・安心な暮らしを実現する道筋を明らかにしたい。

エコハウスは何よりもまず住まい手のために

　「はじめに」で述べたように、本書で考えるエコハウスのテーマは、『「暖かく涼しい健康・快適な暮らし」を「いつまで

図1 本書におけるエコハウスの究極目標と実現手段

「暖かく涼しい健康・快適な暮らし」を「いつまでも最小のエネルギーコスト」で「全ての人」に
- 自己責任・自己負担で投資する「住まい手のメリット」が最優先されるのは当然
- 住まい手の利益最大化を目指せば、「日本の燃料輸入減少」「CO_2削減で温暖化抑制」は自ずと達成

「暖かく涼しい健康・快適な暮らし」を実現するために
- 24時間建物全体の温度・空気を健康・快適に保つことが絶対に必要
- 将来の気候変動を見越して、暖房・冷房をきちんと考えて設計すること
- 目標「作用温度」は、冬24℃・夏26℃。ただし、必ずしも温度が一定・均一である必要はない

「いつまでも最小のエネルギーコスト」を実現するために
- 太陽光発電は住宅で唯一現実的な再エネ。必ずペイする「適正容量」を必ず載せる
- 自家消費しきれない過剰容量分は売電依存となり、FIT（固定価格買い取り制度）終了後にペイしなくなる
- 今後の「基本料金」値上げを見越して、新築時から将来的に「エネルギー自立」ができる計画に
- 季節ごとに「太陽光発電量≒全消費エネルギー」を目指す
- 発電過剰の夏季はどんどん冷房を使ってOK！　中間期はEV（電気自動車）充電で好きなだけ旅行でも？
- 発電過少の冬が難問。断熱&日射熱&蓄放熱による「無暖房化」と「給湯省エネ」が重要
- 蓄電池・V2Hは将来の電力料金の動向を見極めて設置する
- 定置型蓄電池は現在の設置コストと経年劣化を考えると、新築時の設置ではペイしない
- FIT終了時に「基本料金を含めた電気代全体の上昇」と「蓄電池のコスト削減」を見極めれば十分
- ペイするタイミングで蓄電池を導入。必要に応じて系統離脱・オフグリッド化→電気代ゼロへ

「全ての人」に届けるために
- 住まい手にとって「絶対住みたい」と思える魅力があること
- 誰にでも手が届くリーズナブルな初期コストであること
- 実際の敷地や建物条件、健康・快適な暮らし方を反映したエネルギー予測・設計手法を用いること
- 地元密着で責任を持って建ててくれるつくり手に任せられること

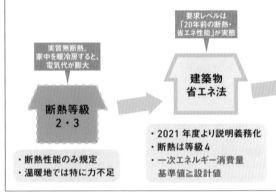

電気代ゼロ
系統から離脱

電気代の負担・系統からの離脱率

**図2 エネルギー自立住宅が
真のエコハウスにつながる**

売電が割高なFIT期間の存在と蓄電池の現状を考え
ると、まずは各季節で発電量と全エネルギー消費量
をバランスさせる「エネルギー自立住宅」が合理的な
選択となる。蓄電池はFIT終了後にコストダウンと
高性能化が進んだ時点で採用する方が合理的

要求レベルは
「20年前の断熱・
省エネ性能」が実態

実質無断熱。
家中を暖冷房すると、
電気代が膨大

**断熱等級
2・3**

**建築物
省エネ法**

・断熱性能のみ規定
・温暖地では特に力不足

・2021年度より説明義務化
・断熱は等級4
・一次エネルギー消費量
　基準値≧設計値

電気代高
系統依存100%

エネルギー消費量大

も最小のエネルギーコスト」で「全ての人」に』である 図1。
戸建て住宅は住まい手が自ら費用を負担して自分たちのために
建てるもの。エコハウスもまず、住まい手のメリットのために
建てるのが当然である。

　幸いにして、住まい手のメリットを最大化すれば、おのずと
日本の輸入燃料も減り、CO_2排出量も減少する。地球温暖化対
策や日本の省エネ政策とも完全に整合し、かつ、はるか先を行
くことになるのだ。

　建築物省エネ法やZEHは、「つくり手が少しの努力で実現
できる」ことが目的になってしまっていた。本筋は、住まい手

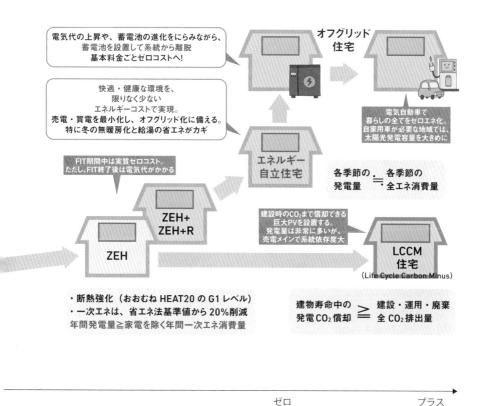

電気代の上昇や、蓄電池の進化をにらみながら、
蓄電池を設置して系統から離脱
基本料金ごとゼロコストへ!

オフグリッド
住宅

快適・健康な環境を、
限りなく少ない
エネルギーコストで実現。
売電・買電を最小化し、オフグリッド化に備える。
特に冬の無暖房化と給湯の省エネがカギ

電気自動車で
暮らしの全てをゼロエネ化。
自家用車が必要な地域では、
太陽光発電容量を大きめに

FIT期間中は実質ゼロコスト。
ただし、FIT終了後は電気代がかかる

エネルギー
自立住宅

各季節の
発電量
=
各季節の
全エネ消費量

ZEH+
ZEH+R

ZEH

建設時のCO₂まで償却できる
巨大PVを設置する。
発電量は非常に多いが、
売電メインで系統依存度大

LCCM
住宅
(Life Cycle Carbon Minus)

・断熱強化（おおむね HEAT20 の G1 レベル）
・一次エネは、省エネ法基準値から 20％削減
年間発電量≧家電を除く年間一次エネ消費量

建物寿命中の
発電CO₂償却
≧
建設・運用・廃棄
全 CO₂排出量

ゼロ

プラス

のメリットを初めに明確にすることだ。

オフグリッドに備えたエネルギー自立住宅を目指す

　前述のエコハウスの究極目標をできるだりリーズナブルに実現するために現状ではまず、新築時に各季節で「発電量」と「全エネルギー消費量」をバランスさせた「エネルギー自立住宅」を目指すのが合理的である 図2 。FIT（固定価格買い取り制度）期間中は高額に売電し、アフター FIT となる 10年後に低価格化と耐久性向上が進んだ蓄電池を搭載して自家消費量を増やし、買電量を減らす。系統から離脱してオフグリッド化も可

1 適正な容量の太陽光発電を大きめの傾斜角で設置

- 系統への売電は、今後の売電単価引き下げや出力制御の発動により、メリットが小さくなる。太陽光発電は自家消費できるだけの「適正容量」を設置する
- 春・夏・秋に発電し過ぎず、冬になるべく発電。各季節の発電量がフラットとなる大きめの傾斜角度とする

2 どの季節も太陽光で賄える年間フラットなエネルギー消費

- 暖冷房負荷の削減と高効率設備によって、消費エネルギー量を太陽光発電量以下に抑制
- エネルギー消費が増加する冬の暖房と給湯の省エネが特に重要
- 電気が余る中間期は、電気自動車などを活用し電気を使い切る

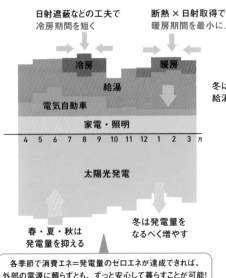

日射遮蔽などの工夫で冷房期間を短く

断熱×日射取得で暖房期間を最小に

真のエネルギー自立には、冬季の無暖房化が最大のカギ

冬は節湯などで給湯の省エネを徹底

春・夏・秋は発電量を抑える

冬は発電量をなるべく増やす

各季節で消費エネ＝発電量のゼロエネが達成できれば、外部の電源に頼らずとも、ずっと安心して暮らすことが可能！

図3
年間を通してエネルギー消費量と発電量を同量・フラットに

各季節でのエネルギー自立を確保するため、太陽光発電の発電量をなるべくフラットにするとともに、エネルギー消費量が減少するよう住宅を設計する。特に、エネルギーが不足しがちな冬は、なるべく発電量を増やすとともに、暖房をできる限り減らす必要がある

能だ。新築時に備えるべきは、①適正な容量・傾斜角の太陽光発電、②年間フラットなエネルギー消費、でOKだ 図3 。

太陽光の傾斜角を大きくすれば冬場の発電量が増える

太陽光発電については、自家消費できるだけの適性容量を、なるべく冬の発電量が多くなるように設置する。南と正対するように傾斜角を大きくすれば、冬の発電量は増加する。

図4の東京の例では、傾斜角を10度（≒2寸勾配）から30度（≒6寸勾配）に大きくすると、冬の発電量（発電容量1kW当たり）が3.3kWh/日から4.0kWh/日と2割増。同時に春・秋の過剰な発電を抑制できる。地域の日射条件に応じて設計を工夫すれば、季節ごとの発電量を調整することは可能なのだ。

エネルギー自立は実質ゼロコストで実現できる

Q.13で確認したように、年間で差し引きゼロの「ネット・ゼロ・エネルギー」の場合、FIT終了後に結構な金額での買電

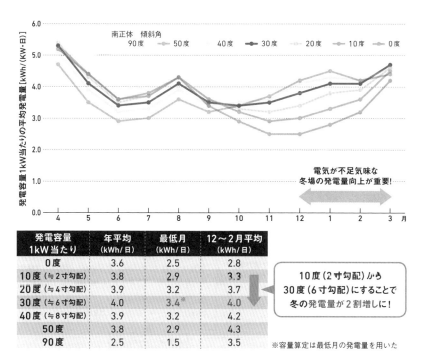

発電容量 1kW当たり	年平均 (kWh/日)	最低月 (kWh/日)	12〜2月平均 (kWh/日)
0度	3.6	2.5	2.8
10度（≒2寸勾配）	3.8	2.9	3.3
20度（≒4寸勾配）	3.9	3.2	3.7
30度（≒6寸勾配）	4.0	3.4※	4.0
40度（≒8寸勾配）	3.9	3.2	4.2
50度	3.8	2.9	4.3
90度	2.5	1.5	3.5

10度（2寸勾配）から30度（6寸勾配）にすることで冬の発電量が2割増しに！

※容量算定は最低月の発電量を用いた

図4 太陽光発電の傾斜角は冬の発電量で決める

従来は売電を優先して年間の発電量が最大になるよう傾斜角が決められる場合が多かったが、今後は自家消費を想定して冬の発電量確保が重要となる。上記の東京の気象データにおいては、傾斜角50度で冬季発電量が最大になるが、現実的な30度（≒6寸勾配）でも、一般的な3寸勾配（≒15度）よりも冬の発電量を2割程度増やすことができる。当然ながら最適角度は敷地の日射条件で大きく異なるので、現地の気候を反映した設計が必要だ

エコハウスの目標

177

が避けられない。季節ごとで見たエネルギーバランスが取れておらず、春・夏・秋には売電過剰、冬には買電過多となるためだ。年間を通してゼロコストを目指すためには、各季節で発電量とエネルギー消費量をできるだけバランスさせる必要があるのだ。

図5に示すように、4人家族で年中使われる照明・家電・換気・給湯をカバーするのに必要な電力量は約16kWh、将来の電気自動車（EV、毎日30km走行）を含めて22kWh。発電量最小月の発電量は容量1kW当たり3.4kWh（図4の東京・南正対傾斜角30度を想定）なので、全季節で全エネルギー消費量

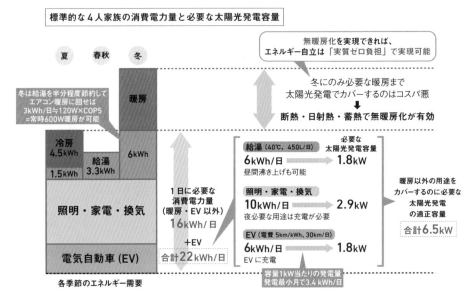

標準的な4人家族の消費電力量と必要な太陽光発電容量

図5 冬の無暖房が実現すれば適正容量の太陽光発電だけでエネルギー自立が可能に

全ての季節でエネルギー自立を実現するとなると大げさに聞こえるが、実際に必要な太陽光発電の容量は電気自動車抜きで4.7kW、電気自動車込みでも6.5kWにすぎない。最大の課題は、冬の暖房エネルギーをどこまで減らせるかだ

をカバーするのに必要な太陽光発電の容量は、消費電力量22kWh ÷ 3.4kWh/kW ≒ 6.5kW となる。普通の ZEH を達成できるレベルの容量と、大して変わらないのだ。

　夏場には冷房分の消費エネルギーが増加するが、夏場には給湯分が減るので、エアコン冷房をカバーするのは難しくない。

　1番厳しいのは、暖房が必要で給湯も増加する冬。暖房をゼロエネにできれば、ごくありふれた容量6.5kW の太陽光発電で、年中エネルギー自立が可能になるのだ。まさに「ゼロエネは冬を旨とすべし」である。

　Q.10 でシミュレーションした通り、2020年以降、太陽光発電を設置する場合、自家消費できる適性容量であれば、設置コストは FIT 制度の割高な買い取り価格のおかげで必ずペイできる。つまり、無暖房化さえ実現できれば、エネルギー自立は「実質ゼロ負担」で実現可能なのだ。

むむ、ゼロエネとエコは冬を旨とすべし

吉田 兼好？

夏は高効率ヒートポンプと太陽光発電でノープロブレム

　図6に、東京の夏と冬それぞれについて、気温と日射量の時刻変化（月平均）を示す。まずは、左側の夏（8月）から見てみよう。夏は室内外の空気温度差が小さく、ヒートポンプがくみ上げるべき温度差（温度リフト）がごく小さいので効率が高くなり、わずかな電気で大量の熱を処理できる。さらに、冷房負荷が大きい昼間は屋根上の太陽光発電がバリバリ発電するので、エアコン冷房の電気消費と発電のタイミングもバッチリ。発電した電気を速やかに自家消費できるので、蓄電池も不要。夏の冷房は、太陽光発電とエアコンの黄金コンビにお任せでノープロブレムだ。

冬は昼間の太陽熱で夜を無暖房に

　一方、エネルギー自立最大の課題である冬は、夏のように簡単には解決できない。太陽光発電は傾斜角を大きくすれば夏並みの発電量が確保可能だが、貴重な電気は電気でしか担えない用途に優先して確保する必要がある。

　残りの電気でエアコンを動かせば十分に暖房できるかというと、甚だ心もとない。図6右に示すように、室内外の温度差が非常に大きく温度リフトがきついので、ヒートポンプ効率は低下する（詳細はQ.18）。さらに暖房負荷は気温が下がる夜に増加するので、太陽光発電と暖房エネルギーの「時間帯ギャップ」も大きく、蓄電池でカバーするのは効率が悪い。外気温度が下がるとエアコンの加熱能力も小さくなることまで考えると、エアコンだけに暖房を任せるのは難しい。

ただ、幸いにして、冬は太陽高度が低いために、南窓からの日射取得が期待できる。最近では、高断熱かつ高日射取得の開口部が登場してきており、上手に活用すれば太陽熱で無暖房化は十分に可能である。ただし、昼間の日射熱を夜にタイムシフ

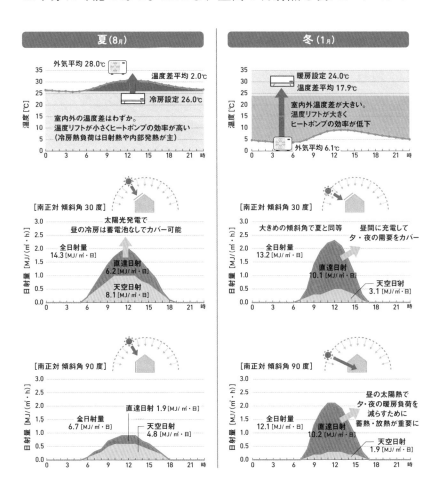

**図6　夏の冷房はヒートポンプエアコンにお任せでOK
　　　冬は南窓からの日射取得が肝心**

夏は室内外の温度差が小さいので、エアコンが高効率に運転でき、太陽光の発電をそのまま消費しながら冷房が可能。冬は室内外の温度差が大きく、エアコン効率が低下する。太陽光の発電タイミングとのズレも大きく不利。南窓からの日射取得が無暖房化へのカギになる（拡張アメダス2010年度・東京のデータを基に算出、屋根の太陽光発電の発電効率は20％程度、窓の集熱効率は50％程度）

トさせるために、昼間に蓄熱・夜に放熱する手法が必要になる。

新築時は FIT 活用で売電優先、FIT 終了後に蓄電池を検討

Q.9 で確認したように、住宅の太陽光発電は FIT 制度で優遇されている。割高な売電が 10 年間保証されているのだから、この FIT 期間中は自家消費をあまり意識せず、積極的に売電して初期コスト回収する。

10 年たって FIT が終了した後は、その時点の売電・買電単価に応じて蓄電池の要否を検討すれば十分である 図7 。そのころには蓄電池のコスパや性能も大きな改善が期待できる。そして蓄電池以外にも貯湯式給湯機の昼間沸き上げ（Q.27 で後述）

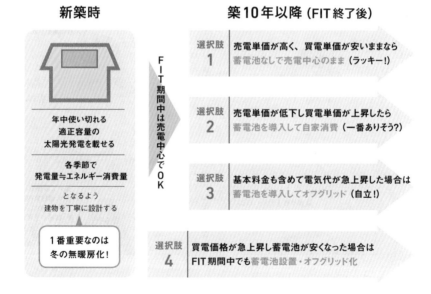

図7 住宅のライフサイクル全体を通して
　　健康・快適な暮らしを最小のエネルギーコストで！

最小のエネルギーコストで、末永く健康・快適に暮らすためのシナリオ例。新築時に適正容量の太陽光発電を設置し、消費エネルギーを年間通してフラットになるよう計画しさえすれば、後はエネルギー事情の変化に応じて、最適な対応策を選べば OK

など自家消費を増やす工夫をすれば完璧だ。

　繰り返すが、1番大事なことは、新築時に「適正容量の太陽光を載せる」ことと「各季節で発電量≒エネルギー消費量」となるよう設計しておくこと。このエネルギー自立のバランスさえ初めに達成しておけば、FIT が終了しても、将来のエネルギー事情や電気単価がどうなろうとも、健康・快適な暮らしを実質のエネルギーコストゼロでずっと続けることが可能となる。何事も初めの「仕込み」が肝心なのだ。

必要な部材は既にある、後は住まい手の思いと設計の知恵

　これから家を建てようとする人は、ものすごく幸運である。エネルギー自立住宅を実現するために必要な部材・パーツは、蓄電池を除けば既に全て出そろっているからだ。

　真のエコハウスを実現するには、既に出そろったパーツを完全に機能するよう組み合わせる「設計法」が極めて重要となる。目指すゴールに向かって住宅全体をしっかりコーディネートする設計こそが、エコハウス実現のカギ。建築物省エネ法のWEB プロを超えた、実際の気候や敷地・建物プラン、住まい手が望む生活を実現するための設計ツールが不可欠である。幸いにして、こうした設計ツールも近年、整備が進んでいる。

　昔は絵空事だった夢の生活が実現できるのだから、今は本当に良い時代である。実現に必要なのは、たった2つ。家族みんなの健康・快適な生活を願う「住まい手の強い思い」と、「住宅全体を最適に設計する知恵」だけだ。以降の PART2 では、「暖かく涼しい健康・快適な暮らし」を実現するための計画時のポイントについてみていくことにしよう。

PART 2
変わらない
真実
―――――――― 対策編

省エネ技術が進み、社会や家づくりへのニーズも変わってきた。
だが、真のエコハウスに必要な対策は、実は大きく変わってはいない。
理想とする暮らしや地域性、予算に応じて数ある手法を組み合わせ、
健康・快適・ゼロエネのエコハウスを確実に手に入れよう。

窓・壁・天井の
断熱はバッチリ。
UA値、
極めたり！

スー
スー
スー
スー

第6章

冬の備え

吉田兼好には申し訳ないが、「エコハウスは冬を旨とすべし」。低断熱・低気密の"スカスカ外皮"の住宅に太陽光発電を載せたところで、期待した効果は得られない。それどころか、寒さに耐えながら高い電気代を払い続けるハメになる。数値だけに惑わされない「冬の備え」について考えてみよう。

Q.15
空気温度さえ高ければ冬も快適？

A.

▶快適な温熱環境とは、ずっとその場所に居続けられる「不快がない」環境を表す。

▶代謝熱と放熱のバランスが取れていることと、局所不快がないことの2つが大前提。

年の冬の訪れを感じると、また寒い家にガマンしなけれ
毎　ばならないのかと憂鬱になる。暖房をつけて高温の空気
を吹き出しておけば、この不満は解消できるのだろうか？

　一口に、「冬に家が寒い」といっても、その不満の内容は
様々である **図1**。アンケート結果を眺めてみると、「床が冷た
い」「窓周りから冷気が伝わる」「暖房をつけてもなかなか暖ま
らない」「非暖房室が寒い」といった寒さそのものの問題から、
「暖房をつけると乾燥する」「暖気が足元に届かない」「窓が結
露する」「カビが発生する」といった不満も多い。暖房費への
不満を感じている人も、回答者の3分の2に達している。

　こうした多種多様な不満を残らず解決することが、「暖かい
家」をつくるためには避けることのできない課題なのだ。

建築物省エネ法の断熱等級 4 では暖かい家にならない

　そもそも「快適な室内環境」とは、どのように定義されてい
るかを確認しておこう。

　冬に快適というと「暖かい」という形容詞が思い浮かぶが、
この表現は、低温環境から高温環境に移動した際の感覚の変化
で生じる「快感」に近い。その瞬間は気持ちがよいが、しばら
くすると暑さなどで不快に転じてしまい長続きしない。

　温熱環境でいう「快適」は、何も感じない「不感」に近い。
快感がたまに食べてこそ美味しい「ごちそう」なら、快適は毎
日食べても飽きない「白いご飯」といったところだろうか。

　快適な温熱環境とは、不快に感じることがなく、ずっとその
場所に居続けることができる、地味だが「上質」な温度環境を
表しているのだ。

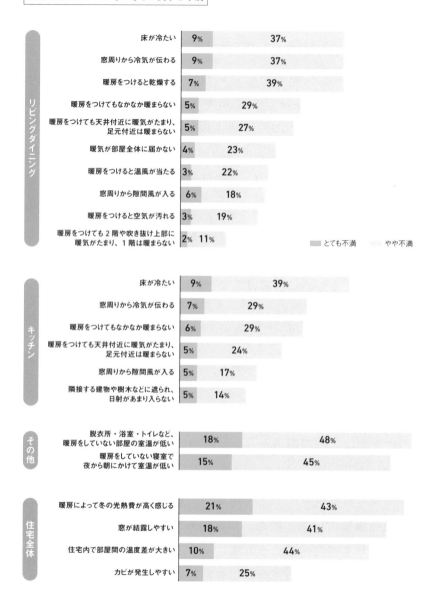

住宅で起こっている冬の寒さに関する不満

リビングダイニング

	とても不満	やや不満
床が冷たい	9%	37%
窓周りから冷気が伝わる	9%	37%
暖房をつけると乾燥する	7%	39%
暖房をつけてもなかなか暖まらない	5%	29%
暖房をつけても天井付近に暖気がたまり、足元付近は暖まらない	5%	27%
暖気が部屋全体に届かない	4%	23%
暖房をつけると温風が当たる	3%	22%
窓周りから隙間風が入る	6%	18%
暖房をつけると空気が汚れる	3%	19%
暖房をつけても2階や吹き抜け上部に暖気がたまり、1階は暖まらない	2%	11%

■ とても不満　　やや不満

キッチン

	とても不満	やや不満
床が冷たい	9%	39%
窓周りから冷気が伝わる	7%	29%
暖房をつけてもなかなか暖まらない	6%	29%
暖房をつけても天井付近に暖気がたまり、足元付近は暖まらない	5%	24%
窓周りから隙間風が入る	5%	17%
隣接する建物や樹木などに遮られ、日射があまり入らない	5%	14%

その他

	とても不満	やや不満
脱衣所・浴室・トイレなど、暖房をしていない部屋の室温が低い	18%	48%
暖房をしていない寝室で夜から朝にかけて室温が低い	15%	45%

住宅全体

	とても不満	やや不満
暖房によって冬の光熱費が高く感じる	21%	43%
窓が結露しやすい	18%	41%
住宅内で部屋間の温度差が大きい	10%	44%
カビが発生しやすい	7%	25%

図1 「寒さの不満」は多種多様、不快が残ると快適といえず

一言で「寒さ」といっても、住む人が感じている不満は幅広いことに要注意
（出典：前真之研究室、1980～2000年に新築された戸建て住宅に居住するリフォーム検討者に対するウェブアンケート）

快適な温熱環境の第 1 歩は体全体の熱バランス

　快適な温熱環境について、世界で最もよく知られているのが、ISO7730 図2 。快適な温熱環境に必要な要素を幅広く網羅している。カテゴリー A ～ C の３つの快適レベルが定められており、以下では中間レベルのカテゴリー B を主に取り上げる。

　ISO7730 の要求条件は、「体全体の代謝熱量と放熱量のバランスが取れていること」と「局所不快がないこと」の２つに大きく分けられる。

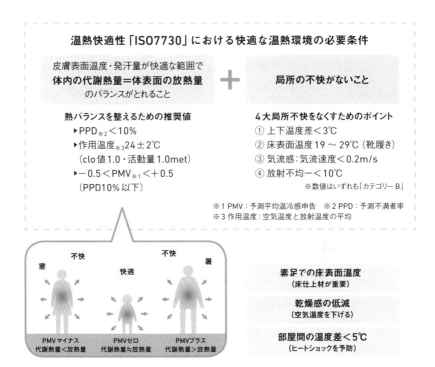

温熱快適性「ISO7730」における快適な温熱環境の必要条件

皮膚表面温度・発汗量が快適な範囲で
体内の代謝熱量＝体表面の放熱量
のバランスがとれること

局所の不快がないこと

熱バランスを整えるための推奨値
▶ PPD※2＜10%
▶ 作用温度※3 24±2℃
　（clo値1.0・活動量1.0met）
▶ －0.5＜PMV※1＜＋0.5
　（PPD10%以下）

4大局所不快をなくすためのポイント
① 上下温度差＜3℃
② 床表面温度 19～29℃（靴履き）
③ 気流感：気流速度＜0.2m/s
④ 放射不均一＜10℃
　※数値はいずれも「カテゴリー B」

※1 PMV：予測平均温冷感申告　※2 PPD：予測不満者率
※3 作用温度：空気温度と放射温度の平均

寒　　不快　　快適　　不快　　暑

PMVマイナス　　　　PMVゼロ　　　　　PMVプラス
代謝熱量＜放熱量　　代謝熱量≒放熱量　　代謝熱量＞放熱量

素足での床表面温度
（床仕上材が重要）

乾燥感の低減
（空気温度を下げる）

部屋間の温度差＜5℃
（ヒートショックを予防）

図2 快適な温熱環境の必要条件
ISO 7730 は快適な温熱環境に必要な要素として「代謝熱量＝放熱量のバランス」と「局所不快」の２つを挙げている。併せて、日本の住宅で多い不満や健康問題への対応として、枠外に記載した3要素にも配慮が必要

冬の備え

快適な温熱環境においては、まず体全体の熱バランスがとれていることが第1となる。我々の体の中では、摂取した食物エネルギーのほとんどが代謝熱に変わっている。この体内で生じた代謝熱が、快適な皮膚温度・発汗量の範囲で体表面からちょうどよく放熱できる状態、つまり代謝熱量≒放熱量のバランスが取れる状態が、快適であるといえる。

　ISO7730では、1967年に提案されたPMV（予測平均温冷感申告）という複合指標を用いて、この熱バランスを推測する。PMV≒0なら代謝熱量≒放熱量で「快適」、PMV＜0なら代謝熱量＜放熱量で「寒い」、PMV＞0なら代謝熱量＞放熱量で「暑い」と判断される。温熱感覚には個人差があるため、PMVではその値に応じて不満者率（PPD）が予想される。一般に予測不満者率が10％以下、−0.5<PMV<＋0.5となるよう温熱環境を整えることが推奨されている。

空気温度だけではなく放射温度込みの「作用温度」が肝心

　放熱の主要なルートは、周辺空気への「対流」と、周辺の床壁天井への「放射」の2つになる 図3 。温度というと空気温度ばかりが気になるが、空気への対流放熱は全体の約半分にすぎない。残り半分の放射は、周辺の床壁天井の表面温度で決まる。

　そこで、対流と放射の両方の放熱を説明する温度として、空気温度と平均放射温度の間をとったのが「作用温度」である。冷温の体感に近いことから「体感温度」とも呼ばれている。

冬に最も快適な作用温度は「24℃」

　では、この作用温度（体感温度）が何℃なら、快適といえる

人体から周辺環境への放熱ルールは
乾性放熱（対流・放射・呼吸）と湿性放熱（呼吸・不感蒸泄・発汗）

冬のメインは「対流（→空気）」と「放射（→周辺物）」

対流による放熱
人体に接触する
周辺空気へ拡散

人体を囲む壁・窓・天井・床の
室内側表面温度「放射温度」が
放射放熱量を決定

人体を囲む「空気温度」が
対流放熱量を決定

放射による放熱
遠赤外線により
周辺物に直接届く

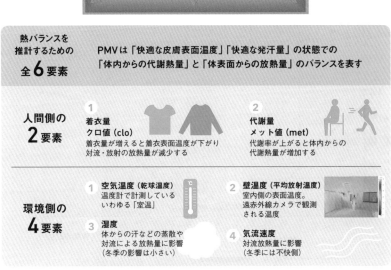

熱バランスを
推計するための
全**6**要素

PMVは「快適な皮膚表面温度」「快適な発汗量」の状態での
「体内からの代謝熱量」と「体表面からの放熱量」のバランスを表す

人間側の
2要素

1 着衣量
クロ値（clo）
着衣量が増えると着衣表面温度が下がり
対流・放射の放熱量が減少する

2 代謝量
メット値（met）
代謝率が上がると体内からの
代謝熱量が増加する

環境側の
4要素

1 空気温度（乾球温度）
温度計で計測している
いわゆる「室温」

2 壁温度（平均放射温度）
室内側の表面温度。
遠赤外線カメラで観測
される温度

3 湿度
体からの汗などの蒸散や
対流による放熱量に影響
（冬季の影響は小さい）

4 気流速度
対流放熱量に影響
（冬季には不快側）

全6要素のうち、冬の放熱と温熱感に影響が大きい
「対流」と「放射」に注目したのが作用温度

$$作用温度 \fallingdotseq \frac{空気温度 ＋ 平均放射温度}{2}$$
（体感温度）

図3 冬の暖房は作用温度の確保が肝心

PMV（予測平均温冷感申告）は、人間側と環境側の全6要素を考慮し、代謝熱量と放熱量のバランスを推定する。冬の暖房環境では、対流と放射による放熱がメインのため、空気温度と放射温度が重要になる。この2つの温度を平均した「作用温度」を確保することが第1の目標となる

のだろうか。最近ではヒートショック解決のため、全室18℃以上、長時間滞在する部屋は21℃以上が目安とされている。

PMVにおける評価では、冬季の標準的な条件（着衣量1.0clo、代謝率1.0met）において、不満者率が最も少ない最適

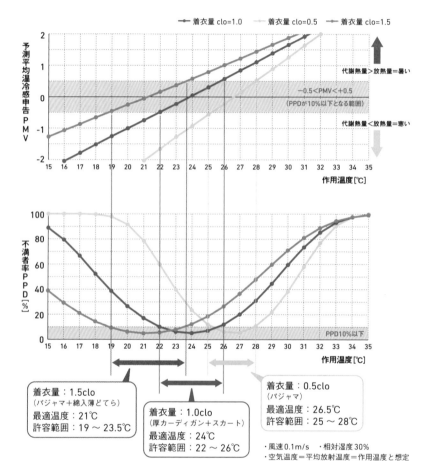

図4 作用温度24℃が冬の快適温度の目安

快適な作用温度は着衣量（clo）や代謝率（met）によって異なるが、冬場の室内で一般的な条件（1.0clo、安静時1.0met）を想定すると、PMVにおいては、最も快適なのは「作用温度24℃」と結構高い温度となる。ここでは、ISO7730のカテゴリーB（PMV－0.5～＋0.5、PPD 10%以下）における作用温度範囲を、3タイプの着衣量別に示した。許容幅は、カテゴリーAで±約1℃、カテゴリーBで±約2℃、カテゴリーCで±約3℃となる

な作用温度は「24℃」 図4 。世界で最も用いられている快適性の指標であるPMVが求める快適温度は、結構高温なのだ。

作用温度24℃の確保には建物外皮の断熱気密が重要

　現状の建築物省エネ法は、「等級4」を求めている。しかし、断熱等級4ぎりぎりの住宅では、冬場に快適な室内環境になっているとは言いがたい。さらに日本における無断熱・無気密の伝統住宅や低断熱・低気密の既存住宅において、作用温度24℃の確保はほぼ不可能といってよい 図5 。

　日本の住宅は空気温度も平均放射温度も確保できず、高温放

無断熱・無気密	低断熱・低気密
空気温度も室内温度も高くできないので、高温放射採暖で **放射温度を無理やり上げる** しかない	室内の表面温度が低いので、**空気温度を無理やり高温にする** 必要がある
空気温度5℃の場合 **平均放射温度43℃が必要**	平均放射温度10℃の場合 **空気温度38℃が必要**

数百℃の生火で放射温度を上げる　　床下からの冷気侵入が激しく、室内はほぼ外気温度。暖気（煙）はどんどん外に流出

石油ファンヒーターの吹き出し温度は100℃近い　　床下から冷気が侵入

図5 無断熱・無気密の住宅では作用温度24℃の確保が大変

日本の家は断熱・気密性能が低く、空気温度や放射温度の確保が容易ではなかった。そのため、無理やり放射温度を上げる採暖や、高温空気による暖房に頼るしかなかった。建物性能が低い中でのつじつま合わせが、不快で不健康な住宅の原因となっているのだ

射による採暖や高温空気暖房でごまかしてきた。作用温度24℃の確保のためには、空気温度と壁床天井の表面温度の両方を高めていくことが不可欠。つまり、建物外皮の気密（空気温度の向上）と断熱（放射温度の向上）の強化が必須なのだ。

局所不快①上下温度差：断熱・気密の徹底が唯一の解決法

人体の熱バランスを確保できる作用温度の確保に努めるとともに、局所の不快を解決していくことも重要。特に日本の家で問題になる局所不快は「上下温度差」である 図6 。

気密性が劣っていると、床や壁との取り合いの隙間から、冷気が容赦なく侵入して足元を冷え込ませる 図7左 。それを無理やり高温の空気暖房でごまかそうとすると、熱い空気は膨張して軽いので、吹き上がって頭ばかりが暑くなる。

低気密の住宅では、ISO7730が求める2〜4℃の上下温度差には到底おさまらない。気密の徹底、特に床周りの隙間を完全に塞ぐことが極めて重要となる 図7右 。

局所不快②床表面温度：素足なら床仕上げ材の選択が重要

足裏が接する床表面温度も、局所不快の大きな原因。ISO7730では19〜29℃を推奨しているが、これは靴やスリッパ履きを想定したもの。

素足が一般的な日本では、裸足を想定したISO13732-2が参考になる。温水を満たした「模擬足」を用い、足裏から床仕上げ材に吸い取られる熱量を分析している。カーペットやマツ材など、熱伝導率・熱容量が小さい素材は足裏の熱をあまり吸い取らないため、最適温度が約25℃程度と低めで、許容幅も±

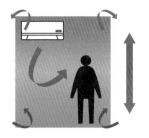

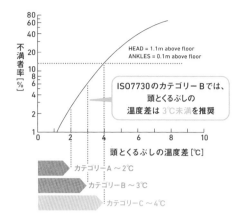

HEAD = 1.1m above floor
ANKLES = 0.1m above floor

ISO7730のカテゴリーBでは、
頭とくるぶしの
温度差は 3℃未満を推奨

不満者率 [%]

頭とくるぶしの温度差 [℃]

カテゴリーA ～ 2℃

カテゴリーB ～ 3℃

カテゴリーC ～ 4℃

- 床や窓の断熱・気密性能が極端に劣って
  いると、足元が低温になりやすい
- 高温空気で暖房すると、上方に軽くなっ
  た暖気が舞い上がる
- 頭は高温・足元は低温となって、上下温
  度差が極端に大きくなってしまう

図6 局所不快で1番深刻なのは「上下温度差」

上下温度差をISO7730の求める2～4℃の範囲内に抑えることは、低断熱・低気密の住宅では
かなり難しい（不満者率はカテゴリーA・B・Cでそれぞれ、2%以下、5%以下、10%以下）

低気密

高気密

図7 気密が低いと断熱は効果なし

両方とも、断熱等級4程度は確保されているが、左は気密性能が低く、右は丁寧な施工により
気密性が確保されている。床下からの冷気の侵入は、上下温度差を極端に大きくし、深刻な不
快の原因となる。気密性能の確保は、快適性の観点からも極めて重要である

3℃程度と広くなる 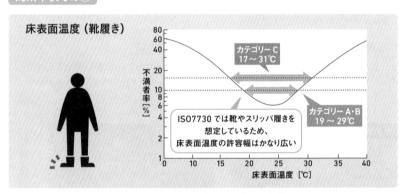。床表面の冷たさを防ぐには、床表面温度が気になりにくい床仕上げ材を選ぶのが肝心である。

局所不快③気流感：吹き出し空気は人体に直接ぶつけない

エアコンなどから吹き出す空気の流れは、「気流感」として不快の原因になりやすい。ISO7730では空気温度ごとに許容風速の上限が定められているが、おおむね0.2m/s以下 図9。普

局所不快その②

床表面温度（靴履き）

カテゴリー C
17〜31℃

ISO7730では靴やスリッパ履きを
想定しているため、
床表面温度の許容幅はかなり広い

カテゴリー A・B
19〜29℃

不満者率［%］

床表面温度［℃］

日本は室内では裸足が多いので、ISO13732-2を参考に

床表面温度（裸足）

熱伝導率・熱容量が小さい素材は
最適温度が低め&許容範囲が広い

床材の種類	最適床表面温度	推奨床表面温度範囲
カーペット	24.5℃	21〜28℃
マツ材（針葉樹）	25℃	22.5〜28℃
ナラ材（広葉樹）	26℃	24.5〜28℃
コンクリート床	27℃	26〜28.5℃

図8 床の温度は素足前提で床材の選択に要注意

上は靴やスリッパ履きを想定したISO7730。下は裸足を想定したISO13732-2。接触1分後と10分後の2つの値のうち、ここでは後者の値を示した。カーペットやマツ材など、空気を多く含み熱伝導率や熱容量が小さい素材は、足裏から吸い取る熱が少ないため、最適温度が低めで許容範囲も広い

通の壁掛けエアコンで暖房をしていたら、簡単にオーバーして
しまう。人体に直接温風を当てない工夫が必要となる。

局所不快④放射不均一：単板ガラスの窓は体の片面が冷える

　最後の局所不快は「放射不均一」。聞き慣れない言葉だが、
冬に単板ガラスの窓近くに居続けると、体の片面ばかりが冷た
く感じた経験はないだろうか。単板ガラスは表面温度が極端に
低いので、窓側の体からの放射熱が吸い取られてしまうのだ
図10。窓は熱や空気が漏れやすい外皮最大の弱点なので、その
断熱・気密化は特に重要である。

湿度何％なら乾燥感はなくなるの？

　ここまでISO7730が快適な温熱環境に求める「体全体の熱
バランス」と「局所不快の除去」を説明してきたが、これらに

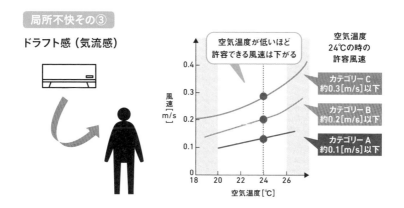

局所不快その③

ドラフト感（気流感）

空気温度が低いほど
許容できる風速は下がる

空気温度
24℃の時の
許容風速

カテゴリーC
約0.3[m/s]以下

カテゴリーB
約0.2[m/s]以下

カテゴリーA
約0.1[m/s]以下

風速
[m/s]

空気温度[℃]

図9 気流感を気にすると壁掛けエアコンは厳しい

暖房時の気流感について、ISO7730では空気温度に応じて許容できる風速の上限を示している。空気温度24℃の許容上限は0.1〜0.3[m/s]とかなり厳しく、通常の壁掛けエアコンでは、まずクリアできない。暖気を体に直接当てない工夫が求められる

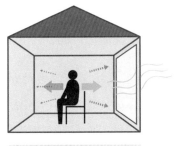

単板ガラス＋アルミサッシの低断熱窓

冷たい壁（窓）の方向と
反対方向の放射温度の差

カテゴリーA・B 10℃以内

カテゴリーC 13℃以内

低温の壁（窓）には放射熱が
吸収され体の片面が冷える

局所不快その④　放射不均一

図10 冬の放射不均一　単板ガラス窓で体の片面が冷える

ISO7730では、室内の放射温度（室内表面温度）が2方向で極端に異なる「放射不均一」についても上限を示している。冬に問題となるのは窓で、特に単板ガラスのように極端に断熱性能が低い場合には注意が必要

加えて日本で大きな問題となるのが「乾燥」である。

　乾燥を感じないためには、湿度何％を目指せばよいのか。一見簡単そうに思えるこの質問には、実は学術的な答えは見当たらない 図11 。そもそも人間には、湿度を直接感じるセンサーはない。粘膜や目・皮膚の触覚や静電気などから間接的に湿度を感じていると推測されている。

高温空気をなくすことが乾燥感の低減につながる

　湿度何％の目安が未だにないとは、なんとも不思議な話。だが、湿度〇％という「相対湿度」の値は不安定である。空気が持っている水蒸気の重さ（絶対湿度、乾燥した空気1kg当たりの水蒸気質量）が同じでも、空気温度が上がると相対湿度は勝

図11 湿度は何％何gが良いという研究結果はほとんどない

乾燥感は冬最大の不満の1つだが、ではどれくらいの湿度を確保すれば良いのかというと、学術的な定見はないに等しい。人間には湿度を直接感知するセンサーはなく、本来は湿度に鈍いはずなのに、なぜ乾燥感がこれほど問題になるのだろうか？

『建築気候』斎藤平蔵著 1974年

人間は湿度に対しきわめて鈍感でほこりや臭気または静電気とか材料の収縮がないと20％ぐらいまで気づかない。逆に汗さえかかなければ80％以上でも気づかない。住宅で冬季結露防止上必要なら30％まで乾燥させても少しも気づかない。空気調和を施すときも湿度は30％程度で支障ない。日本では湿度は50〜60％が快適だとする誤った感覚があるが、これにこだわると設計を困難にすることが多い。

『快適な温熱環境のしくみと実践』空気調和・衛生工学会　2019年

●湿度の温熱影響
熱的中立に近い条件では、湿度が温冷感に及ぼす影響は小さい

●粘膜乾燥
相対湿度が25％まで下がると鼻の乾燥を知覚する
絶対湿度が8.42g/kgDA（＝空気温度24℃で45％）以下では口腔粘膜は顕著に乾燥する

●目の乾燥
相対湿度15％以下の環境では、目の涙膜層の質が低下する

●皮膚乾燥
皮膚の最適な湿度は23℃70％

●静電気
相対湿度40％以上であれば静電気問題が生じることはまれ

手に下がってしまうのだ。

　空気は温度が高くなると、その中に含むことができる水蒸気の上限（飽和水蒸気量）が増えて相対湿度が下がるため、周りから水蒸気を吸い取る力が強くなる。具合が悪いことに高温の空気は密度が小さいので軽く、舞い上がって顔を直撃し、目や鼻・口の粘膜から水蒸気を奪い取るので、強い乾燥感を感じさせるのだ 図12 。

　高温の空気が顔に当たる限り、加湿の効果は限定的。せっせと加湿しても、高温の空気の相対湿度は大きく下がってしまう。

乾燥感を和らげるには、「相対湿度が低く」「軽い」高温の空気をなくすことが何より先決である。

冬の不快を解消するのは断熱・気密＋全館24時間空調

　これら数々の寒さの要因に加え、Q.2で触れたヒートショックの解消のためには、暖房室と非暖房室の温度差の解消まで求められている。人間とはなかなかに贅沢な生き物で、少しの不

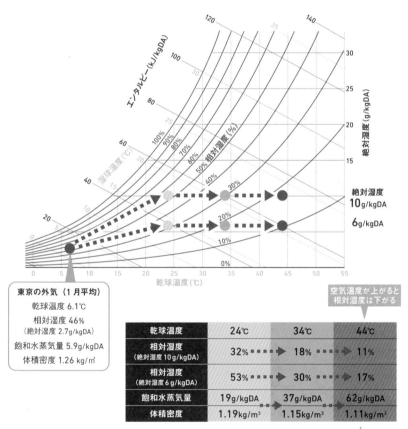

東京の外気 （1月平均）
乾球温度 6.1℃
相対湿度 46%
（絶対湿度 2.7g/kgDA）
飽和水蒸気量 5.9g/kgDA
体積密度 1.26 kg/m³

	24℃	34℃	44℃
乾球温度	24℃	34℃	44℃
相対湿度（絶対湿度 10g/kgDA）	32%	18%	11%
相対湿度（絶対湿度 6g/kgDA）	53%	30%	17%
飽和水蒸気量	19g/kgDA	37g/kgDA	62g/kgDA
体積密度	1.19kg/m³	1.15kg/m³	1.11kg/m³

空気温度が上がると相対湿度は下がる

高温の空気ほど低密度で軽い

図12 **乾燥感の主犯は「高温の空気」**
高温の空気は「相対湿度が低く」「軽い」ため、顔を直撃して目や鼻・口に強い乾燥感を感じさせる。乾燥感の解決には、加湿ではなく高温空気の排除が先決なのだ

快感が残るだけでも快適とは思えないもの。不快感の要因を一度に解決するには、家の在り方を根本から変えるしかない。

　つまり、「高断熱・高気密な外皮」に「全館24時間空調」を組み合わせることが、冬に快適な室内温熱環境を実現するほぼ唯一の方法なのである。この後で詳しくみていくことにしよう。

Q.16
ポツ窓住宅は省エネ？

どっちがエコ？

小さな窓をたくさん

大きな窓を1つ

A.

▶ 窓は外皮断熱における最大の弱点。
　ガラスやフレームは必ず高断熱タイプを選ぶ。

▶ 大きさや開き方を詳細に検討すれば、
　ポツ窓でなくても高断熱にすることが可能。

冬を健康・快適に過ごすためには、家中を常時適温に保つことが必要になっている。そうなると心配になるのが暖房費。暖めた室内から屋外に漏れてしまう「熱損失」を抑えるために必要なのが建物外皮の「断熱」。最近では、小さな窓を複数連続させた"ポツ窓住宅"もよく見かけるが、窓を小割りにすれば、断熱性能は高められるのだろうか。

断熱等級 2・3・4 から HEAT20 G1・G2・G3 へ

建築物省エネ法では、U_A（ユーエー）なる値で断熱性能を規制している。Q.2 で触れた通り、オイルショック直後の 1980 年に、初めての省エネ基準として断熱の「等級2」が定められ、92年には「等級3」、99年には「等級4」に強化された。

断熱等級2・3・4の制定時、建物の断熱性能は「熱損失係数Q値」で表現され、地域と断熱レベルに応じ、このQ値の基準値を下回ることが求められた。その後、省エネ基準が建築物省エネ法に代わる中で、断熱性能の表現が「外皮平均熱貫流率U_A値」で表されるように変わった 図1 。

$$\underset{[W/(m^2 \cdot K)]}{\text{熱損失係数 Q 値}} = \frac{\text{床面積 1 m}^2\text{当たり・内外温度差 1℃における}}{\text{壁床天井からの熱貫流および換気による熱損失}}$$

各断熱等級における熱損失係数 Q 値の基準値

	等級2 1980年	等級3 1992年	等級4 1999年	Heat20 G1	Heat20 G2
1地域	2.8	1.8	1.6	1.3	1.15
2地域	2.8	1.8	1.6	1.3	1.15
3地域	4.0	2.7	1.9	1.6	1.3
4地域	4.7	3.3	2.4	1.9	1.6
5地域	5.2	4.2	2.7	1.9	1.6
6地域	8.3	4.2	2.7	1.9	1.6
7地域	8.3	4.6	2.7	1.9	1.6

省エネ基準が建築物省エネ法に

現在の断熱性能指標

$$\underset{[W/(m^2 \cdot K)]}{\text{外皮平均熱貫流率 U}_A\text{ 値}} = \frac{\text{外皮表面積 1 m}^2\text{当たり・内外温度差 1℃における}}{\text{壁床天井からの熱貫流による熱損失}}$$

各断熱等級における外皮平均熱貫流率 U_A 値の基準値

	等級2	等級3	等級4	Heat20 G1	Heat20 G2	Heat20 G3
1地域	1.0	0.54	0.46	0.34	0.28	0.20
2地域	1.0	0.54	0.46	0.34	0.28	0.20
3地域	1.6	1.04	0.56	0.46	0.34	0.20
4地域	1.9	1.25	0.75	0.56	0.46	0.23
5地域	2.0	1.54	0.87	0.56	0.46	0.23
6地域	3.3	1.54	0.87	0.56	0.46	0.26
7地域	3.4	1.81	0.87	0.56	0.46	0.26

建築物省エネ法で守るべき断熱性能

図1 断熱レベルの進歩と断熱性能値の変遷

断熱等級2・3・4は「熱損失係数Q値」で求める基準値が定められていたが、後に「外皮平均熱貫流率 U_A 値」に変更された。また等級4超の断熱レベルとして最も有名なのが HEAT20 の G1・G2・G3。G1 はほぼ ZEH レベル、G2 は ZEH ランクアップ外皮。G3 は最上位の断熱仕様として最近追加になった（資料：国土交通省および HEAT20 の資料を基に筆者が推計）

一方で求める断熱水準は依然として等級4のまま変わらなかったため、より高い暖房負荷の低減と健康増進メリットを目指した等級4超のレベルがいくつか提案された。その最も有名なものがHEAT20（2020年を見据えた住宅の高断熱化技術開発委員会）のG1・G2・G3である。

建築物省エネ法の断熱指標U_A値は換気と漏気をカバーしない

　現在の断熱指標であるU_A値は、室内温度が屋外より1℃高い場合に、天井・床・壁・窓から熱貫流として屋外に流出する「外皮熱損失量q値（スモールキュー）」を、「外皮表面積」で割った値になっている 図2 。

　室内から屋外に流出する熱量には、他に換気と漏気といった空気の流入出に伴う分があるが、U_A値はこの換気と漏気をカバーしていない。q値に換気の熱損失分を足したものが「総合熱貫流量$\overline{UA}$（ユーエーバー）値」であり、これを床面積で割ったものが熱損失係数Q値である。Q値は換気を考慮しており、また床表面積当たりの指標であるため、不必要に凸凹した建物で大きくなる外皮面積の悪影響も考慮できた。

　一方のU_A値は外皮面積当たりの指標なので、外皮面積の大小による影響は考慮できなくなっている。省エネ施策の簡便化のために導入された側面が強く、U_A値だけ見ていても暖房熱負荷を効果的に減らせるわけではない。

　本書では、$\overline{UA}$値に漏気分も含めた$\overline{UA'}$（ユーエーバーダッシュ）を主に用いる。$\overline{UA'}$に内外温度差をかければ、熱貫流・換気・漏気による全ての熱損失（W）を簡単に知ることができるので便利なのだ。

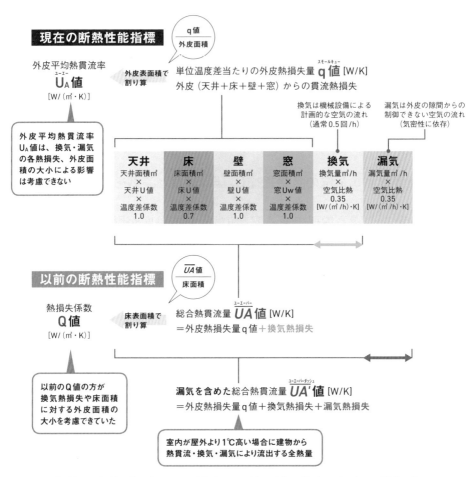

現在の断熱性能指標

外皮平均熱貫流率
UA値
[W/（㎡・K）]

外皮平均熱貫流率
UA値は、換気・漏気
の各熱損失、外皮面
積の大小による影響
は考慮できない

q値
──────
外皮面積

外皮表面積で
割り算

単位温度差当たりの外皮熱損失量 **q値** スモールキュー [W/K]
外皮（天井＋床＋壁＋窓）からの貫流熱損失

換気は機械設備による
計画的な空気の流れ
（通常 0.5 回/h）

漏気は外皮の隙間からの
制御できない空気の流れ
（気密性に依存）

天井	床	壁	窓	換気	漏気
天井面積㎡ × 天井U値 × 温度差係数 1.0	床面積㎡ × 床U値 × 温度差係数 0.7	壁面積㎡ × 壁U値 × 温度差係数 1.0	窓面積㎡ × 窓Uw値 × 温度差係数 1.0	換気量㎥/h × 空気比熱 0.35 [W/（㎡/h）・K]	漏気量㎥/h × 空気比熱 0.35 [W/（㎡/h）・K]

以前の断熱性能指標

熱損失係数
Q値
[W/（㎡・K）]

$\overline{UA}$値
──────
床面積

床表面積で
割り算

総合熱貫流量 **$\overline{UA}$値** ユーエーバー [W/K]
＝外皮熱損失量q値＋換気熱損失

以前のQ値の方が
換気熱損失や床面積
に対する外皮面積の
大小を考慮できていた

漏気を含めた総合熱貫流量 **$\overline{UA}'$値** ユーエーバーダッシュ [W/K]
＝外皮熱損失量q値＋換気熱損失＋漏気熱損失

室内が屋外より1℃高い場合に建物から
熱貫流・換気・漏気により流出する全熱量

図2 内外温度差1℃当たりで流出する熱貫流・換気・漏気の熱損失

UA値は外皮表面積、Q値は床面積でそれぞれ除した値であるが、面積で割る前の1℃当たりの熱量であるq値、$\overline{UA}$値
で考えた方が、熱損失の全体像を把握しやすい。$\overline{UA}'$値に内外温度差をかければ、熱貫流・換気・漏気による全ての熱
損失（W）を簡単に算出できる

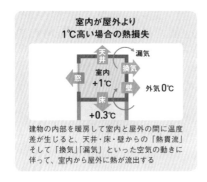

**室内が屋外より
1℃高い場合の熱損失**

天井　漏気
窓　室内 +1℃　換気　外気0℃
壁
床
+0.3℃

建物の内部を暖房して室内と屋外の間に温度
差が生じると、天井・床・壁からの「熱貫流」
そして「換気」「漏気」といった空気の動きに
伴って、室内から屋外に熱が流出する

**天井・床・壁・窓部位別の熱貫流率
U値 [W/（㎡・K）]**

+1℃　貫流熱　0℃

熱貫流率U値は、内外温度差1℃・面積1m²当
たりで流出する熱量を表している。U値が小さ
いほど熱が逃げにくく高断熱

部位の熱貫流率 U 値に面積をかけた合計が外皮熱損失量 q 値

換気・漏気を含めた熱損失全体を考える前に、まずはU_A値が表している天井・床・壁・窓からの「熱貫流」を考える。床面積120㎡・外皮面積280㎡（うち窓面積30㎡）の総2階の家（いわゆるシューボックス）をモデルに、熱貫流ロスを算出してみよう 図3 。

各部位の熱の伝わりやすさ「熱貫流率 U 値」に面積（と温度差係数）をかけ、全部足せば q 値になる。この q 値が、目

図3 各部位の熱貫流率 U 値×面積の合計 ＜ U_A 基準値×外皮面積を目指す

窓のU_w値は極端に大きいため、まずは窓の断熱化が最重要となる

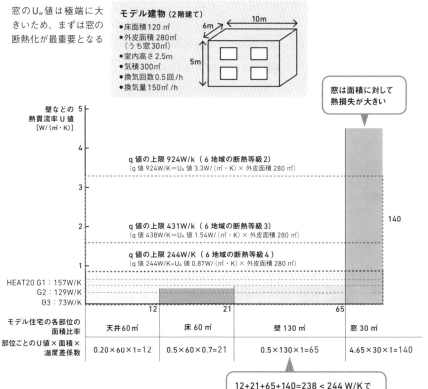

モデル建物 (2階建て)
- 床面積120 ㎡
- 外皮面積 280㎡（うち窓30㎡）
- 室内高さ 2.5m
- 気積300㎥
- 換気回数0.5回/h
- 換気量150㎥/h

窓は面積に対して熱損失が大きい

壁などの熱貫流率 U 値 [W/(㎡・K)]

q 値の上限 924W/k（6 地域の断熱等級2）
(q 値 924W/K＝U_A 値 3.3W/(㎡・K)× 外皮面積 280㎡)

q 値の上限 431W/k（6 地域の断熱等級3）
(q 値 438W/K＝U_A 値 1.54W/(㎡・K)× 外皮面積 280㎡)

q 値の上限 244W/K（6 地域の断熱等級4）
(q 値 244W/K＝U_A 値 0.87W/(㎡・K)× 外皮面積 280㎡)

HEAT20 G1：157W/K
G2：129W/K
G3：73W/K

モデル住宅の各部位の面積比率	天井60㎡	床 60㎡	壁 130㎡	窓 30㎡
部位ごとのU値×面積×温度差係数	0.20×60×1=12	0.5×60×0.7=21	0.5×130×1=65	4.65×30×1=140

12+21+65+140=238 ＜ 244 W/K で断熱等級4をクリア！

標の断熱レベルが求めるU_A基準値に外皮表面積をかけた値を下回れば、（熱貫流分に限っては）目標の断熱を達成したことになる（土間床などの熱橋の損失は本書では扱わない）。

例えば、6地域の断熱等級4のU_A基準値0.87に外皮表面積280㎡をかけるとq値は244W/Kになるので、全部位の「U値×面積」の合計がこの値を下回るように、各部位の断熱性能と面積を調整することになる。

断熱材を厚く入れられる天井・床・壁についてはU値を小さくするのは容易だが、窓のU値（特にU_w値と呼ぶ）は極めて大きい傾向がある。q値を削減しU_A値を小さくしていくためには、窓の高断熱化に最優先で取り組むのが定石である。以下では、窓の断熱強化について詳しく見ていくことにする。

窓の断熱性能を決める3要素

1 ガラスの枚数とコーティング

単板 ＞ ペア(2枚) ＞ トリプル(3枚)　　　クリアガラス ＞ Low-Eコーティング

- ガラスの枚数が増えるほど熱ロスが減る
- ガラスの内側にLow-E（ローイー）という薄い金属膜のコーティングを施すと遠赤外線の放射が抑制され、放射による熱ロスを減らすことができる

2 ガラス間のガス種類と厚み

空気 ＞ アルゴンガス ＞ クリプトンガス ＞ 真空

- ガラス間のガス種類を変えることで、対流による熱移動を抑えられる
- 空気の主成分である窒素の原子量が14と軽いのに対し、アルゴンは40、クリプトンは84と重いので、分子の運動が遅くなり、対流熱移動が減る

3 フレームの種類

アルミ ＞ アルミ樹脂複合 ＞ 樹脂・木

- アルミなどの金属素材は自由電子が多く、伝導による熱ロスがとても大きい
- 窓のフレームを熱伝導率の小さい樹脂や木にすると熱ロスの低減だけでなく結露抑制にも有効

図4 窓からの熱損失は「ガラス」＋「フレーム」から

窓からの熱損失の主な構成と、窓の断熱性を決める3つのポイント。青字部は右に行くほど熱貫流が減少し、高断熱となる。ガラス部分だけでなく，周りのフレーム部分もお忘れなく

窓の断熱はガラスとフレームの両方を対策すること

　窓からの熱損失は、ガラス部分では「放射」と「対流」、フレーム部分では「伝導」。主にこの3要素によって熱が逃げていく 図4。高断熱化するにはガラスの複層化は当然として、放射低減のために Low-E コーティング、対流低減のためにガス封入、伝導低減のためにフレームの材質を樹脂や木材に変更することなどが必要だ。

　ガラス表面に Low-E コーティングを施すことは、遠赤外線の放出を防ぎ放射による熱損失を大きく減少させる 図5。またフレームに広く用いられてきたアルミニウムは、加工性や耐候性に優れた素材だが、熱伝導率が極端に高く熱が伝わりやすい

Low-Eガラス

遠赤外線の放出が
少ないので
サーモカメラには
低温に見える

Low-Eコーティングが
遠赤外線の放出を抑制

通常のガラス

遠赤外線がたくさん
出ているので
サーモカメラには
高温に見える

普通のガラスは温まると
遠赤外線を放射

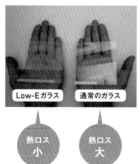

Low-Eガラス　通常のガラス

熱ロス
小　　熱ロス
大

見かけの表面温度
28.9℃　　見かけの表面温度
34.2℃

図5 Low-Eコーティングはガラスからの放射を防ぐ

室内側のガラスに金属膜をコーティングすることで、遠赤外線の放出を防ぎ、放射による熱損失を大きく削減できる。最近の3重ガラスでは、室内と室外の両方にLow-EコーティングをしたダブルLow-Eも増えている

209

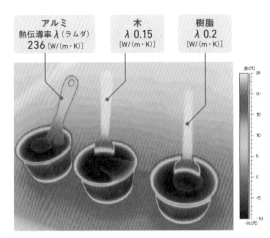

アルミ
熱伝導率 λ（ラムダ）
236 [W/(m・K)]

木
λ 0.15
[W/(m・K)]

樹脂
λ 0.2
[W/(m・K)]

図6

**熱伝導率が高い
アルミのスプーンは
アイスの冷熱で
先まで冷たく**

アイスクリームに熱伝導率が
異なるアルミ・木・樹脂のス
プーンを刺しておくと、熱伝導
率の高いアルミは先まで冷え
るのに対し、木や樹脂のスプー
ンは熱を伝えないので冷たく
ならない様子が観測できる

図6。エコハウスに純アルミサッシは厳禁だ。

　ガラスとフレームを強化することで、開口部の熱貫流率 U_w 値は劇的に小さくなり、室内側の表面温度も大きく上昇する 図7。低断熱の開口部は、熱が逃げやすいだけでなく、室内側が低温となり結露の原因になる。特に冷熱が伝わりやすいフレームは高断熱のものを選びたい。

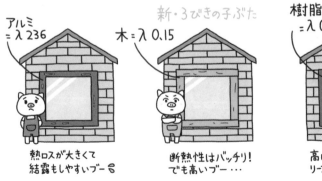

新・3びきの子ぶた

アルミ
= λ 236

木 = λ 0.15

熱ロスが大きくて
結露もしやすいブー

断熱性はバッチリ！
でも高いブー…

樹脂
= λ 0.2

高断熱で価格も
リーズナブルになってきたブー

アルミサッシ ＋ シングルガラス	アルミ樹脂 ＋ ペアガラス	フル樹脂 ＋ Low-Eペア	フル樹脂 ＋ Low-Eトリプル
Uw値 5.8	Uw値 2.5	Uw値 1.3	Uw値 0.9

室外側0℃

アルミサッシ ＋ シングルガラス	アルミ樹脂 ＋ ペアガラス	フル樹脂 ＋ Low-Eペア	フル樹脂 ＋ Low-Eトリプル
4.9℃	13.3℃	16.9℃	18.6℃
0.1℃	9.7℃	15.7℃	15.3℃

室内側20℃

図7

高断熱型の
ガラスとフレームを
組み合わせる

断熱性能の高いガラスとフレームを組み合わせることで熱損失を大きく減らすことができる。窓の熱貫流率 U_w 値が小さくなるのはもちろん、ガラスフレームの室内側表面温度が高まるので、放射温度の改善や結露防止にもつながる

（撮影協力：下も YKK AP）

アルミサッシ・シングルガラス

アルミ樹脂・ペアガラス・コールドエッジ

フル樹脂・Low-Eペア・ウオームエッジ
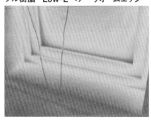

フル樹脂・Low-Eトリプル・ウオームエッジ
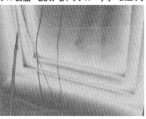

図8

窓枠の熱橋は
結露の原因に

アルミは熱伝導率が極端に大きいため、ヒートブリッジ（熱橋）の原因になりやすい。室内側の結露を確実に防ぐにはフル樹脂のフレームがおススメ

窓の高断熱化は戸建てでは進むも集合住宅では普及途上

　近年になって高断熱窓のバリエーションは格段に増え、コストも下がって採用が容易になった。戸建て住宅では、ガラスは高断熱なLow-E複層が主流になる一方、アルミフレームが急減。高断熱窓が当たり前になってきている 図8 。

　集合住宅はどうだろう。ガラス・フレームともに依然として低性能品が主流である 図9 。暖房を常時つけない北側個室などの窓での結露は深刻であり、今後の改善が望まれる。

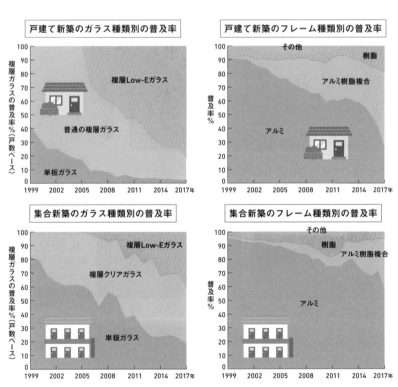

戸建て新築のガラス種類別の普及率

戸建て新築のフレーム種類別の普及率

集合新築のガラス種類別の普及率

集合新築のフレーム種類別の普及率

図9 **集合住宅ではいまだに窓周りが低断熱**
ガラス・フレームの種類別に見た普及率。戸建て住宅では、高断熱なタイプが主流になりつつある。集合住宅では低性能品がいまだに普及しており、改善が必要

窓の熱貫流率 U_w 値は計算方法で大きく違う

窓のガラスとフレームを高断熱型に変えると、窓全体の熱貫流率 U_w 値は小さくなる。しかし実は U_w 値の算出方法は複数あり、結構ややこしい 。

最も一般的なのは、建築物省エネ法の技術情報の仕様表から U_w 値を拾う①の方法。ガラスとフレームの種類さえ分かれば値が決まるので簡便で広く使われているが、製品の詳細を考慮しないので、仕様表 U_w 値は安全側に見てかなり低断熱と評価されてしまう（なお、窓の熱貫流率の仕様表は2021年4月廃止予定）。

冬の備え

図10 窓の熱貫流率Uw値は計算方法次第で大きく変わる

Uw値を1番簡単に求める方法は、建築物省エネ法技術情報の仕様表から種別ごとに値を拾うことだが、詳細を考慮しないため、かなり大きなUw値と評価される。高断熱な開口部を採用する場合は、メーカーや品番・サイズを考慮した詳細な計算を行った方がUw値が小さくなり有利。計算にひと手間かければ、UA値削減のために窓面積をむやみに削る必要はないのだ

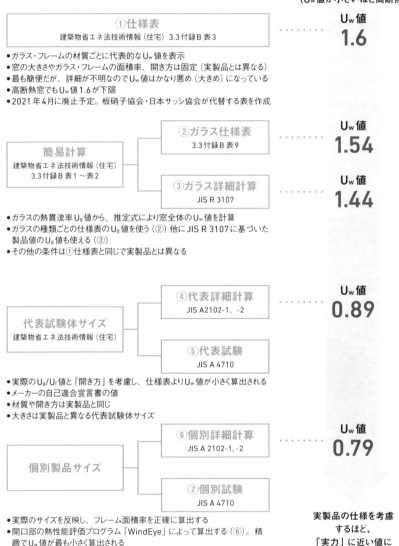

三層Low-Eガラス・
樹脂サッシ・FIX窓の例
（Uw値が小さいほど高断熱）

①仕様表
建築物省エネ法技術情報（住宅）3.3付録B 表3

Uw値
1.6

- ガラス・フレームの材質ごとに代表的なUw値を表示
- 窓の大きさやガラス・フレームの面積率、開き方は固定（実製品とは異なる）
- 最も簡便だが、詳細が不明なのでUw値はかなり悪め（大きめ）になっている
- 高断熱窓でもUw値1.6が下限
- 2021年4月に廃止予定。板硝子協会・日本サッシ協会が代替する表を作成

簡易計算
建築物省エネ法技術情報（住宅）
3.3付録B 表1〜表2

②ガラス仕様表
3.3付録B 表9

Uw値
1.54

③ガラス詳細計算
JIS R 3107

Uw値
1.44

- ガラスの熱貫流率Ug値から、推定式により窓全体のUw値を計算
- ガラスの種類ごとの仕様表のUg値を使う（②）他にJIS R 3107に基づいた製品値のUg値も使える（③）
- その他の条件は①仕様表と同じで実製品とは異なる

代表試験体サイズ
建築物省エネ法技術情報（住宅）

④代表詳細計算
JIS A2102-1、-2

Uw値
0.89

⑤代表試験
JIS A 4710

- 実際のUg/Uf値と「開き方」を考慮し、仕様表よりUw値が小さく算出される
- メーカーの自己適合宣言書の値
- 材質や開き方は実製品と同じ
- 大きさは実製品と異なる代表試験体サイズ

個別製品サイズ

⑥個別詳細計算
JIS A 2102-1、-2

Uw値
0.79

⑦個別試験
JIS A 4710

- 実際のサイズを反映し、フレーム面積率を正確に算出する
- 開口部の熱性能評価プログラム「WindEye」によって算出する（⑥）。精緻でUw値が最も小さく算出される

**実製品の仕様を考慮
するほど、
「実力」に近い値に**

窓ラベル☆3つ（U_w値3.49以下2.33以上）程度であれば「①仕様表」U_w値でも大した問題はないが、より小さなU_A値を目指して窓ラベル☆4つ（U_w値2.33以下）の高断熱窓を採用する場合は、メーカー・型番・サイズを考慮した「⑥個別詳細計算」を行うのが、1番小さいU_w値が得られておトクである（WindEye というプログラムを用いるのが一般的）。

U_w 値を下げるにはフレーム面積を小さくするのが効果的

　窓のU_w値はおよそ、「ガラス熱貫流率U_g値」「フレーム熱貫流率U_f値」「フレーム面積率」の3つで決まる。面積はガラスの方が大きいが、熱伝導率はフレームの方が大きく、熱が逃げやすい 図11 。そのため、窓の高断熱化のためには、次の3つがポイントになる。①U_g値の小さい高断熱ガラスの採用、②U_f値の小さい高断熱フレームの採用、③フレーム面積率の小さい形状を選択すること。

同じ窓面積ならフレームの細い FIX・片引きが U_w 値小

　メーカーや型番が同じであっても、窓はサイズや開き方でU_w値が大きく変わる。窓面積の大きい方がフレーム面積率は小さくなるので、サイズを考慮した⑥個別詳細計算では、U_w値が小さくなる。また、窓面積が同じでも、引き違いよりもFIX や片引きの方がフレーム面積率が小さいので、詳細計算（④⑥）のU_w値も小さくなり有利 図12 。

　U_A値を大きく下げて HEAT20 のレベルをクリアしていくためには、U_w値の小さい開口部にできるかどうかが生命線。高断熱なガラスやフレームを選ぶとともに、小さな窓をたくさん

設ける代わりに少数の大きな窓に集約すること。むやみに引き違いを選ばず FIX や片引きを効果的に選ぶことも、窓の高断熱化に有効となる。窓の設計にもメリハリが必要なのだ。

広く使われている①仕様表の U_w 値はかなり大きいため、U_A 値の削減に夢中になるとついつい窓面積を削りたくなる。しかし、開口部は建築の魅力が最も詰まった部位。丁寧な設計と U_w 値の詳細計算のひと手間で、窓面積を確保しながら U_A 値を小さくすることは十分に可能なのだ。

次の Q.17 では、壁の断熱化についてみていくこととしよう。

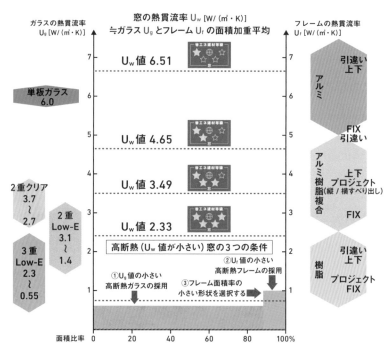

図11 窓はガラスとフレームの複合体

窓の熱貫流率 U_w 値は、ガラスの熱貫流率 U_g 値とフレームの熱貫流率 U_f 値の面積加重平均になる。一般に、U_g 値より U_f 値はかなり大きいため、フレーム面積率を小さくするために「大きな窓面積」「FIX や片引きの採用」なども有効である（資料：建築物省エネ法技術情報、YKK AP の資料を基に筆者が分析）

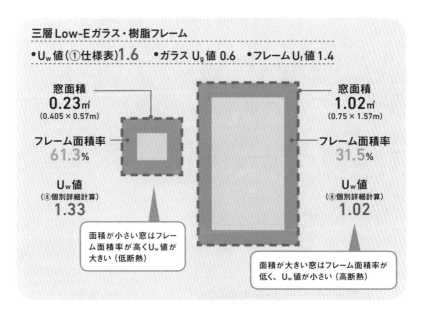

三層Low-Eガラス・樹脂フレーム

• U_w値（①仕様表）**1.6**　• ガラス U_g値 **0.6**　• フレーム U_f値 **1.4**

窓面積
0.23㎡
（0.405×0.57m）

フレーム面積率
61.3%

U_w値
（⑥個別詳細計算）
1.33

窓面積
1.02㎡
（0.75×1.57m）

フレーム面積率
31.5%

U_w値
（⑥個別詳細計算）
1.02

面積が小さい窓はフレーム面積率が高く U_w値が大きい（低断熱）

面積が大きい窓はフレーム面積率が低く、U_w値が小さい（高断熱）

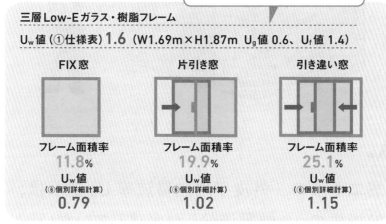

仕様表の U_w値よりも個別詳細計算の U_w値の方が小さい（高断熱）。フレームが細く、ガラス面積が大きい特にFIX窓や片引きの窓は有利

三層Low-Eガラス・樹脂フレーム

U_w値（①仕様表）**1.6**　（W1.69m×H1.87m　U_g値 0.6、U_f値 1.4）

FIX窓

フレーム面積率
11.8%
U_w値
（⑥個別詳細計算）
0.79

片引き窓

フレーム面積率
19.9%
U_w値
（⑥個別詳細計算）
1.02

引き違い窓

フレーム面積率
25.1%
U_w値
（⑥個別詳細計算）
1.15

図12 窓の大きさや開き方も U_w値を大きく変える

窓面積は大きくても、FIXや片引きを選ぶことで U_w値を効果的に小さくできる。開き方やサイズまで反映した U_w値を得るにはWEBプログラム「WindEye」での詳細計算が必要となる。仕様表の U_w値よりかなり小さな値を得られるので、ひと手間かける価値はありそうだ

Q.17
U_A値さえ小さければ気密なんて気にしなくていい?

窓・壁・天井の
断熱はバッチリ。
U_A値、
極めたり!

スー
スー
スー
スー

A.

▶ 省エネ法の「外皮平均熱貫流率 U_A 値」は、
熱損失のうち熱貫流分しか考慮していない。

▶ 漏気・換気による熱損失低減も含めた
総合的な熱損失の削減が重要。

窓の断熱性能の強化（Q.16 を参照）に続くステップとなる
のが、床・壁・天井の断熱強化だ。各部位の熱貫流率 U
値を小さくし、建物全体の熱貫流率 U_A 値さえ小さくすれば、
暖房時の熱損失を効果的に減らせるのだろうか。

壁もシングル断熱からダブル断熱へ

　まず、壁の断熱強化について考えてみよう。熱貫流は、断熱
材が厚くなるほど減少する。壁に充填されたグラスウール
（GW）のケースを 図1 に示した。

　発泡プラスチックボードの場合は熱伝導率 λ（ラムダ）が
GW の半分程度であるため、厚さ 50mm で GW100mm とほぼ
同等の断熱性能となる。ボード系断熱材は外張り断熱を行いや
すく、熱橋が少ないことが大きなメリットである。

　Q.16 で示した建築物省エネ法で定める基準値をクリアする

219

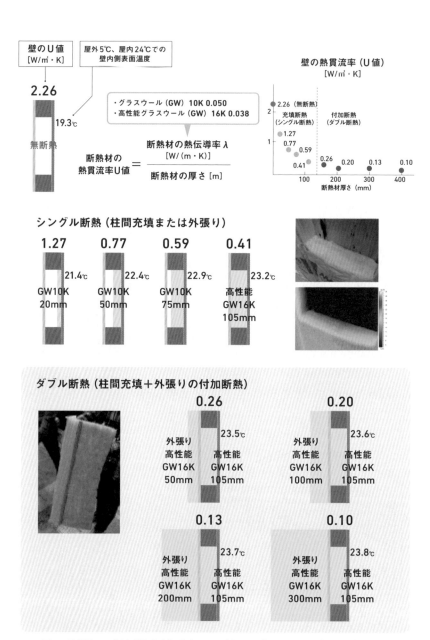

壁のU値
[W/㎡・K]

2.26

無断熱

19.3℃

屋外5℃、屋内24℃での
壁内側表面温度

・グラスウール（GW）10K 0.050
・高性能グラスウール（GW）16K 0.038

$$\text{断熱材の} \atop \text{熱貫流率U値} = \frac{\text{断熱材の熱伝導率 } \lambda}{\text{断熱材の厚さ [m]}} \, [W/(m \cdot K)]$$

壁の熱貫流率（U値）
[W/㎡・K]

2.26（無断熱）

充填断熱
（シングル断熱）

付加断熱
（ダブル断熱）

1.27
0.77 0.59
0.41
0.26 0.20 0.13 0.10

断熱材厚さ（mm）

シングル断熱（柱間充填または外張り）

1.27　　21.4℃
GW10K
20mm

0.77　　22.4℃
GW10K
50mm

0.59　　22.9℃
GW10K
75mm

0.41　　23.2℃
高性能
GW16K
105mm

ダブル断熱（柱間充填＋外張りの付加断熱）

0.26　　23.5℃
外張り
高性能
GW16K
50mm

高性能
GW16K
105mm

0.20　　23.6℃
外張り
高性能
GW16K
100mm

高性能
GW16K
105mm

0.13　　23.7℃
外張り
高性能
GW16K
200mm

高性能
GW16K
105mm

0.10　　23.8℃
外張り
高性能
GW16K
300mm

高性能
GW16K
105mm

図1 壁の断熱は「柱間充填（または外張り）のシングル断熱」から「付加断熱のダブル断熱」へ

壁のシングル断熱で達成できるのは、柱間充填（GW105mm、λ 0.036）でも外張り（発泡プラ
ボード50mm、λ 0.020）でもU値0.4程度が下限。それ以下のU値を目指すなら、柱間と柱外
にダブル断熱を行う「付加断熱」が必要となる

ためには、断熱等級4程度であれば柱間充填または外張りのどちらか一方の「シングル断熱」で十分だ。

しかし、HEAT20のG1・G2以上の断熱性能を狙うとなると、柱間充填と外張りでダブル断熱を行う「付加断熱」が必要になる場合が多い。

壁のダブル断熱は手間がかかるが、天井裏にGWを厚く吹き込むのは簡便なので、天井だけU値を小さくして全体のU_A値を引き下げる手法はよく使われる。

しかし、壁の断熱強化は、室内側の表面温度の上昇にもつながる。断熱と放射環境の両方の改善のため、壁の断熱も余裕を持って取り組みたい。

漏気を減らすためには気密化で相当隙間面積 C 値を減らす

窓・壁などの高断熱化と併せて、建物の気密化も重要である。漏気による熱損失を減らし、気密を確保することは、Q.15で示した局所不快の緩和とともに、熱負荷の低減にも有効なのだ。

気密性は「相当隙間面積 C 値」で表される。C 値が小さいほど、隙間が少ないと判断できる 図2 。

冬季の内外温度差15℃において、C 値15の無気密住宅では、1時間に 300㎥（÷ 1.0回 /h）もの漏気が発生する。

気密を強化して C 値を下げると漏気量は減少する。かつての省エネ基準が温暖地で求めていた C 値5（漏気量100㎥ /h）はゆる過ぎる。最近の剛床や石膏ボードをメインとした工法では気密化は以前より容易になってきており、C 値は必ず2（漏気40㎥ /h）以下、なるべく1（漏気20㎥ /h）以下が望ましい。C 値0.5（漏気10㎥ /h）なら完璧だ。

相当隙間面積

$$C値 = \frac{家全体の隙間の合計 (cm^2)}{建物の延べ面積 (m^2)}$$

1999年当初の断熱等級4では相当隙間面積の上限値あり
寒冷地Ⅰ・Ⅱ地域2.0以下　温暖地Ⅲ〜Ⅳ地域5.0以下

▶ 2009年に断熱等級4から相当隙間面積の規定が「削除」されているが、快適性確保と暖房負荷低減のため、気密は不可欠!!

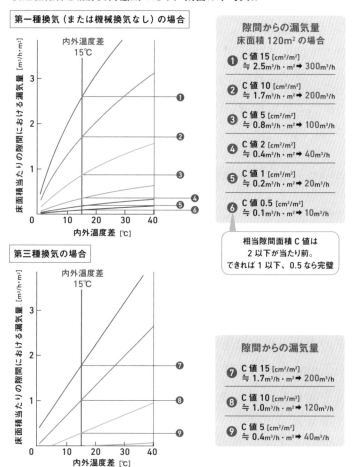

第一種換気（または機械換気なし）の場合

（グラフ：内外温度差 15℃、縦軸 床面積当たりの隙間における漏気量 [m³/h・m²]、横軸 内外温度差 [℃]）

隙間からの漏気量
床面積 120m² の場合

❶ C値 15 [cm²/m²]
　≒ 2.5m³/h・m² ➡ 300m³/h

❷ C値 10 [cm²/m²]
　≒ 1.7m³/h・m² ➡ 200m³/h

❸ C値 5 [cm²/m²]
　≒ 0.8m³/h・m² ➡ 100m³/h

❹ C値 2 [cm²/m²]
　≒ 0.4m³/h・m² ➡ 40m³/h

❺ C値 1 [cm²/m²]
　≒ 0.2m³/h・m² ➡ 20m³/h

❻ C値 0.5 [cm²/m²]
　≒ 0.1m³/h・m² ➡ 10m³/h

相当隙間面積 C 値は
2 以下が当たり前。
できれば 1 以下、0.5 なら完璧

第三種換気の場合

（グラフ：内外温度差 15℃、縦軸 床面積当たりの隙間における漏気量 [m³/h・m²]、横軸 内外温度差 [℃]）

隙間からの漏気量

❼ C値 15 [cm²/m²]
　≒ 1.7m³/h・m² ➡ 200m³/h

❽ C値 10 [cm²/m²]
　≒ 1.0m³/h・m² ➡ 120m³/h

❾ C値 5 [cm²/m²]
　≒ 0.4m³/h・m² ➡ 40m³/h

図2 相当隙間面積C値を減らせば寒さと熱損失が改善

隙間からの外気侵入および室内暖気の流出は、足元の寒さと漏気熱損失の増大につながる。気密を強化し相当隙間面積を小さくすることで、寒さと熱損失両方の改善につながる

（資料：20年先を見据えた日本の高断熱住宅研究会（HEAT20）の資料を基に筆者が分析）

熱貫流・換気・漏気の削減は熱損失全体のバランスで

　熱損失の全体を確認できたら、建物全体の熱損失を削減していこう。対策レベルごとに、熱貫流・換気・漏気による内外温度差1℃当たりの熱損失を 図3 に示す。

　U_A値が大きい低断熱レベル（等級2➡3➡4）の範囲では、熱貫流による熱ロスが非常に大きいため、まずは窓や壁等の断熱強化を優先すべき。等級3～4まで熱貫流が減少したら、気密を確保して漏気の削減も重要となる。そのうえで、HEAT20

図3 熱貫流・換気・漏気による 熱損失を削減せよ

窓や壁からの熱貫流は大きく、特に断熱等級2～4の範囲では、まず優先して削減する必要がある。一方で、U_A値がHEAT20のG1・G2レベルになってくると、熱貫流の削減効果は小さくなる。漏気は断熱強化に伴う気密化で削減されるが、熱交換換気の採用による換気熱損失の削減も検討すべき

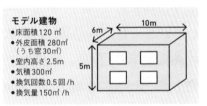

モデル建物
- 床面積120 ㎡
- 外皮面積280㎡（うち窓30㎡）
- 室内高さ2.5m
- 気積300㎡
- 換気回数0.5回/h
- 換気量150㎡/h

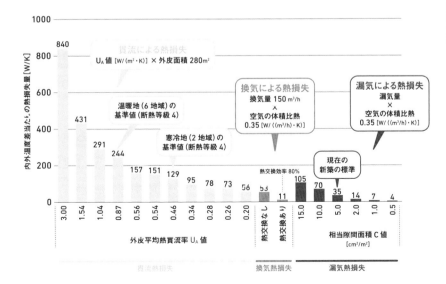

へのレベルアップ時には熱交換換気の採用も考えたい（熱交換換気は Q.26 で後述）。

「熱貫流➡漏気➡熱交換換気」で建物全体の熱損失を削減

3種類の熱損失を積み上げた前述の $\overline{UA'}$ について、寒冷2地域と温暖6地域で断熱レベル別に示した **図4** 。

寒冷な2地域では断熱等級2の時点で断熱レベルがそこそこ高いので、漏気や換気の比率が大きい。そのため U_A 値を小さくして熱貫流を減らすとともに、気密化による漏気削減が重要になる。そして断熱等級4〜G1 レベルあたりで熱交換換気の採用も必要になる。$\overline{UA'}$ 値を用いて熱損失の全体を把握することで、効果的な断熱手法を選ぶことが可能となる。

これまで見てきた通り、現状で断熱レベルを規定する外皮平均熱貫流率 U_A 値は、熱損失のうち熱貫流しか考慮していない。窓・壁などの高断熱化による熱貫流の削減は確かに重要だが、漏気・換気の熱損失低減も含めた効果的な熱ロス低減という本来の目的を忘れてはならない。

むやみな U_A 値競争に突っ走るのではなく、漏気や換気、そして暖房設備や太陽熱も含め、バランスの取れた暖房の省エネ化を考える時代になっている。

特に気密の確保は、現場での施工力が最も問われる重要なポイント。工法に精通し必要な手間を惜しまず、気密計測の確認もこまめに行う「腕自慢」の施工者に依頼することが肝心だ。

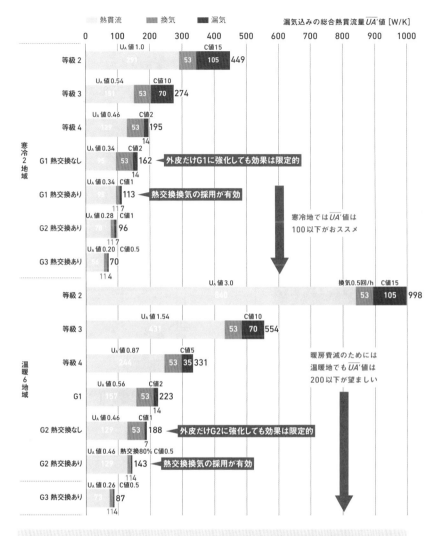

| | 熱貫流 | 換気 | 漏気 | 漏気込みの総合熱貫流量$\overline{UA'}$値 [W/K] |

寒冷2地域

- 等級2 — U_A値1.0 / 291 / 53 / C値15 105 / 449
- 等級3 — U_A値0.54 / 191 / 53 / C値10 70 / 274
- 等級4 — U_A値0.46 / 129 / 53 / 14 C値2 / 195
- G1 熱交換なし — U_A値0.34 / 95 / 53 / 14 C値2 / 162 **外皮だけG1に強化しても効果は限定的**
- G1 熱交換あり — U_A値0.34 / 98 / C値1 / 113 11 7 **熱交換換気の採用が有効**
- G2 熱交換あり — U_A値0.28 / 78 / C値1 / 96 11 7
- G3 熱交換あり — U_A値0.20 / 56 / C値0.5 / 70 11 4

寒冷地では$\overline{UA'}$値は 100以下がおススメ

温暖6地域

- 等級2 — U_A値3.0 / 840 / 換気0.5回/h 53 / C値15 105 / 998
- 等級3 — U_A値1.54 / 431 / 53 / C値10 70 / 554
- 等級4 — U_A値0.87 / 244 / 53 / 35 C値5 / 331
- G1 — U_A値0.56 / 157 / 53 / 14 C値2 / 223
- G2 熱交換なし — U_A値0.46 / 129 / 53 / 7 C値1 / 188 **外皮だけG2に強化しても効果は限定的**
- G2 熱交換あり — U_A値0.46 / 129 / 熱交換80% C値0.5 / 143 114 **熱交換換気の採用が有効**
- G3 熱交換あり — U_A値0.26 / 73 / C値0.5 / 87 114

暖房費減のためには 温暖地でも$\overline{UA'}$値は 200以下が望ましい

漏気込みの総合熱貫流量$\overline{UA'}$値 [W/K] ＝外皮熱損失量q値 ＋ 換気熱損失 ＋ 漏気熱損失

図4 断熱強化 ➡ 気密化 ➡ 熱交換換気が熱損失低減の定石

窓や壁などからの熱貫流・換気熱損失・漏気熱損失を積み上げたものが$\overline{UA'}$値。上図ではそれぞれの内訳も示した。$\overline{UA'}$値に内外温度差をかけると、室内から流出する全熱損失 [W] が算出できる。外皮平均熱貫流率U_A値は熱貫流の一部しか表していない。換気・漏気も含めて、効果的な熱負荷低減が重要である

Q.18
健康・快適な 全館24時間暖房は 高くつく？

ママ、キッチンにも 暖房つけようよー

このくらいは ガマンしましょう

A.

▶ 暖房コストは、「暖房熱負荷」と機器効率と
　燃料単価による「暖房燃費」で決まる。

▶ 全館24時間暖房は建物の熱損失削減と低燃
　費暖房で、リーズナブルな暖房費で運用可能。

こまで解説した通り、熱貫流・漏気・換気の低減により、暖房時の熱損失は大きく減らすことができる。熱ロスの低減を徹底したうえで、室温を健康・快適な範囲に維持するためには、暖房設備によって上手に熱を供給する必要がある。様々な冬の不快を解消しつつ、少ないエネルギーコストで暖房することはできるのだろうか？

　暖房費を心配せず冬を快適に過ごしたい。この願いをかなえるには、住宅全体で取り組む必要がある 図1 。冬の不快・不満

図1 冬の快適暖房の実現には適切な手段の組み合わせが必要

冬の快適性を確保するためには、様々な課題の解決が必要。トータルの組み合わせが肝心だ。どれかの手段を適当にピックアップすればよいという問題ではない

解決すべき課題	対策	手段
作用温度を快適範囲に	放射温度（室内表面）を高く	断熱（特に窓）で放射温度向上
		24時間暖房で放射温度向上
		放射暖房の採用
顔などに乾燥感を感じさせない	高温の軽い空気をなくす	風量増大で小さい温度差で熱供給
上下温度差を生じさせない		暖房の熱負荷を低減
足元に寒さを感じさせない	床表面温度を適正範囲に	床暖房・基礎断熱&床下暖気供給
	床下からの冷気侵入防止	外皮（特に床周り）の気密化
	冷たい外気を給気しない	熱交換換気の導入
ヒートショック予防のため建物内に低温を残さない	建物全体に暖気を回す	開放的な連続プラン
		全館空調
気流感を感じさせない	人に暖気を当てない	ダクト・床下経由で暖気供給
暖房にかかるエネルギーコストを抑える	暖房の熱負荷低減	外皮断熱による熱損失の低減
		気密化による漏気削減
		熱交換による換気熱損失低減
		日射熱取得量の確保
	暖房設備の効率向上	ヒートポンプ暖房設備の採用
		適正負荷率での運転

は様々な要因が絡み合ったシンドローム（症候群）。その解決手段も総合的にセットで組み合わされていなければならない。

断熱・気密を改善すればエアコン暖房でも快適に

壁掛けエアコンは夏の冷房を第1の目的として設置されるが、ついでに冬の暖房もできれば設備コストを抑えられて都合がよい。しかし、建物の断熱・気密性能が低い場合は、室内の放射温度が低い中で「快適な作用温度」の確保、および「大量の熱負荷」を処理する必要がある。やむなくエアコンは高温の空気を吹き出すことになり、温度ムラや乾燥感が大きくなる。

エアコンなどの空気暖房が供給できる熱量（顕熱）は、「送風量」と「吹き出し温度と室内温度の差」のかけ算で求められる 図2。前者の送風量は、エアコンでは600㎥/h辺りが上限であるため、大量の熱を送り込むには吹き出し温度を上げるしかない。だが、高温の空気は軽く相対湿度が低いので、顔付近の暑さや乾燥感、足元の寒さなどの原因となってしまう。

外皮の断熱・気密が改善できれば、放射温度が上昇し熱負荷も小さくなるので、エアコンの吹き出し温度を下げられる。ヌルイ空気は軽くなく相対湿度も高くなるので、快適性が向上する。どんな暖房方式でも、断熱・気密による「放射温度の向上」と「熱負荷の低減」という恩恵は共通であり、快適な室内環境のための大前提である。ただし、エアコンの弱点である気流感の解消は難しく、設置場所などに十分な注意が必要だ。

家全体を暖めるには「断熱気密＋全館24時間空調」が有効

繰り返しになるが、ヒートショックの解消には、「部屋間温

$$\begin{array}{c}\text{暖気の}\\\text{供給熱量}\\\text{(顕熱)}\\\text{[W]}\end{array} = \begin{array}{c}\text{空気の比熱}\\\text{0.35}\\\text{[W/((m}^3\text{/h)・K)]}\end{array} \times \begin{array}{c}\text{送風量}\\\text{[m}^3\text{/h]}\end{array} \times \begin{array}{c}\text{(吹き出し温度－室内温度)}\\\Delta \text{T [℃]}\end{array}$$

エアコンの送風量は600㎥/h程度が上限。供給熱量を増やすためには吹き出し温度を上げる必要があるが、高温の空気は軽いために温度ムラ・乾燥感の原因に

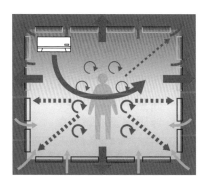

建物外皮が低断熱・低気密
↓
部屋内側の放射温度が低い・熱負荷大
↓
作用温度を高め、多くの熱を供給するには、
エアコンは高温の空気を吹き出す必要あり
↓
高温の空気は軽いので部屋上部にたまる
↓
顔付近の高温空気は強い乾燥感の原因に。
足元は寒いまま

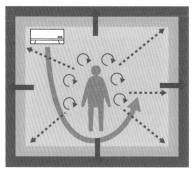

建物外皮が高断熱・高気密
↓
部屋内側の放射温度が高い・熱負荷小
↓
作用温度を高めつつ少しの熱を供給するのに
高温の空気は必要ないので
エアコンはヌルイ空気を吹き出せば十分
↓
ヌルイ空気は軽くないので床に届く
↓
高温の空気がないので乾燥感も少なく、
足元まで暖かい

断熱等級2 U$_A$値：1.43　C値：11.2　　断熱等級4 U$_A$値：0.85　C値：4.5　　HEAT20 G2 U$_A$値：0.45　C値：0.7

図2 高断熱・高気密な建物外皮×低温空気が快適暖房のカギ

低断熱（U$_A$値大）・低気密（C値大）の場合は、エアコンは低い放射温度を補おうと高温の空気を吹き出すことになり、強い温度ムラと乾燥感が生じる。断熱・気密を強化すればエアコンの吹き出し温度も低くて済むので、快適性が大きく向上する（写真の撮影場所はLIXIL 住まいStudio 東京）

冬の備え

断熱等級2 U_A値：1.43 C値：11.2   断熱等級4 U_A値：0.85 C値：4.5

断熱等級2 U_A値：1.43 C値：11.2　　断熱等級4 U_A値：0.85 C値：4.5

HEAT20 G2 U_A値：0.45 C値：0.7

図3

断熱気密の徹底で
非暖房室も暖かく

断熱・気密を徹底すれば、暖房室の
暖気が非暖房室にも流入するので、
非暖房空間の温熱環境も改善する。
さらなる改善には、建物全体に暖気
を回す工夫が必要になる

（撮影協力：LIXIL 住まいStudio 東京）

度差の解消」が必要である。断熱・気密を徹底することで、暖
房室の暖気が非暖房室にも届きやすくなる [図3]。さらに本格的
に「温度のバリアフリー」を実現するには、建物内の各室にダ
クトなどで暖気を供給する「全館空調」が有効だ [図4]。

　基礎断熱の床下空間に暖気を送りこむ「床下エアコン」も採
用例が増えている [図5]。エアコン暖房の欠点である温度ムラや
足元の寒さ・気流感を、ダクト方式よりも簡便に解消できると
されているが、床下空間の工夫や床上の断熱・気密の徹底が必
要。設計時には慎重な検討が求められる。

床暖房は温水床パネルを広めに敷き詰めるのが吉

　快適性を重視した暖房方式としては、床面から温める「床暖

図4 全館空調なら家中に暖気が送れて隅々まで暖かく

家全体に暖気を回す全館空調なら、水回りを含めて家中をくまなく暖かくできる。
まさに健康・快適な暖房の「切り札」といえる（撮影協力：桧家住宅）

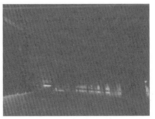

図5 床下エアコンで美味しいとこどり？

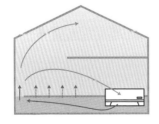

基礎断熱の床下空間にエアコンの暖気を送り込む「床下エアコン」は、床表面温度向上と気流感低減により壁掛けエアコン暖房の欠点を簡便に補うことができる。ただし、床下空間の断熱を強化して暖気が回りやすい構造とし、床上空間も高断熱・高気密を徹底する必要がある。また、暖気が回りやすい開放プランでなければ、建物全体が暖まらないので注意が必要だ

房」がまず挙げられる。床パネルに温水を供給することで、床面全体を隅々まで加熱することができる。足元から暖かく、気流感もない。放射温度を高くできるために高温の空気が必要なく乾燥感も少ない、快適な暖房が可能である。

ただし、せっかくの床暖房も、温水床パネル面積が限られると暖房熱負荷処理のために床表面温度を高くせざるを得ず、床温度のバラつきが大きくなってしまう 図6上・中。床暖房本来の良

図6 床暖房の良さを生かすなら敷設面積を大きく

床暖房は、温水床パネルで床面から加熱するため、足元から暖かく気流感がない。高温の空気を吹き出すこともないので、乾燥感も少ない。ただし、一部の床にスポット的に設置すると床面温度差が大きくなる（写真上・中段）。なるべく床全体に広く敷設すること（下段）

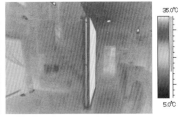

図7 放射パネルは面積と場所が肝心

寒冷地では気流のない放射パネルが好まれるが、本来の良さを生かすには、パネル面積を大きく取り、室内側の表面温度が低い場所に重点的にレイアウトする必要がある

さを生かすためには、なるべく広々と床パネルを設置し床表面の温度を高くし過ぎないことが肝心である 図6下 。

放射パネルはパネル面積と設置場所がポイント

放射パネルは、気流感がなく放射による暖かさを感じやすいためか、寒冷地で人気のある方式である。床暖房と同様に本来の良さを生かすためには、表面が適温範囲で熱負荷を供給できるよう、パネル面積をしっかり確保すること 図7 。また放射温度が低くなる窓際などに重点的にパネルをレイアウトし、作用温度を上手に確保する設計が肝心である。

温水暖房は熱源効率も高効率タイプを

床暖房や放射パネルでは、温水を供給する熱源の選択も重要。安価な都市ガスや灯油が燃料の候補となるが、必ず高効率な「潜熱回収型」の熱源を選ぶこと。

ヒートポンプを用いた熱源は高効率に運転できればランニン

冬の備え

グコストを下げられるが、寒冷時に効率だけでなく加熱能力まで低下する大きな弱点がある。ヒートポンプの高効率とガスのパワーを組み合わせた「ハイブリッド熱源」は、省エネ性能と暖房能力確保を両立させた、特に寒冷地で有効な熱源である。

薪ストーブを採用するなら設置場所に注意

自然派に人気の薪ストーブであるが、その設置にはかなりの工夫が必要だ。薪ストーブは放射暖房の一種だが、床暖房や放射パネルなどの「低温の大きな面」ではなく、「高温の小さな球」。放熱の半分は周辺空気を暖めるので、上方に熱気がたまりやすい 図8 。

残りの半分は放射で、全方位に遠赤外線を放出するが、距離による放射の減衰も激しい 図9 。家中に熱を行き渡らせるには、主居室の真ん中に設置することが望ましい。

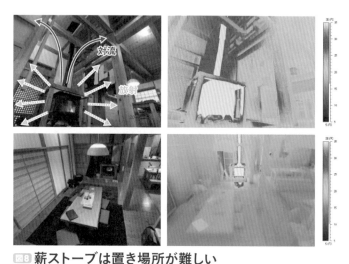

図8 薪ストーブは置き場所が難しい
薪ストーブの放熱の半分は対流、残り半分は放射で拡散するため、設置場所が適切でないと暖房効果が限られる

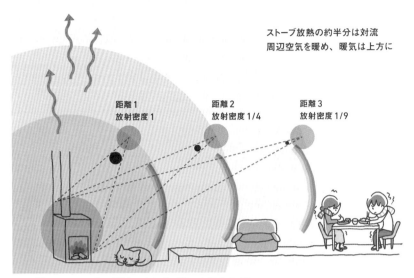

ストーブ放熱の約半分は対流
周辺空気を暖め、暖気は上方に

距離1
放射密度1

距離2
放射密度1/4

距離3
放射密度1/9

図9 薪ストーブは離れると急激に寒くなる

薪ストーブは、近くだと見えがかり面積が大きく放射密度も強いので暑いが、見えがかり面積・放射密度が急激に低下するので、放射による加熱能力が急激に減衰する。

家全体の熱収支の赤字分が「暖房熱負荷」

　暖房方式の特徴をいくつかみてきた。次に暖房機器で供給すべき熱量を計算してみよう。室内を適温に暖めた場合に建物から流出する熱損失は、「漏気込みの総合熱貫流量 $\overline{UA'}$ 値」に、室内温度と外気温の差を冬季の期間で積算した「暖房デグリーデー」をかけることで算出できる。この熱損失が、住宅全体を常に快適温度（ここでは24℃）に保った場合の、熱家計簿の「支出」となる。

　一方で、熱家計簿には「収入」もある。まず、室内の家電・照明や人体から放出される「内部発熱」、そして窓からの「日射熱取得」である。これらの収入で賄えなかった「赤字分」が、暖房で穴埋めすべき「暖房熱負荷」となる 図10 。

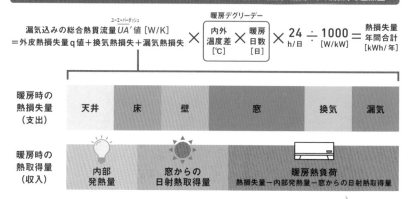

室内を快適温度（ここでは24℃）に保った場合に建物から熱貫流・換気・漏気により流出する全熱量

漏気込みの総合熱貫流量 UA' 値［W/K］
＝外皮熱損失量q値＋換気熱損失＋漏気熱損失

$\times$ 暖房デグリーデー ［ 内外温度差［℃］ $\times$ 暖房日数［日］ ］

$\times$ 24 h/日 $\div$ 1000 ［W/kW］ ＝ 熱損失量年間合計［kWh/年］

暖房時の熱損失量（支出）

| 天井 | 床 | 壁 | 窓 | 換気 | 漏気 |

暖房時の熱取得量（収入）

| 内部発熱量 | 窓からの日射熱取得量 | 暖房熱負荷 熱損失量ー内部発熱量ー窓からの日射熱取得量 |

室温をある温度に保とうとしたときの「熱収支の赤字分」が、補填しなければならない暖房の熱負荷

図10 熱家計簿の赤字分「暖房熱負荷」を算出する

漏気込みの総合熱貫流量 UA' 値に、地域の気温と設定室温（本書では24℃）の温度差を積算した「暖房デグリーデー」をかけ合わせれば、全館24時間設定室温に維持した場合に建物から流出する熱損失量が計算できる。この熱損失量から、家電や人体からの「内部発熱」と窓からの「日射熱取得量」を差し引いたものが、暖房で供給すべき「暖房熱負荷」となる

暖房費は暖房熱負荷と燃料単価・エネルギー効率で決まる

　札幌と東京を例に、断熱レベル別に算出した暖房熱負荷を示した 図11 。この熱負荷を、いくらで処理できるかが勝負だ。

　暖房の熱コストは、燃料の単価とともに、エネルギー効率も重要になる。中でも電気ヒートポンプは高い効率を発揮できるポテンシャルがあるが、その高効率を発揮するには、冷媒の高温側（屋内機）と低温側（屋外機）の温度差である「温度リフト」をなるべく小さくして圧縮機の消費電力を低減する必要がある 図12 。ヒートポンプでむやみに高温の熱を得ようとしたり、外気温度が極端に低かったりする場合には、温度リフトが大きくなり、ヒートポンプの効率は大きく低下してしまう。

地域	主な都市	暖房日数 (18℃以下、日/年)	暖房デグリーデー (℃日/年)		内外温度差 (室温24℃)
			$D_{18\text{-}18}$	$D_{24\text{-}18}$	
1地域	雄武	316	4,328	6,223	19.7
2地域	札幌	267	3,386	4,986	18.7
3地域	盛岡	248	2,996	4,486	18.1
4地域	秋田	237	2,641	4,064	17.1
5地域	仙台	234	2,329	3,735	15.9
6地域	東京	194	1,537	2,700	13.9
7地域	福岡	182	1,334	2,427	13.3

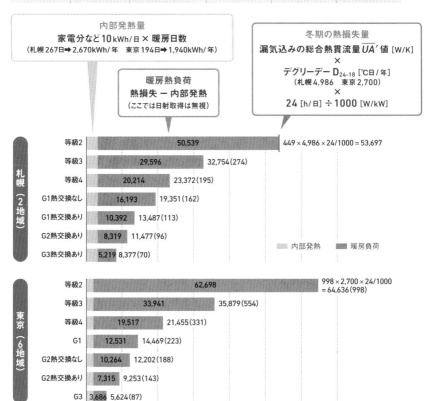

図11 暖房熱負荷は地域と断熱レベルで大きく違う

暖房デグリーデーには、$D_{18\text{-}18}$（外気温度18℃以下の日に室温18℃と平均外気温度の差を積算）の他に、$D_{24\text{-}18}$（外気温度18℃以下の日に室温24℃と平均外気温度の差を積算）もある。ここでは室温24℃維持を想定して、$D_{24\text{-}18}$を用いている。

各断熱レベルの$\overline{UA}$値にデグリーデーをかけ合わせたものが、冬季の熱損失量となり、そこから内部発熱を除いたものが（日射取得を想定しない場合に）暖房で供給すべき暖房熱負荷となる

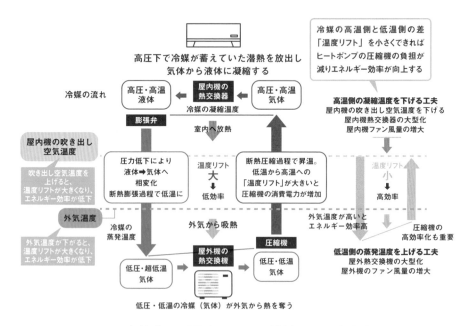

冷媒の流れ

高圧下で冷媒が蓄えていた潜熱を放出し
気体から液体に凝縮する

冷媒の高温側と低温側の差
「温度リフト」を小さくできれば
ヒートポンプの圧縮機の負担が
減りエネルギー効率が向上する

| 高圧・高温 液体 | ← | 屋内機の 熱交換器 | ← | 高圧・高温 気体 |

冷媒の凝縮温度

膨張弁

室内へ放熱

高温側の凝縮温度を下げる工夫
屋内機の吹き出し空気温度を下げる
屋内機熱交換器の大型化
屋内機ファン風量の増大

屋内機の吹き出し
空気温度

吹き出し空気温度を
上げると、
温度リフトが大きくなり、
エネルギー効率が低下

圧力低下により
液体➡気体へ
相変化
断熱膨張過程で低温に

温度リフト
大
↓
低効率

断熱圧縮過程で昇温。
低温から高温への
「温度リフト」が大きいと
圧縮機の消費電力が増加

温度リフト
小
↓
高効率

外気温度

冷媒の
蒸発温度

外気から吸熱

外気温度が高いと
エネルギー効率高

圧縮機の
高効率化も重要

外気温度が下がると、
温度リフトが大きくなり、
エネルギー効率が低下

| 低圧・超低温 気体 | | 屋外機の 熱交換機 | | 圧縮機 | → | 低圧・低温 気体 |

低温側の蒸発温度を上げる工夫
屋外熱交換器の大型化
屋内機のファン風量の増大

低圧・低温の冷媒（気体）が外気から熱を奪う

**図12 エアコンで高効率に暖房するには屋外低温から室内高温への
温度リフトを小さくしてヒートポンプ効率をアップ**

ヒートポンプは高いエネルギー効率のポテンシャルを持っているが、その真価を発揮するには、
図の右のように「温度リフト」を小さくし、圧縮機の消費電力を減らす工夫が重要

暖房熱負荷低減と低燃費暖房で全館 24 時間暖房をお安く

　暖房費の削減には、熱量1kWh 当たりの「燃費」も下げる必
要がある。燃料や暖房方式によって燃費は大きく異なるが
図13上、高燃費暖房を 15 円/kWh、低燃費暖房を5円/kWh と
した場合の暖房費を 図13下 に示す。電気はそれ自体の単価は高
額だが、ヒートポンプを温度リフト小の高効率で用いれば
1kWh の熱を5円以下で供給でき、最も低燃費になる。

　熱貫流・漏気・換気の低減による暖房熱負荷の低減と、低燃
費な熱源を組み合わせることで、暖房費を大きく減らすことが

	燃料単位熱量		燃料単価			暖房燃費	備考
	熱量	単位量	単価	円/kWh	機器効率	円/kWh	
灯油	37 MJ/L		100円/L	9.7	0.8	12.2	価格変動大
都市ガス	45 MJ/㎥		150円/㎥	12.0	0.8	15.0	
プロパン	99 MJ/㎥		300円/㎥	10.9	0.8	13.6	契約による 単価の差が 大きい
	99 MJ/㎥		450円/㎥	16.4	0.8	20.5	
	99 MJ/㎥		600円/㎥	21.8	0.8	27.3	
電気	1 kWh/kWh		28円/kWh	30.0	1.0	28.0	電気ヒーター
	1 kWh/kWh		28円/kWh	30.0	3.0	9.3	低効率エアコン
	1 kWh/kWh		28円/kWh	30.0	6.0	4.7	高効率エアコン

・1kWh＝3.6MJ（熱量の単位換算）

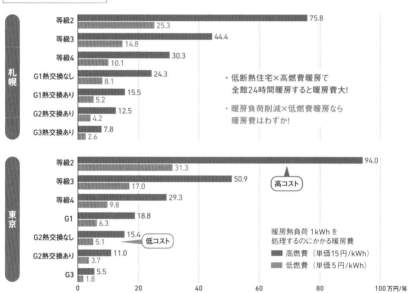

全館24時間暖房の暖房費

札幌
- 等級2　25.3 / 75.8
- 等級3　14.8 / 44.4
- 等級4　10.1 / 30.3
- G1熱交換なし　8.1 / 24.3
- G1熱交換あり　5.2 / 15.5
- G2熱交換あり　4.2 / 12.5
- G3熱交換あり　2.6 / 7.8

・低断熱住宅×高燃費暖房で
　全館24時間暖房すると暖房費大！

・暖房負荷削減×低燃費暖房なら
　暖房費はわずか！

東京
- 等級2　31.3 / 94.0
- 等級3　17.0 / 50.9　　高コスト
- 等級4　9.8 / 29.3
- G1　6.3 / 18.8
- G2熱交換なし　5.1 / 15.4　　低コスト
- G2熱交換あり　3.7 / 11.0
- G3　1.8 / 5.5

暖房熱負荷 1kWh を
処理するのにかかる暖房費
■ 高燃費（単価15円/kWh）
■ 低燃費（単価5円/kWh）

0　20　40　60　80　100万円/年

図13 暖房負荷の低減×低燃費暖房なら
低コストで全館24時間暖房が可能

熱損失を十分に減らして熱負荷を少なくし、かつ高効率な暖房熱源を用いれば、全館24時間暖
房で健康・快適な環境を十分にリーズナブルな暖房コストで得ることが可能である

できる 図13下 。ここまでくれば、「無暖房」の大目標達成まで
あと一歩。残るは「日射熱の活用」である。

Q.19
冬の無暖房なんて
絶対無理？

A.

▶ 暖房負荷などの熱損失を減らし、日射熱で
熱取得を増やせば、無暖房化は実現可能。

▶ 窓性能の詳細計算と、ガラス・開き方まで考慮
した「窓全体の最適化」が低コスト化のカギ。

通常の住宅で冬に急増する暖房を限りなくゼロにできれば、「適正容量」の太陽光発電が実質ゼロコストで設置でき、1年中の生活を賄う「エネルギー自立」が実現する（Q.14 を参照）。肝心なのは冬の無暖房化だが、本当に暖房なしで健康・快適な室内環境が実現できるのだろうか。

日射熱取得を増やすには窓の断熱・日射取得の詳細計算が有効

Q.18 の熱バランスで見た通り、暖房負荷を削減するには熱損失のダウンとともに、熱取得のアップが有効である。熱取得には家電などからの内部発熱や人体発熱があるが、これらを増やすのは現実的ではない。カギになるのは、開口部からの日射熱取得を増やすこと。そのためには、窓の断熱・日射取得のバランスを丁寧に把握する必要がある。

Q.16 では窓の熱貫流率 U_w 値が、計算方法で大きく異なることを示した。「窓の平均日射熱取得率 η_w 値」も同様に、計算方法によって結果が大きく異なる **図1**。U_w 値と同じく、実際の製品種別や開き方・サイズまで考慮した「詳細計算」が最も正確な値を得ることができるのだ。

実際の設計においては、建築研究所が公表する建築物省エネ法技術情報の「仕様表」から性能値を拾う場合が多い。サッシとガラスの種別を選べば U_w 値・η_w 値が出るが、あくまで概算。無暖房に向けた窓の最適設計には力不足だ。

南の窓は必ず「日射取得型」のガラスを選ぶ

最近だと樹脂サッシも安くなったことから、「アルミ樹脂複合サッシ・二層 Low-E・中空層 10 mm 空気」、さらに「冷房期

の平均日射熱取得率 η_{AC} 値」を下げるために「日射遮蔽型ガラス」を選択する場合が多い。図2 に示した仕様表上ではU$_w$値2.33・η_w値0.32となる。

性能値だけ見ると高性能な窓に見えるが、「熱収支」の面からは、実は「残念なチョイス」。同じサイズのFIX窓において、

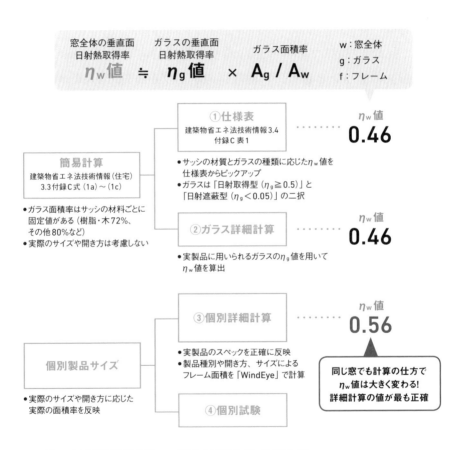

図1 窓の日射熱取得率 η_w 値も計算方法で異なる

窓の熱貫流率U$_w$値と同様、日射熱取得率 η_w 値も計算方法によって値が大きく異なる。簡易計算の①仕様表と②ガラス詳細計算は、いずれもガラス面積率が固定なので差は出ないが、WindEyeを用いた③個別詳細計算では実際の製品・サイズや開き方によるフレーム・ガラス面積率を用いるため、より正確な η_w 値を算出できる

（算出に用いた窓は、二層Low-E/日射熱取得型ガラス・フレーム面積率11.8%・ガラス面積率88.2%）

ガラスの断熱（U_g）と日射取得（η_g）の性能を変更し、窓全体のU_w／η_wを詳細計算した場合の「熱損失」と「熱取得」、そして熱取得から熱損失を差し引いた熱収支を 図3 に示した。気象条件は東京1月の外気平均4.5℃・南面日射熱3.4kWh/m²・日、室内温度24℃・内外温度差19.5℃とした。

> よく使われる窓だが、「熱収支」上は残念なチョイス

窓タイプ別の窓の熱貫流率U_wと日射熱取得率η_wの仕様表

| サッシ材質 | ガラス | | | 窓全体の熱貫流率 U_w [W/(㎡・K)] | 窓全体の日射熱取得率 η_w値 | |
	種類	中空層のガス	中空層の厚み		日射取得型	日射遮蔽型
木製／樹脂	三層	Low-E2枚	断熱性ガス	7mm以上	1.60	0.39	0.24
		Low-E1枚		6mm以上	1.70	0.42	0.27
		Low-E1枚	空気	9mm以上	1.70		
	二層Low-E		断熱性ガス	12mm以上	1.90	0.46	0.29
				8〜12mm未満	2.33		
				4〜8mm未満	2.91		
			空気	10mm以上	2.33		
				6〜10mm未満	2.91		
	複層クリア		ガス／空気	10mm以上	2.91	0.57	
				6〜10mm未満	3.49		
アルミ樹脂	二層Low-E		断熱性ガス	16mm以上	2.15	0.51	0.32
				8〜16mm未満	2.33		
				4〜8mm未満	3.49	0.51	0.32
			空気	10mm以上	2.33		
				5〜10mm未満	3.49		
	複層クリア		ガス／空気	10mm以上	2.91	0.63	
				6〜10mm未満	3.49		
アルミ	二層Low-E		断熱性ガス	8mm以上	3.49	0.51	0.32
				4〜8mm未満	4.07		
			空気	10mm以上	3.49		
				5〜10mm未満	4.07		
	複層クリア		ガス／空気	10mm以上	4.07	0.63	
				5〜10mm未満	4.65		
共通	単板ガラス		—	—	6.51	0.70	

図2 建築物省エネ法の「仕様表」のU_w・η_wは概算値

建築物省エネ法の技術情報の仕様表では、窓の熱貫流率U_wおよび日射熱取得率η_wがサッシ・ガラスごとに示されている。ほとんどの場合、U_A値やη_{AC}・η_{AH}の算出には、この仕様表の値が用いられているが、詳細を反映していない概算値なので設計を誤った方向に導く危険がある（η_{AC}・η_{AH}値はそれぞれ、省エネ基準技術情報（住宅）の3.3付録B表3と3.4付録C 表2（a）／（b）から抜粋）

ガラスタイプ別の窓の「熱収支」（中空層幅は全て12mm）

熱収支［kWh／日］

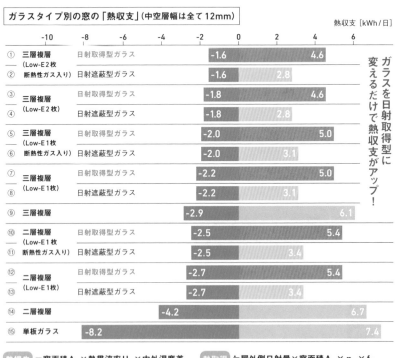

			熱収支 [kWh/日]
①	三層複層 （Low-E 2枚） 断熱性ガス入り）	日射取得型ガラス	-1.6 / 4.6
②		日射遮蔽型ガラス	-1.6 / 2.8
③	三層複層 （Low-E 2枚）	日射取得型ガラス	-1.8 / 4.6
④		日射遮蔽型ガラス	-1.8 / 2.8
⑤	三層複層 （Low-E 1枚） 断熱性ガス入り）	日射取得型ガラス	-2.0 / 5.0
⑥		日射遮蔽型ガラス	-2.0 / 3.1
⑦	三層複層 （Low-E 1枚）	日射取得型ガラス	-2.2 / 5.0
⑧		日射遮蔽型ガラス	-2.2 / 3.1
⑨	三層複層		-2.9 / 6.1
⑩	二層複層 （Low-E 1枚） 断熱性ガス入り）	日射取得型ガラス	-2.5 / 5.4
⑪		日射遮蔽型ガラス	-2.5 / 3.4
⑫	二層複層 （Low-E 1枚）	日射取得型ガラス	-2.7 / 5.4
⑬		日射遮蔽型ガラス	-2.7 / 3.4
⑭	二層複層		-4.2 / 6.7
⑮	単板ガラス		-8.2 / 7.4

ガラスを日射取得型に変えるだけで熱収支がアップ！

熱損失 ＝窓面積 A_W ×熱貫流率 U_W ×内外温度差　　**熱取得** ≒屋外側日射量×窓面積 A_W × η_W × f_H

$$熱収支 ＝ 熱取得 － 熱損失$$

◁ 熱収支がプラスなら窓を増やすほど暖かく！

図3

南窓のガラスは「日射取得型」一択

同じサイズのFIX窓についてガラス仕様を変更した場合の「熱収支」（上のグラフ）。熱収支は、「日射熱による熱取得」から「内外温度差による熱損失（熱貫流）」を差し引いた値。いずれの場合も、日射取得型ガラスの熱収支が日射遮蔽型ガラスよりはるかに優れていることが分かる

	ガラス単体の 熱貫流率 U_g	窓全体の 熱貫流率 U_w	ガラス単体の 日射熱取得率 η_g	窓全体の 日射熱取得率 η_w	熱収支 (kWh／日)
①	0.90	1.05	0.54	0.48	3.00
②			0.33	0.29	1.23
③	1.10	1.23	0.54	0.48	2.76
④			0.33	0.29	0.97
⑤	1.20	1.32	0.59	0.52	3.08
⑥			0.37	0.33	1.17
⑦	1.40	1.50	0.59	0.52	2.77
⑧			0.37	0.33	0.91
⑨	1.90	1.94	0.72	0.64	3.22
⑩	1.60	1.67	0.64	0.56	2.93 ↑
⑪			0.40	0.35	0.91
⑫	1.80	1.85	0.64	0.56	2.67
⑬			0.40	0.35	0.64
⑭	2.90	2.82	0.79	0.70	2.50
⑮	6.00	5.55	0.88	0.78	-0.78

試算条件

YKK AP のFIX窓「APW430」

- 窓サイズ：H1,870mm × W1,690mm
- 窓面積 A_W：3.16㎡　　●フレーム率：11.8%
- ガラス面積 A_g：2.79㎡　　●ガラス面積 A_f：0.37㎡
- 気象：東京1月平均（拡張アメダス2010年版）
- ※取得日射熱補正係数 f_H は 0.9 固定

南鉛直面直達日射量
3.4 kWh／(㎡・日)

熱取得
室内温度
24℃

屋外気温
4.5℃

熱損失

熱損失は当然ながら U_g と U_w が小さいほど小さくなり、熱取得は η_g と η_w が大きいほど増加する。「二層 Low-E・断熱性ガス・中空層12mm・日射遮蔽型ガラス」の場合、熱収支は +0.91kWh/ 日とほぼトントン。これを「日射取得型ガラス」に変えるだけで、熱収支は +2.93kWh/ 日と大きなプラスに改善できる。冬の無暖房化のためには、この日射取得型ガラスの「熱ボーナス」を取りこぼすことは絶対に許されない。

　夏についても、日射遮蔽型ガラスだけで暑さを防ぐことは難しい（Q.22で後述）。日射遮蔽型ガラスを南窓に用いることは、「夏は中途半端・冬は大損」なのである。南窓は「日射取得型ガラス一択」をしっかり覚えておこう。

ガラス面積率が減る「引き違い」は損

　日射熱の取得アップを目指す無暖房住宅の設計においては、窓性能の詳細計算に基づき、開き方やサイズを工夫することも重要である。Q.16 の熱貫流率 U_w 値で見たように、日射熱取得

窓タイプごとの日射遮蔽型・日射取得型ガラスの熱収支の違い

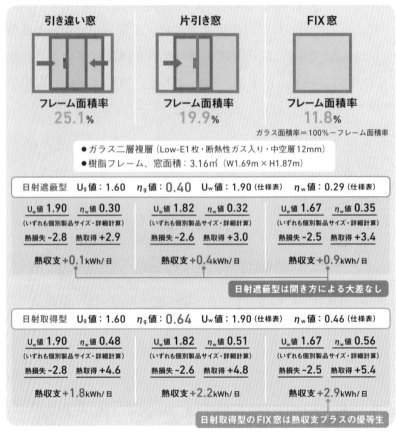

図4 「日射取得型×FIX」は窓の優等生

当たり前に選ばれがちな「引き違い窓」はフレーム面積率が大きく、断熱・日射取得に不利。なるべく片引きやFIXにしてフレーム面積率を小さくし、日射取得型ガラスを選ぶことで熱取得を増やすことが肝心。シンプルな窓にすればコストダウンも可能

率 η_w についても、日射を通さないフレームの面積率が小さくなる「大きいサイズ」「FIX 窓」が有利になる。

　ガラスが日射遮蔽型であれば、U_w と η_w に基づいた熱収支は開き方ごとの大差はない。しかし、ガラスが日射取得型の場合は、FIX 窓の熱収支は非常に優秀であることが分かる 図4。窓の開き方というと「なんとなく引き違い」としがちだが、熱収支を重視すれば、人の出入りが伴わない窓は「FIX」、人の出入りがある場合も「片引き」をおススメする。気密の強化や部材コストの削減にもつながり、まさに一石二鳥である。

　よりリアルな「窓性能の詳細計算」と、実際に効果のあるガラスタイプや開き方など「窓全体の最適化」の組み合わせは、無暖房化を低コストで実現するカギなのだ。

値の削減に気を取られて安易な窓面積ダウンは禁物

　仕様表の U_w / η_w に基づき、机上の U_A 値を小さくすることばかり考えると、1番肝心な実際の熱収支が改善しない。実際に U_A 値と熱収支の「食い違い」を見てみよう。

　先ほどの「樹脂サッシ・二層 Low-E・断熱性ガス・中空層 12mm」の窓と、シングル断熱のほぼ上限である U 値 0.40 の壁（Q.17 を参照）を組み合わせた場合（❶）、モデル住宅（Q.16・17 と同じ）では U_A 値が 0.56 と HEAT20 G1 レベルとなった 図5上。室温 24℃・内外温度差 19.5℃ の場合の熱損失（105kWh/ 日）と熱取得（34kWh/ 日）の「赤字」分である暖房熱負荷は、71kWh/ 日とかなり大きい 図5下。

　これを G2 レベルの U_A 値に下げようとする場合、1番安易なやり方が U_w 値の大きい「窓面積」の削減。窓面積を $30m^2$ か

図5 窓からの熱取得アップで熱収支と自然室温を高める

熱損失≒熱取得のバランスを目指す無暖房住宅の設計においては、熱損失の一部だけを反映したUA値は設計の目標になりえない。詳細計算のUw/ηwを用い、窓のサイズや開き方も工夫することが不可欠だ

モデル建物	●床面積120㎡ ●外皮面積280㎡（うち窓30㎡または15㎡） ●室内高さ2.5m　●気積300㎡　●換気回数0.5回/h ●換気量150㎡/h　●漏気は相当隙間面積C値2を想定 ●換気は熱交換なし（詳細はQ15） ●取得日射熱補正係数fₕは0.9で固定
気象条件	東京の1月を規定 ●室温24℃　●外気4.5℃　●内外温度差19.5K

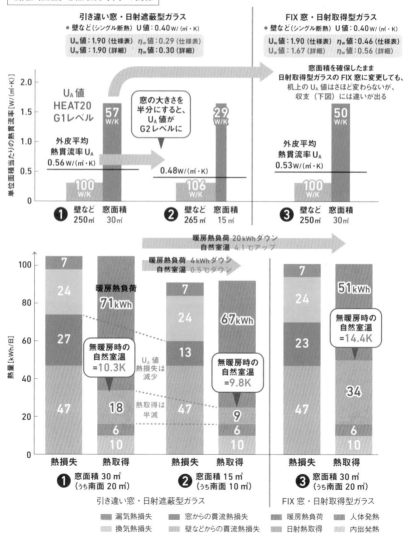

UA値（図上）と熱収支（下）の関係

引き違い窓・日射遮蔽型ガラス
- 壁など（シングル断熱）U値：0.40W/（㎡・K）

UW値：1.90（仕様表）　ηW値：0.29（仕様表）
UW値：1.90（詳細）　ηW値：0.30（詳細）

FIX窓・日射取得型ガラス
- 壁など（シングル断熱）U値：0.40W/（㎡・K）

UW値：1.90（仕様表）　ηW値：0.46（仕様表）
UW値：1.67（詳細）　ηW値：0.56（詳細）

窓面積を確保したまま日射取得型ガラスのFIX窓に変更しても、机上のUA値はさほど変わらないが、収支（下図）には違いが出る

単位面積当たりの熱貫流率 [W/(㎡・K)]

UA値
HEAT20
G1レベル

外皮平均
熱貫流率UA
0.56W/（㎡・K）

窓の大きさを半分にすると、UA値がG2レベルに

0.48W/（㎡・K）

外皮平均
熱貫流率UA
0.53W/（㎡・K）

❶ 壁など 250㎡　窓面積 30㎡
57 W/K
100 W/K

❷ 壁など 265㎡　窓面積 15㎡
29 W/K
106 W/K

❸ 壁など 250㎡　窓面積 30㎡
50 W/K
100 W/K

暖房熱負荷 20kWhダウン
自然室温 4.1℃アップ

暖房熱負荷 4kWhダウン
自然室温 0.5℃ダウン

熱量 [kWh/日]

❶ 窓面積 30㎡（うち南面 20㎡）

熱損失：7 / 24 / 27 / 47
熱取得：18 / 6 / 10

暖房熱負荷 71kWh
無暖房時の自然室温 =10.3K

UA値熱損失は減少
熱取得は半減

❷ 窓面積 15㎡（うち南面 10㎡）

熱損失：7 / 24 / 13 / 47
熱取得：9 / 6 / 10 / 47

67kWh
無暖房時の自然室温 =9.8K

❸ 窓面積 30㎡（うち南面 20㎡）

熱損失：7 / 24 / 23 / 47
熱取得：51kWh / 34 / 6 / 10

無暖房時の自然室温 =14.4K

引き違い窓・日射遮蔽型ガラス　　FIX窓・日射取得型ガラス

- 漏気熱損失
- 換気熱損失
- 窓からの貫流熱損失
- 壁などからの貫流熱損失
- 暖房熱負荷
- 日射熱取得
- 人体発熱
- 内部発熱

ら 15m² に半減させる（**❷**）ことで、確かに U$_A$ 値は 0.48 と小さくなって熱損失は減少する。しかし、日射による熱取得も半減するので暖房熱負荷は 67kWh/ 日と若干の減少にとどまり、無暖房時の自然室温は逆に 0.5℃ ダウンしてしまっている。U$_A$ 値を下げたばかりに室温まで下がってしまっては、まさに本末転倒である。

日射取得型ガラス・FIX 窓に変更するだけで改善できる

そこで窓面積合計は 30m² のまま、窓を引き違いから FIX 窓に、ガラスを日射取得型に変更した場合（**❸**）、U$_A$ 値は 0.53 と、**❶**と大きく変わらない。しかし、実際の熱収支は日射取得で大きく改善されているため、暖房熱負荷は 51kWh と 20kWh/ 日も削減でき、自然室温も 4.1℃ も大幅にアップする。追加コストを全くかけずに、実際の熱収支と自然室温を大きく改善することが十分に可能なのだ。

この試算のように全ての窓を FIX にすることは実際にはできないが、日射取得型ガラスの採用と開き方・窓サイズの工夫で熱取得を増やし、暖房熱負荷を大きく減らすことが十分に可能なことは理解してもらえるだろう。

無暖房住宅は夢物語にあらず、既に実現している

Q.17 で解説したように、熱収支の一部しか反映していない U$_A$ 値ばかり気にしては、肝心の熱収支の改善につながらない。熱交換換気の採用などで効果的に「熱損失」を減らし、日射熱で「熱取得」をしっかり増やせば、冬季の日射量が豊富な温暖地であれば、無暖房化は決して難しくないのだ。

冬の備え

理屈上は熱損失と熱取得をバランスさせることは不可能ではなさそうだが、「机上の空論にすぎないのでは？」。もっともな疑問であるが、既に多くの無暖房住宅が現実に建てられている。

　図6の物件は、埼玉県川越市の戸建て住宅である。日射取得型ガラスを用いたFIX窓や片引き窓を多用し、南面からの日射取得量を最大化している。日射熱が建物全体に回るプランと、床下の潜熱蓄熱体（PCM）による蓄放熱によって、1月の晴天日はほぼ無暖房を実現している 図7 。外気温度は氷点下から10℃以上と激しく変動しているが、室温変動は5℃程度と極めて安定しており、常に18℃以上を保っている。

　雨天時にはエアコン暖房が行われているが、1月合計のエアコン消費電力量は43.6kWh。買電単価を28円/kWhとすれば、1月の電気代がたったの1200円というのだから驚かされる。「無暖房」は絵空ごとでも机上の空論でもない。確実に実現することが可能なのだ。

窓のリフォームお願いします

建物の熱収支を改善する
窓の選択が
無暖房の
ヒケツだったのじゃ！

本当の
エコハウス

図6 無暖房住宅は既に実現している

夢・建築工房（埼玉県東松山市）の実例。南面の大開口のFIX窓や片引き窓の採用で日射熱取得率を改善し、昼間に豊富な日射熱を取得している。床下の潜熱蓄熱や壁の石膏ボードなどによる蓄放熱により、室温も安定。U$_A$値は約0.3

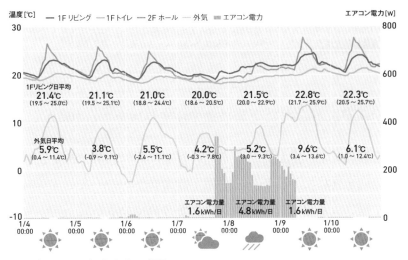

図7 晴天日は完全な無暖房 雨天時もわずかなエアコン暖房で快適範囲キープ

図6で示した川越の住宅の室温とエアコン消費電力（2020年1月4〜10日）。開口部からの日射熱取得と蓄放熱で実質的に無暖房を実現している。外気温平均5.8℃の20年1月で、リビング室温平均21.2℃、消費電力量 43.6kWh/月。買電単価が28円とすると1月の電気代は、わずか約1200円で、暖房はほぼゼロコストである

冬の備え

251

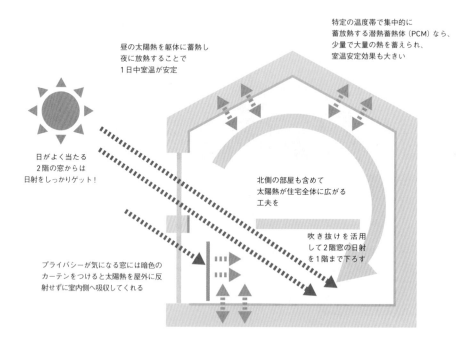

特定の温度帯で集中的に
蓄放熱する潜熱蓄熱体（PCM）なら、
少量で大量の熱を蓄えられ、
室温安定効果も大きい

昼の太陽熱を躯体に蓄熱し
夜に放熱することで
1日中室温が安定

日がよく当たる
2階の窓からは
日射をしっかりゲット！

北側の部屋も含めて
太陽熱が住宅全体に広がる
工夫を

吹き抜けを活用
して2階窓の日射
を1階まで下ろす

プライバシーが気になる窓には暗色の
カーテンをつけると太陽熱を屋外に反
射せずに室内側へ吸収してくれる

図8 太陽熱をしっかり取り入れ建物中に回す無暖房住宅の断面

昼間の大開口からは、かなりの量の日射熱が侵入する。窓際のオーバーヒートを防ぐためには、
住宅全体に熱が回るプランニングと、住宅壁体へのスムーズな蓄熱が重要である

日射熱が広がるプランと蓄放熱で住宅全体を1日中暖かく

　無暖房住宅を成功させるには、日中に窓際へ集中する日射熱
が室内全体に広がりやすい平面・断面プランの工夫と、室内の
床や壁による日射熱の蓄熱・放熱が必要になる 図8 。

　太陽熱が特定の場所にこもりやすいプランや蓄熱・放熱が不
十分な場合、日中に室温がオーバーヒートしてしまうので注意
が必要だ 図9左 。プランの工夫と蓄熱により、日射を取り入れ
ながら室温を快適範囲に保つことができる 図9右 。

　日中は日射熱を蓄熱して夕夜に放熱させることで室温を常に

蓄熱なし（日中にオーバーヒート発生）　　　　　蓄熱あり（日射取得時も室温安定）

図9 蓄熱が日中のオーバーヒートを防ぎ、放熱が夕方の室温を高める

日射熱を室内の壁体が速やかに吸熱できないと、室温が快適温度を超えるオーバーヒートが発生する。住まい手が日射を遮蔽したり換気したりしてしまうと、日射取得が中断されてしまう。室内に蓄熱容量を大きく取ることで、日中に日射熱を速やかに蓄熱し夕夜に放熱できるので、室温を終日、快適な温度に保つことが可能となる

快適範囲に保つことは、無暖房化を実現する大きなカギである。先の熱損失≒熱取得の熱バランスの確保は当然として、暖房いらずで1日を過ごすためには、丁寧な設計はもちろんのこと、住まい手の工夫も必要となる。

　冬の無暖房化が実現すれば、太陽の恵みだけで快適範囲の穏やかな空温が保てる生活が、家が立ち続けている限り保証されることになる。まさに夢のエコハウスの完成だ！

Q.20
部分リフォームでは寒くても仕方ない?

フルリフォーム

暖かくはなったけど財布はカラッぽ…

部分リフォーム(断熱)

「ついで"断熱」なら低コストで暖かい暮らしが手に入る

- ▶部分リフォームの「ついでに断熱」でも、暖かい家に改修することは十分に可能。
- ▶効果の大きい場所から断熱強化するのが肝心。「最大の弱点」の窓を優先し、床の断熱気密も。

日本にストックされている住宅の多くは、断熱・気密がほとんど施されていないため、冬場が極端に寒い。かといって暖房を家中あちこちでONにすると、今度は暖房費が心配になる。毎年冬が来るたび、この寒さと暖房費にただ耐え続けるしかないのだろうか？

部分リフォームでも「ついでに断熱」がおススメ

現状のリフォームで断熱強化まで行うのは、住宅全体を丸ごと改修する「フルリフォーム」がほとんど。住宅を1度、骨組みだけにして壁・床・屋根を施工し直すので、新築並みの性能を確保することも可能。ただし、費用も建て替えと大差がないほど高くつく。資金に余裕がある人に限られるのが問題である。

一般に行われているリフォームの大半は、特定の部位だけ改修する「部分リフォーム」だが、これは内外装や水回り設備といった「パーツの入れ替え」にとどまっているのが実態。目に見えない室内温熱環境の改善につながる断熱工事には至っていない場合が大半である。だが断熱工事の工夫次第で、低コストに暖かい家を手に入れることは十分に可能。何かのリフォームのおまけに、「ついでに断熱」をおススメしたい。

断熱リフォームで全ての「赤点住宅」を合格点に引き上げる

これまで繰り返し述べてきたように、日本では住宅の断熱基準の普及が遅れたため、実質的に無断熱・無気密の住宅が大量にストックされてしまっている。全ての人々が健康・快適に暮らすためには、新築住宅の高性能化だけでは到底間に合わない。

リフォームにおいては、住宅の現況に伴う制約やかけられる

費用の上限が厳しい。また、居住者は改修前の状況をよく知っているので、改修後に大きな改善効果を実感できなければ満足できない。よって、費用対効果が高く、確実に快適性を向上させる効果的な手法を優先的に選択する必要がある。

「どんな赤点の家でも全て合格点にまで改善する」ことが、断熱リフォームの第1目標。特に、健康・快適といった居住者が実感しやすいメリットを届けることは必須である。

「まずは窓・床から」が断熱リフォームの定石

家中をもれなく断熱できない部分リフォームにおいては、効果の大きい場所から強化することが肝心。中でも決定的に断熱・気密が弱い「窓」を最優先し、続いて「床」に手を付ける

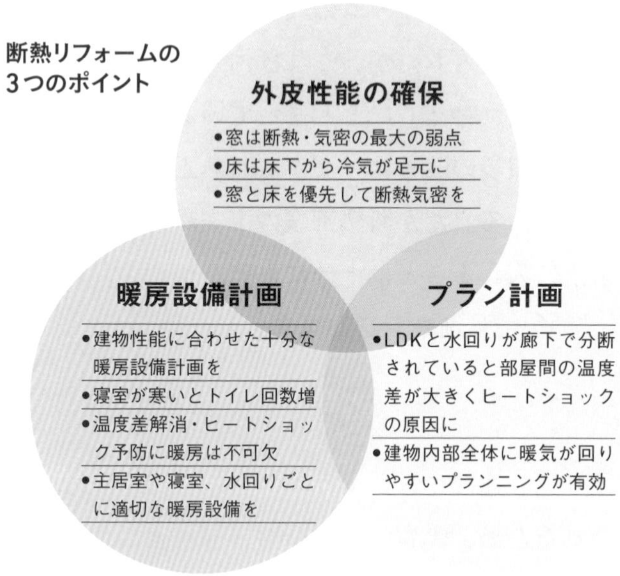

断熱リフォームの3つのポイント

外皮性能の確保
- 窓は断熱・気密の最大の弱点
- 床は床下から冷気が足元に
- 窓と床を優先して断熱気密を

暖房設備計画
- 建物性能に合わせた十分な暖房設備計画を
- 寝室が寒いとトイレ回数増
- 温度差解消・ヒートショック予防に暖房は不可欠
- 主居室や寝室、水回りごとに適切な暖房設備を

プラン計画
- LDKと水回りが廊下で分断されていると部屋間の温度差が大きくヒートショックの原因に
- 建物内部全体に暖気が回りやすいプランニングが有効

図1 外皮性能・暖房設備・プランの改善で寒い家を暖かく
日本にストックされている既存住宅は、外皮の断熱・気密性能が極端に低いだけでなく、適切な暖房計画も行われていない。また、住戸内が廊下などで細かく仕切られたプランのため、住宅全体が暖まりにくい。確実に暖かい暮らしを実現するには、上記3つを改善する必要がある

のが定石となる 。さらに天井まで断熱できれば夏の日射熱抑制にも効果が期待できる。壁まで断熱できれば最高だが、窓や床よりも手間とコストがかかる。内外装や耐震改修などで「壁を開ける工事があれば、ついでに断熱」が現実的だろう。

内窓は断熱リフォームの第1候補、コスパも抜群

　繰り返しになるが、日本の住宅において断熱・気密最大の弱点は「窓」 図2 。特に温暖地では1999年に断熱等級4へ変わるまで、省エネ基準上でも「単板ガラス＋アルミサッシ」で良いとされていた。さして古くない築20〜30年の住宅でも、この「無断熱窓」が当たり前に取り付けられている。

　無断熱窓の改修には様々な方法がある。窓枠ごと撤去して新

単板ガラス＋木製サッシ

窓の隙間から
冷たい外気が侵入

単板ガラス＋アルミサッシに内窓設置

元の外窓　　追加した内窓

図2 窓は断熱・気密の最大の弱点、内窓追加が有効

窓は面積こそ限られるが、断熱・気密の大きな“穴”。特に、従来の単板ガラスと木枠orアルミサッシの開口部は極端に断熱性が劣っている。内窓は住みながら工事が可能でコストもリーズナブルながら、断熱・気密効果は極めて高い。コスパ抜群の断熱方法だ

冬の備え

しい断熱窓に入れ替える工法は、工事が大掛かりになるのでコストがかさむ。既存の窓には手を付けないで残し、内側に断熱窓を追加する「内窓」であれば、短工期で住みながらの工事が容易だし、コストも安い。窓が二重になるので断熱・気密効果は非常に高く、防音性能まで強化される。断熱リフォームを何か1つと選ぶのなら、この内窓工事を真っ先に検討したい。

図3 床周りは断熱・気密と気流止めで床下冷気の侵入を防げ

日本の既存住宅では、床周りの断熱・気密が全く行われてない場合が少なくない。床下からの冷気の侵入は、床表面の冷たさや足元の寒さといった不快に直結する。また、断熱材が敷設されていても、「気流止め」がないと、床下冷気が床上に侵入し、足元を冷やす。床下周りの断熱・気密および気流止めは確実に行いたい

床の断熱気密と気流止めで床下冷気の侵入を防ぐ

　足元からの寒さは、冬に最も体にこたえる大きな不快。窓の"穴"を塞いだ後には、「床」の対策に取り組もう。

　日本の家は床下が外気に開放されており、土壌の湿気を含んだ冷気が床から遠慮なく侵入する 図3上。さらに、壁と床の取り合い部分が塞がっていないため、床下の冷気がそのまま室内に流入する 図3中。床面の断熱・気密と、壁と床の取り合い部分の「気流止め」を確実に行い、床下からの寒さを「元から断つ」ことが極めて重要なのだ 図3下。

リフォームでは新築以上に暖房設備の選択を慎重に

　断熱・気密に加え、暖房設備の選択も、リフォームではより重要になる。断熱リフォーム後でも、エアコン暖房では床付近の寒さや上下温度差を解決できない場合がある 図4左。窓・床の断熱・気密が完全でない場合は特に床暖房がおススメだ 図4右。

内窓追加　　元の窓

断熱リフォーム＋エアコン暖房

床下断熱＋床暖房

図4 **床暖房なら足元から確実に暖かく**
リフォームは新築のように断熱・気密性能を確保するのが容易でないため、暖房設備の選択がより重要となる。窓と床の断熱・気密・気流止めで下からの冷気をなるべく遮断したうえで、床暖房を敷設すれば、確実に足元から暖かく、健康・快適な環境を得ることができる

健康・快適な生活ゾーンをコンパクトにまとめる

　昨今、健康問題として注目されるヒートショックは、住戸内の部屋間温度差が大きいことが原因。この部屋間温度差を完全に解消するには、「家丸ごと断熱・気密」と「全館空調」が満点の回答だが、やはりリフォームでは実現困難。だが、大半の時間を過ごす「主居室」「寝室」「水回り」を生活ゾーンとしてコンパクトにまとめれば、解決の可能性が見えてくる 図5。

廊下や寝室も生活ゾーンに取り込むプランで健康温度を確保

　日本の住宅は、「ハレ」と「ケ」の空間を分けるため、主居室と水回りを廊下で分離している場合が多い。そのため主居室を

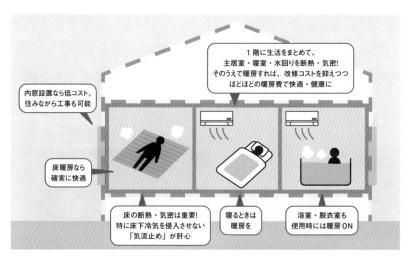

1階に生活をまとめて、
主居室・寝室・水回りを断熱・気密!
そのうえで暖房すれば、改修コストを抑えつつ
ほどほどの暖房費で快適・健康に

内窓設置なら低コスト。
住みながら工事も可能

床暖房なら
確実に快適

床の断熱・気密は重要!
特に床下冷気を侵入させない
「気流止め」が肝心

寝るときは
暖房を

浴室・脱衣室も
使用時には暖房ON

図5 生活ゾーンをまとめたうえで断熱・気密と暖房計画をしっかりと

建物全体の断熱・気密性能を改善し、室内がおよそ暖まるように暖房設備を設置する「フルリフォーム」は理想的であるが、建て替えと大差ないほど高額な改修コストがかかってしまう場合が多い。1日の大半の時間を過ごす主居室・寝室・水回りの生活ゾーンをコンパクトにつなげ、その範囲に限って断熱・気密化し暖房設備を設置することで、ほどほどの改修コストと暖房費で快適・健康に暮らすことが可能になる

暖房していても、廊下や水回り、寝室は極端に低温になる図6。

　少なくとも1階全体は窓と床を断熱・気密化し、なるべく間仕切りを減らす。かつ暖房設備を分散配置して、生活時間の大半を健康な温熱環境とすることが望ましい。省エネルギーの観点からはベストなやり方とは言えないが、リフォームでは健康・快適な環境の確保を最優先してまずは合格点を目指したい。

浴室・脱衣室やトイレにも暖房設備を設置

　浴室や脱衣室・トイレは、家の隅に配置されている場合が多く、温熱環境的には最も厳しい。ユニットバスへの交換や内窓設置も効果はあるが、それだけでは不十分。せめて在室中だけでも健康環境を確保できるよう、個別の暖房設備を追加するの

図6 **生活時間のほとんどを暖かくするにはプランニングも重要**

ヒートショック対策には、住宅全体を暖かくする必要があるが、分割されたプランの非暖房室は凍える寒さ（左）。1階に主居室・寝室・水回りなどの生活ゾーンをまとめて断熱化すれば、生活時間のほとんどを健康・快適な温熱環境で過ごすことができる（右）

が現実的である 図7 。特に悩ましいのがトイレ。トイレ回数が増える高齢者にとって、換気量が多く冷えやすいトイレの寒さは大きな不満だ。暖房機器も低効率な電気ヒーター系がほとんどなので、いつ使うか分からないと常時ONにしていると電気代がかさむ。バリアフリー化と併せてトイレをなるべく主居室に近づけるなど、プランの工夫が必要になる。

リフォームに正解なし、条件に合わせた合格点を

新築と違い、断熱リフォームに「正解」はない。1日の大半の時間を健康・快適な温熱環境で暮らすことができれば、まずは「合格」。あとは省エネによってリーズナブルな暖房費に抑えられれば、大成功というべきである。

リフォームには様々なやり方が提案されている 図8 。「ついでに断熱」と暖房設備を上手に組み合わせることで、納得できる個別の「最適解」を見つけてほしい 図9 。

図7
冷え込む水回りの暖房もお忘れなく

浴室・脱衣所やトイレは、住宅内の外壁側にある場合が多く、断熱・気密だけで暖かくするのは困難な場合が多い。浴室暖房機やラジエーターにより、多少のエネルギー消費と引き換えに、最低温度を確保するのが現実的

	断熱プラン1	断熱プラン2	断熱プラン3	断熱プラン4
断熱箇所	1階のみ内窓追加	1階に内窓追加 1階の床を断熱強化	1・2階に内窓追加 1階の床と2階天井を断熱強化	1・2階に内窓追加、壁・床・天井を断熱強化
生活範囲	1階にまとめる	1階にまとめる	家中丸ごと	家中丸ごと
住みながら工事	容易	可能	可能	難しい
効果	窓は熱ロスが最も大きい部位なので、内窓の効果は大きい。生活範囲をまとめれば、1階のみ工事で低コストに	冷たい床は不快の元。床裏の断熱を強化して床暖房を敷設すれば、少ないエネルギーで足元から快適に！	2階も生活ゾーンとしたい人向け。天井も断熱しておけば、夏の屋根からの日射熱を防ぐ効果も	耐震や外装の改修など、外壁を工事する人向け。壁まで断熱しておけば、新築並みの高断熱も可能

図8 断熱リフォームはやり方色々、まずは「赤点」からの脱出を！

建物全体でしっかりと断熱・気密と暖房計画ができる新築では100点満点を狙うのは当然だが、リフォームでは赤点の家を合格点までもっていくことが肝心。断熱リフォームも様々なやり方があるので、居住者と施工者がよく話し合って、条件ごとに納得のいくプランを選びたい

「エアコン」暖房費 (万円 / 年)

年間暖房費合計

改修前	5.7万円	1.4万円	7.1万円
プラン1	4.4万円	1.0万円	5.4万円
プラン2	3.8万円	0.8万円	4.6万円
プラン3	3.3万円	1.0万円	4.3万円
プラン4	2.5万円	0.8万円	3.3万円

「床暖房」暖房費 (万円 / 年)

年間暖房費合計

改修前	5.2万円	0.8万円	1.4万円	7.4万円
プラン1	4.4万円	0.5万円	1.0万円	5.9万円
プラン2	3.6万円	0.5万円	0.9万円	5.0万円
プラン3	3.1万円	0.3万円	1.0万円	4.4万円
プラン4	2.3万円	0.2万円	0.8万円	3.3万円

■ LDK 床暖房ガス代　■ LDK エアコン電気代　■ 寝室（2階）エアコン　■ 寝室（1階）エアコン

図9 断熱強化と生活ゾーンをまとめることで暖房費もリーズナブルに

図8で示したプランごとの暖房費の試算（6地域想定。LDK・寝室ともに在室時暖房ON、電気単価26.47円/kWh、都市ガス92.69円/㎡で算出）。リフォームにおいて断熱と暖房をきちんと行えば、リーズナブルな暖房費で1日の大半を暖かく過ごすことは十分に可能である。窓や床を断熱したプラン2以降であれば、快適な床暖房がほどほどのガス代で実現できる。詳細は、暮らし創造研究会「健康で快適な暮らしのためのリフォーム読本」http://kurashisozo.jp/img/effort/reform.pdf

冬の備え

第7章

夏の備え

高断熱・高気密な住宅ほど重要になるのが、日射遮蔽をはじめとした「夏の備え」。昔ながらの遮熱や通風だけの暑さ対策では、限界がきている。近年ますます暑さが増す日本において、快適な冷房を低コストで実現するための対策も重みを増している。

Q.21 冷房はギリギリまでガマン？

冷房をつけると電気代も心配だし…

なにより気持ち悪いし…

ギリギリまでガマンするのが正解よね？

A.

▸ 冷房の不快の元は、低断熱の屋根による放射温度上昇と無理やりな低温空気冷房。

▸ 外皮断熱を強化のうえ、日射遮蔽の徹底を。

▸ 暑さ指数25℃オーバーなら躊躇せず冷房ON。

夏の暑い時期でも冷房をギリギリまでガマンする人は、特に高齢者に多い。電気代も心配だが、「不快だから冷房をつけたくない」という人も少なくない。本人が暑さにガマンできる間は冷房を ON にしないのが正解なのだろうか。なぜ日本の家では冷房をつけると不快を感じるのだろうか。

日本伝統の夏対策では限界、気温上昇で冷房が必要に

　日本の住宅は「夏を旨とすべし」とされる。暑さへの備えは日射を薄い膜で遮蔽し、昼間の太陽熱をかわす「遮熱」がメイン 図1。あとは「通風」と併せ、地熱や水の蒸散などささやかな「冷熱」を活用することで、なんとか夏をしのいできた。

　こうした工夫は、「日射は強いが気温は高くない」気候においては有効。しかし残念ながら、Q.1 で示したように、最近で

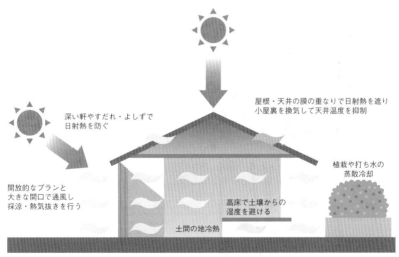

深い軒やすだれ・よしずで日射熱を防ぐ

屋根・天井の膜の重なりで日射熱を遮り小屋裏を換気して天井温度を抑制

開放的なプランと大きな開口で通風し採涼・熱気抜きを行う

植栽や打ち水の蒸散冷却

高床で土壌からの湿度を避ける

土間の地冷熱

図1 日本伝統の「夏旨」は日射遮蔽と通風がメイン

日本の伝統住宅では、日射熱を遮蔽し、ささやかな自然の冷熱を生かすための工夫が多く施されている。ただし、気温が高くなかった時代には機能したこれらの工夫も、気温が上昇し真夏日や猛暑日が増えている現在の夏には限界がある。もちろん冬の寒さにも極端に弱い

は真夏日（日最高気温30℃以上）や猛暑日（同35℃以上）が急増。ひとたび気温が高くなってしまっては、日射遮蔽と通風だけでは効果に限界がある 図2 。室内の空気温度自体を下げる「冷房」を真剣に考えなければならなくなっているのだ。

暑さ指数が警戒レベルなら躊躇せずに冷房 ON

　近年の温度上昇に伴い、体温調整機能が衰えた高齢者が住宅内で熱中症にかかるケースが急増。高齢者は暑さに気づきにくく、冷房を控える習慣も身についているため、冷房をつけないまま危険な高温環境で過ごしてしまう場合が多いのだ。高齢者は自分の感覚だけでなく、室内の暑さを計測器でチェックして、必要ならばすぐに冷房をつけることが肝心である。

屋根と天井で日射熱を遮り、小屋裏を換気

軒を深くし、簾やよしずを設置

図2 気温が高くなると昔ながらの暑さ対策では不十分

日射遮蔽と通風を中心とした夏の暑さ対策は、「日射は強いが気温は高くない」気候なら有効だった。だが気温自体が上昇してしまった現在の夏には、効果に限界がある

暑さ指数WBGTは空気温度・湿度・放射温度を総合的に評価

　熱中症の警戒には、普通の温度計が示す乾球温度よりも、「暑さ指数」といわれるWBGT（湿球黒球温度）が適している。WBGTは乾球温度の他に、人体の発汗蒸発冷却に影響の大きい「湿度」と放射放熱に影響の大きい「放射温度」を考慮することで、暑さの危険度をより総合的に評価できる指標である。

　昼下がりに空気温度が若干下がっても、高湿が続く場合は要注意。高湿環境では体からの発汗蒸散が減少するので、WBGTでは高温と評価される 図3。WBGT計は温湿度はもちろん放射温度も計測するので、低断熱住宅の危険度も判断できる。WBGT計の暑さ指数が25℃を超えていたら、躊躇せず冷房を

暑さ指数 （WBGT） 湿球黒球温度	=	1 乾球温度 対流放熱に影響	:	7 湿球温度（湿度） 発汗蒸散放熱に影響	:	2 黒球温度 放射放熱に影響

		相対湿度[Rh%]									
		0	10	20	30	40	50	60	70	80	90	100
※作用温度[℃]	35	19.3	21.6	23.7	25.6	27.3	28.8	30.2	31.5	32.8	33.9	35.0
	34	18.7	21.0	23.0	24.8	26.4	27.9	29.3	30.6	31.8	32.9	34.0
	33	18.2	20.3	22.2	24.0	25.6	27.0	28.4	29.7	30.8	32.0	33.0
	32	17.6	19.6	21.5	23.2	24.7	26.2	27.5	28.7	29.9	31.0	32.0
	31	17.0	18.9	20.7	22.4	23.9	25.3	26.6	27.8	28.9	30.0	31.0
	30	16.4	18.3	20.0	21.6	23.0	24.4	25.7	26.9	28.0	29.0	30.0
	29	15.8	17.6	19.2	20.8	22.2	23.5	24.8	25.9	27.0	28.0	29.0
	28	15.1	16.9	18.5	20.0	21.4	22.6	23.9	25.0	26.0	27.0	28.0
	27	14.5	16.2	17.8	19.2	20.5	21.8	22.9	24.0	25.1	26.1	27.0
	26	13.9	15.5	17.0	18.4	19.7	20.9	22.0	23.1	24.1	25.1	26.0
	25	13.3	14.8	16.3	17.6	18.8	20.0	21.1	22.2	23.2	24.1	25.0

※作用温度≒空気温度と放射温度の平均

図3 むやみな冷房ガマンは命とり、WBGTをチェックして警戒レベル以上は冷房ON！

高齢者は自分の感覚を過度に信頼するのは危険。WBGT計をチェックして、25℃以上なら遠慮せずに冷房を使うのが望ましい。WBGTは乾球温度・湿球温度・黒球温度を1：7：2で加重平均した値。本来は屋外運動（代謝熱大）の指標なので、湿度を特に重視している

危険　WBGT＞31℃
厳重警戒　WBGT＞28℃
警戒　WBGT＞25℃

高温・高湿環境を危険と判定

ON にすることをおススメする。

夏の不快要因には「湿度」の他、「高温の天井」も関係

　では、ひとたび冷房をつけたら、どのような温熱環境が快適なのだろうか。夏の冷房も冬の暖房と同様、ISO7730 においては皮膚の表面温度と発汗量が快適な範囲で「代謝熱量≒放熱量」のバランスが取れること、そして「局所の不快がない」ことの２つを満たすことが重要となる（Q.15 を参照）。冬も夏も基本は変わらないが、夏においては「湿度」と「高温の天井」が不快要因になる点がちょっと違う 図4 。

人間特有の発汗蒸散は、乾燥環境なら強力な冷却効果あり

　人間の放熱には、対流や放射といった「乾性放熱」とは別に、汗などの蒸発による「湿性放熱」がある 図5 。

夏における快適な温熱環境（ISO7730）

「代謝熱量≒放熱量」のバランス ＋ 局所の不快がないこと

- 作用温度が高い環境では、発汗蒸散が増えるので湿度の影響が大きい
- 作用温度が低い環境では、対流・放射による放熱がメインなので湿度の影響は小さくなる

- 高温の天井による放射不均一
  天井・屋根が断熱不足だと屋根に当たる日射熱が室内に侵入
- 冷風による気流感
  空気温度が低いほど許容できる風速は小さい（Q.15 を参照）

図4
**夏の快適性も
「体からの適度な放熱」と
「局所不快がないこと」がポイント**

ISO7730における温熱快適性は、冬も夏も基本的に同じ。ただし、夏は湿度の影響と天井の放射不均一が重要になる点が異なる

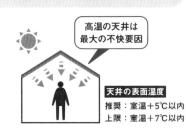

高温の天井は
最大の不快要因

天井の表面温度
推奨：室温＋5℃以内
上限：室温＋7℃以内

発汗は人間が備えている最強の冷却機能。人類発祥の地アフリカのような「カラッと暑い」高温・乾燥の気候では、汗がよく乾くので有効に機能する。ただし、「蒸し暑い」高湿の日本では、汗が順調に乾かず冷却効果が限られ、皮膚も湿って不快になりやすい。

夏に最も快適な作用温度は26℃、湿度の影響は?

予測平均温冷感申告（PMV、Q.15を参照）において、夏の着衣量0.5clo、安静時の代謝率1.0metを想定すると、予測不満者率（PPD）が10%以下となる快適な作用温度（≒空気温度

作用温度が低い環境	➡	作用温度が高い環境

対流・放射などの「乾性放熱」で十分放熱できき

↓

湿性放熱の割合が小さいので湿度の高低は感じにくくなる

- **呼吸による顕熱放熱**
  空気温度が低いほど増加。割合は小さい

- **対流放熱**
  着衣から周辺への空気の動きによる放熱。着衣の表面温度と空気温度の差に比例

- **放射放熱**
  着衣から周辺物体への遠赤外線による放熱。着衣の表面温度と周辺物体の放射温度の差に比例

発汗などの蒸発による「湿性放熱」が必要に

↓

高湿では蒸散不足で暑く不快低湿なら蒸散量大で涼しく快適

- **不感蒸泄による放熱**
  日常生活で自然に放出される水分蒸発による放熱（安静時で1日当たり皮膚から600ml、呼気から300ml程度）。空気湿度が低いほど増加する

- **発汗による放熱**
  不感蒸泄で放熱量が不足する場合、汗腺からの汗が皮膚をぬらし、蒸発する作用で放熱。高湿だと皮膚がぬれたままになって不快に

図5 体からの放熱ルートは「乾性放熱」と「湿性放熱」の2つに分けられる

夏に作用温度が高い環境では、かいた汗が乾く蒸散冷却などによる「湿性放熱」の割合を増やす必要があり、湿度が重要になる。ただし冷房されて作用温度が低い環境では、冬と同じく対流（→空気）と放射（→床・壁・天井）による「乾性放熱」で十分放熱できる

夏の備え

と放射温度の平均）は 24.5 〜 27℃、最も快適なのは 26℃ 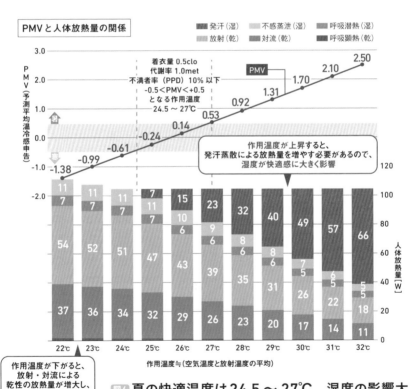。

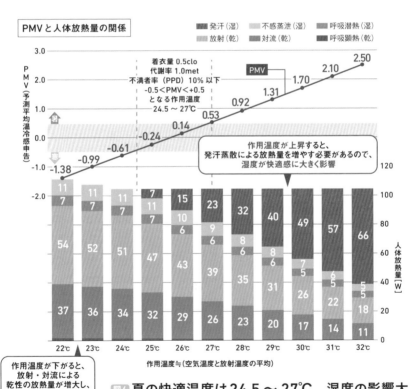の人体放熱の内訳をみると、作用温度が高いほど発汗による放熱を増やす必要があるが、湿度が高いと蒸散がうまくいかず放熱不足で暑くなる。一方、作用温度が低い環境では対流と放射だけで十分に放熱できるので、湿度の影響は小さくなる。

除湿は省エネにあらず、温度を下げる方が快適で節電に

「冷房よりも除湿の方が省エネ」という話をよく聞くが、除

図6 夏の快適温度は 24.5 〜 27℃、湿度の影響大

PMV で夏季の軽装（着衣量 0.5clo）、安静（活動量 1.0met）、相対湿度 70% とした場合、不満者率（PPD）が 10% 以下となるのは作用温度 24.5 〜 27℃。この領域では対流・放射による乾性放熱がメイン。なお、人体放熱量の算出には、SET* の 2 ノードモデルを用いた

湿するには空気を露点温度以下まで冷却する必要がある。冷却除湿された空気そのままでは低温すぎるので、再加熱してから吹き出すのが「再熱除湿」 図7 。本格的な除湿方式で快適性は高いが、エネルギー効率が悪く機構も複雑なため、採用するメーカーが少なくなった。

　最近の除湿モードは、能力と風量を絞り、冷媒蒸発温度だけを下げた「弱冷房」の場合が多い。

　省エネの観点からも、除湿のために冷媒蒸発温度を露点温度以下に下げると温度リフトが大きくなり、ヒートポンプのエネルギー効率を悪化させてしまう（Q.18を参照）。

　湿度調整にこだわるよりも、冷房で作用温度を下げた方が、快適で省エネな冷房が手っとり早く実現できるのだ。

再熱除湿の仕組み（制御弁による高温冷媒の混合）

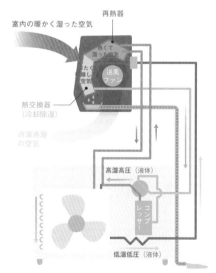

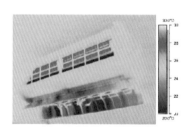

図7 エアコンの除湿運転は手間がかかる

除湿運転では、冷たく除湿した空気と熱く加熱した空気を混ぜて、適温で乾燥した空気を放出している。せっかく冷やした空気を暖めなおす（再熱除湿）ため、エネルギー効率は低下する

夏の不満は高い放射温度と日射熱が主因

　冷房を控える理由としては、「電気代」と「不快」の２つが大きい。前者は太陽光発電によって簡単に解決できるが、問題は後者の冷房時に感じる不快である。冬の暖房と夏の冷房は裏表の関係にあるが、実は「建物性能の低さ」が共通の原因だ。

　低性能の外皮、特に低断熱の天井は、高温の外気や屋根への日射の熱を室内にそのまま伝えてしまう。室内表面の放射温度が高くなると、作用温度を快適範囲に維持するために、空気温度を低温にしなければならない。さらに高温の天井は頭上に放射不均一をもたらし、大きな局所不快の原因となる 図8 。

　日射遮蔽が不十分な窓も、夏場の不快をもたらす主因の１つ。窓から大量の日射熱が室内に侵入してくると、作用温度の維持・冷房熱負荷処理のために、エアコンは吹き出し空気温度を非常に低く（15℃以下）せざるを得なくなる。冷たい空気は重いので足元にたまり、上下温度差が生じるとともに、冷風は居住者の肌を強く冷やすので大きな不快を感じさせてしまう。

冬も夏も快適な室内環境のためには建物外皮の性能が肝心

　建物外皮の性能を向上させれば、適度な空気温度と放射温度において快適な冷房を行うことができる 図9 。

　暖房と冷房は全く異なって見えるが、実は対策の共通部分が多い。まずは冬の対策をしっかり行い、そのうえで夏特有の日射遮蔽に取り組むのが定石。温暖化の進捗を考えれば、冷房なしで夏を乗り切ることは非現実的だ。冷房を上手に設計し、夏も健康・快適な環境を確保するのが必須となっているのだ。

建物外皮が低断熱・日射遮蔽も不十分

▼

高温の外気や屋根・窓への日射の熱で
室内側（特に天井・窓）の放射温度が上がる

▼

作用温度を下げるためには低温の空気が必要、
冷房負荷も大きいので
エアコンは冷たい空気を吹き出す

▼

冷たい空気は重いので足元にたまる

▼

頭は天井の放射熱で暑いまま、
足元ばかりが冷えてしまう

放射不均一、上下温度差が大きく 強い不快を感じる

図8 日本の冷房が夏に不快なワケ

日本の住宅は、断熱と日射遮蔽が不足しているために屋外の外気や日射熱が侵入し、放射温度を高めてしまう。すると、冷房負荷も大きくなる。この状況で無理やり冷房で空気温度を下げようとするため、低温の重たい空気が足元にたまって不快の原因になっている

建物外皮が高断熱・日射遮蔽も十分

▼

高温の外気や日射の熱を防げるので
部屋内側の放射温度が低く保たれる

▼

作用温度を適温に保つのに
エアコンはヌルイ空気を吹き出すだけで十分

▼

ヌルイ空気は重くないので足元にたまらない

▼

足元が冷えず頭も暑くない

部屋全体をムラなく快適な 温熱環境に保つことができる

図9 外皮の断熱と日射遮蔽で 夏の不快は根治できる

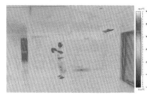

冬の暖房と夏の冷房は裏表の関係にあるが、実は「建物性能の低さ」が共通の原因。建物外皮の性能を向上させて作用温度を整え、熱負荷を減らせば、夏の快適性も確保できる

Q.22
日射遮蔽は
軒や庇で安心？

A.

▶ 高断熱住宅ほど日射遮蔽の徹底が必須。

無対策の「のっぺら住宅」はもってのほか。

▶ 直達・天空日射の両方を、窓外側の「面」で防御。

軒・庇の出が大きいと冬の日射取得の障壁に。

築物省エネ法の主役は一次エネルギー消費量の規制であ
建ることは、Q.12で説明した通り。「脇役」の断熱性は、Q.17
で触れた「外皮平均熱貫流率U_A値」を外皮性能の基準として
定めている。そして夏の日射遮蔽性能については、「冷房期の平
均日射熱取得率η_{AC}（イータエーシー）値」が規定されている。

　以前の省エネ基準は、床面積当たりの「夏期日射取得係数μ
（ミュー）値」で規定していたが、建築物省エネ法では外皮面
積当たりのη_{AC}値に変更された 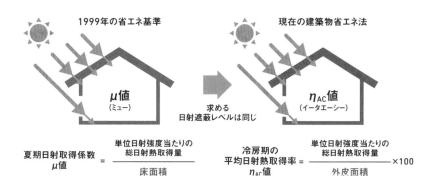。ただし、日射遮蔽のレベ
ル自体は20年前と全く同じままである。

　η_{AC}値は冷房期に外壁に当たった日射熱が室内に侵入する比
率をザックリと表した値で、数字が小さいほど日射遮蔽がしっ
かりしていることになる。

基準値	1地域	2地域	3地域	4地域	5地域	6地域	7地域	8地域
μ値	0.08	0.08	0.08	0.07	0.07	0.07	0.07	0.06
η_{AC}値	基準なし	基準なし	基準なし	基準なし	3.0	2.8	2.7	3.2

図1 η_{AC}の要求性能は約20年前の省エネ基準以下

夏期日射遮蔽については、1999年の省エネ基準では床面積ベースの「μ値」の上限が全地域に
示されていた。2015年の建築物省エネ法で、外皮面積ベースのη_{AC}に変更され、4地域以北で
は基準値が撤廃された

夏の備え

277

STEP1
各部位の方位・面積・日射取得率などをリストアップ

各面の方位係数	部位の面積[m²]	日射熱取得率	窓の補正係数
$\boldsymbol{v_c}$ (ニューシー)	$\boldsymbol{A}$ (エー)	$\boldsymbol{\eta}$ (イータ)	$\boldsymbol{f_c}$ (エフシー)

各面の方位係数 v_c（ニューシー）
各方位面に差し込む日射の強さを地域ごとに示した値。6地域では、東面：0.512、西面：0.504、南面：0.434、北面：0.341、水平面：1.0

日射熱取得率 η（イータ）
各部位の外側に当たる日射熱のうち、室内に侵入する熱の割合を示す（冷房期・暖房期を通して一定）。窓はガラス・枠・付属部材ごとの値、窓以外は熱貫流率U値×0.034

窓の補正係数 f_c（エフシー）
庇や軒の影響を考慮するための値。定数・簡略法・詳細法の3つがある。定数を用いる場合は fc＝0.93

※c は冷房（cooling）の意味

STEP2
窓の他、外壁や屋根など、各部位からの日射取得量をそれぞれ計算。
全部位からの日射取得量を合計し、冷房期の単位日射強度当たりの日射取得量である m_c を求める

窓		外壁		屋根		天井		ドア		床	
v_c × A × η × f_c	+	v_c × A × η	+	v_c × A × η	+	v_c × A × η	+	v_c × A × η	+	v_c × A × η	……

合計値が「冷房期の単位日射強度当たりの日射取得量」 m_c

STEP3
m_c を外皮の部位の面積合計（ΣA）で割り、100 をかけて外皮面積で平均化する

$$\frac{\text{冷房期の単位日射強度当たりの日射熱取得量 } m_c \text{（エムシー）}}{\text{外皮の部位の面積合計 } \Sigma A \text{（シグマエー）}} \times \underset{100}{\overset{\text{外皮面積で平均化}}{}}$$

計算完了！

冷房期の平均日射熱取得率 η_{AC}（イータエーシー）値

図2 η_{AC} 値の計算は方位を考える必要があるので手間がかかる

「冷房期の平均日射熱取得率 η_{AC} 値」の計算手順。各係数に、夏の冷房期（Cooling）を表すCがついている。冬の暖房期（Heating）の場合はHがつく。窓の日射量を求めた後、壁など外皮の全部位を同様に計算していく

冷房期の平均日射熱取得率 η_{AC} 値の計算は U_A 値より面倒

　η_{AC} の計算では方位が重要なので、断熱性能 U_A 値の計算と比較しても、さらに面倒になる 図2 。日射熱侵入の主たる部位である窓については、方位係数 ν_c や補正係数 f_c、日射熱取得率 η 値の数表と首っ引きになりながら、ちまちま計算することを強いられる。軒や庇などの遮蔽効果を考慮する補正係数 f_c は複数の計算ルートがあるが、面倒なので定数0.93として効果をほとんど反映しない場合が多い。

　計算に手間のかかる η_{AC} 値だが、基準値以下であることを確認した後に顧（かえり）みられることはほとんどない。日射遮蔽の指標としての η_{AC} 値には、 図3 のように大きく4つの問題がある。

　問題①は、ごく限られた日射遮蔽措置しか認められないこと。軒や庇の遮蔽効果は前述の補正係数 f_c で評価されるが、それ

1 図面でチェックができる付属部材しか日射遮蔽効果が認められていない
日射遮蔽効果が認められている付属部材は和障子と外ブラインドだけ。これらなしで η_{AC} を下げるため「日射遮蔽型ガラス」の窓が採用され、冬の寒さの原因に

2 窓の日射熱取得率 η 値が冷房期・暖房期で一定のまま
外ブラインドなどを設置した場合、冷房期 η_{AC} は小さく有利になるが、暖房期 η_{AH} も下がってしまい、日射取得が減少したと評価されてしまう

3 断熱レベルによらず η_{AC} 値の基準値が一定
断熱性能が向上するほど日射が侵入した場合の温度上昇は厳しくなるはず。しかし、高断熱の HEAT20 や ZEH でも η_{AC} の基準値は省エネ法と変わらない

4 寒冷地の1〜4地域では η_{AC} 値の基準がない
日射遮蔽を全く考えない家が寒冷地にどんどん建てられてしまう。断熱が強化されているので夏季の日射による暑さは寒冷地でも大きな問題

図3 日射遮蔽の指標 η_{AC} は問題だらけ
「冷房期の平均日射熱取得率 η_{AC} 値」の問題点を挙げた。現在の建築物省エネ法における日射遮蔽の基準は多くの問題を有している。η_{AC} の基準値さえクリアしていれば涼しい家になるという保証はどこにもない

以外の窓への付属部材として認められているのは、「和障子」
と「外ブラインド」の２つだけなのだ。

図面で確認できない日射遮蔽の付属部材は無視される

　日射遮蔽については、カーテンや内ブラインドをはじめ、昔
ながらの簾やよしずなど、手軽な後付け手法が数多く存在する。
それらが建築物省エネ法で認められないのは、「図面で確認で
きない」から。いかにもお役所的な理由である。

　和障子や外ブラインドは図面で確認できるので、その遮蔽効
果を η_{AC} 値に織り込むことが可能。だがこの２つを設置した
場合は、夏だけでなく冬もずっと「閉めっぱなし」と評価され、

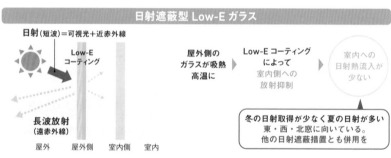

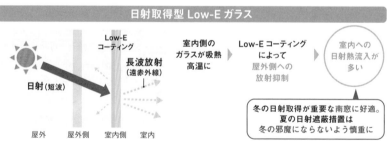

図4 Low-Eガラスはコーティング位置で
「日射遮蔽型」と「日射取得型」に分類される

Low-Eガラスの日射遮蔽型と日射取得型の差は、主にLow-Eコーティングが屋外側と室内側
のどちらにあるかで決定される。さらにコーティングの素材や厚みを工夫している場合もある。
南窓は必ず日射取得型とし、他は日射遮蔽型とするのが基本となる

冬の日射取得（暖房期の日射熱取得率η_{AH}値）では不利に判定されてしまう（問題②）。融通が全く効かないのだ。

安易なη_{AC}値削減で日射遮蔽型ガラスの採用はNG

軒・庇や外ブラインド以外で夏のη_{AC}値を下げるには、窓のガラスを全方位一律で「日射遮蔽型」にしてしまうのが最もお手軽だが、望ましくない。ガラスの「日射遮蔽型」と「日射取得型」の別は、Low-E コーティングの箇所によって決まる【図4】。日射遮蔽型は、低放射の Low-E コーティングが屋外側に、日射取得型は室内側に施されている。南窓に日射遮蔽型を用いた場合、夏の強烈な日射をガラスだけで防ぐのは難しく中

【図5】日射遮蔽型ガラスは夏の日射遮蔽には中途半端、冬は日射取得が少なくなり暖房熱負荷が増大する

日射遮蔽型ガラスを使えば机上のη_{AC}値を簡単に下げられるため、安易に採用されがち。しかし、日射遮蔽型ガラス単体では夏の日射遮蔽には力不足であり、他の遮蔽措置との併用が必要になる。また冬には日射取得量が大きく低下してしまうため、熱収支が大幅に悪化する。冬の日射取得が重要となる南面には、日射取得型ガラスの採用が必至である

途半端な日射遮蔽となってしまう一方、冬には日射取得を大きく減らしてしまい、暖房負荷が増大する 図5 。

外ブラインドなどの付属部材は開閉できるので実害は少ないが、ガラスは1度決めると季節ごとに変更ができない。η_{AC}値の計算でラクをするために f_c に定数0.93と大きいデフォルト値を使う場合は、ますます日射遮蔽型ガラスを使いたくなってしまう。だが、南窓のガラスは必ず日射取得型とすることが鉄則であり、η_{AC} の削減は別の手法で達成すべきだ。

高断熱に見合った日射遮蔽の基準値が定められていない

近年は外皮の高断熱化が進んでいるが、断熱が強化されるほど室内の熱は逃げにくくなるのだから、室内に侵入した日射熱による室温の上昇が大きくなる。つまり高断熱な住宅ほど η_{AC} 値は小さくしなければならないのだが、建築物省エネ法やHEAT20では、断熱レベルによらず η_{AC} の基準値は一定のままである（問題③）。

η_{AC}（＝以前の μ 値）の基準値が定める日射遮蔽レベルは、「レースカーテン程度の窓日射遮蔽」と、1999年の検討時資料に明記されている。結局は誰でも簡単お手軽に達成できるレベルでしかなく、この基準を守れば十分に涼しいかどうかは誰にも分かっていないのだ。

さらに、建築物省エネ法では4地域以北で η_{AC} の基準値が削除されてしまっている（問題④）。寒冷地は断熱を特に強化する傾向があるので、本来は日射遮蔽もしっかり充実させるべきだが、η_{AC} の基準がないために庇などが全くない、日射遮蔽ゼロの「のっぺら住宅」が平然と建てられている。寒冷地に

おいてこそ、断熱性能だけを強化して日射遮蔽を怠れば、「今まではいらなかった冷房が必要になった」といらぬ恥をかきかねない。

日射遮蔽を強化しない高断熱化はオーバーヒートの原因に

　日射遮蔽を強化しないまま断熱性能だけ強化すると、どれだ

$$\frac{\text{夏期の日射熱取得量 (W)}}{\overline{UA}'\text{ (W/K)}}}$$

冷房期の単位日射強度当たりの日射熱取得量
m_c (W/(W/m²))

夏期の標準的な水平面全天日射量
480MJ/(m²・月) の日平均≒180W/m²

夏期の日射熱取得量 (W)

$$\eta_{AC} \div 100 \times \text{外皮面積}\Sigma A \times \text{日射量}$$

漏気込みの総合熱貫流量 $\overline{UA}'$ (W/K)

貫流熱損失$U_A \times \Sigma A$ ＋ 換気熱損失＋漏気熱損失

＝ 日射による室温上昇

外皮平均熱貫流率 U_A 値 × 外皮面積 =
単位温度差当たりの外皮熱損失量 q (W/K)

換気量・漏気量 (m³/h) × 空気の体積比熱 0.35w/((m³/h)・K)

※詳細はQ.17を参照

η_{AC}を基準値の 2.8 に固定、断熱強化で U_A 値だけ小さく

断熱だけ強化 (U_A 値を小さく) して
η_{AC} が変わらないと室温は急上昇！

| 省エネ法(6地域) | U_A値0.87 | η_{AC}値 2.8 | 熱交換換気なし | C値 5 |

$$\frac{2.8 \div 100 \text{ W/(W/m²)} \times 280 \text{ m²} \times 180 \text{ W/m²}}{\text{貫流熱貫流 } 244 \text{ W/K} + \text{換気熱損失 } 53 \text{ W/K} + \text{漏気熱損失 } 35 \text{ W/K}} = 4.3\text{K}$$

| HEAT20 G1(6地域) | U_A値0.56 | η_{AC}値 2.8 | 熱交換換気なし | C値 2 |

$$\frac{2.8 \div 100 \text{ W/(W/m²)} \times 280 \text{ m²} \times 180 \text{ W/m²}}{\text{貫流熱貫流 } 157 \text{ W/K} + \text{換気熱損失 } 53 \text{ W/K} + \text{漏気熱損失 } 14 \text{ W/K}} = 6.3\text{K}$$

| HEAT20 G2(6地域) | U_A値0.46 | η_{AC}値 2.8 | 熱交換換気あり | C値 0.5 |

$$\frac{2.8 \div 100 \text{ W/(W/m²)} \times 280 \text{ m²} \times 180 \text{ W/m²}}{\text{貫流熱貫流 } 129 \text{ W/K} + \text{換気熱損失 } 11 \text{ W/K} + \text{漏気熱損失 } 4 \text{ W/K}} = 9.8\text{K}$$

図6 **断熱だけ強化して日射遮蔽を忘れると、室温は急上昇する！**

上は η_{AC} を用いた日射熱による室温上昇の計算式。下は断熱レベルごとの日射熱による室温上昇の試算。高断熱住宅ほど夏季には日射による室温上昇が大きいので日射遮蔽が重要となる

け暑くなるのだろうか。図6に漏気熱損失込みの総合熱貫流量 $\overline{UA'}$（Q.17を参照）を、6地域条件において η_{AC} を基準値の2.8に固定したまま、断熱性能を建築物省エネ法（断熱等級4）、HEAT20のG1、同G2と向上させた場合の温度上昇を試算した。室内への日射熱量が変わらないまま断熱が強化されるので、室温上昇はそれぞれ4.3℃、6.3℃、9.8℃と、急激に大きくなってしまう。

η_{AC} の数字ではよく分からなくても、室温上昇に換算すると日射遮蔽強化なしの高断熱化がいかに危険かよく分かる。なお、この温度上昇の計算値は「日平均」なので、日射が集中する日中の室温上昇はさらに大きくなる。より注意が必要だ。

効果的な日射遮蔽は太陽の位置の理解から

夏はしっかり日射遮蔽して冬は日射取得を邪魔しない賢い日射制御を、設計段階で考えておくことは非常に重要。その第1歩は、各季節各時刻の太陽位置の確実な把握。東京における太陽軌道を図7に、各方位の壁面に入射する日射量の時刻分布（月平均）を図8に示した。

夏というと夏至（6月）が代表とされることが多いが、実際に気温が高いのは8月。図8の8月を見ると、水平面の日射が非常に強く、屋根断熱の重要性が分かる。また、東・南・西の日射量はほぼ等しく、各面とも遮蔽が必要である。

高断熱住宅では、9月や10月でも日射熱でオーバーヒートすることが少なくないので、従来は重視されていない秋の太陽軌道にも要注意。秋は南中時の太陽高度が低くなり、軒や庇をかいくぐって南窓から日射熱が侵入しやすいのだ。

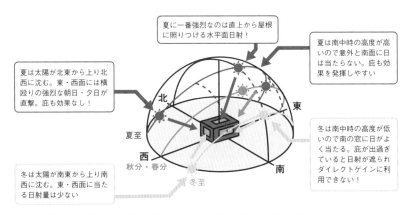

夏に一番強烈なのは直上から屋根に照りつける水平面日射!

夏は太陽が北東から上り北西に沈む。東・西面には横殴りの強烈な朝日・夕日が直撃。庇も効果なし!

夏は南中時の高度が高いので意外と南面に日は当たらない。庇も効果を発揮しやすい

冬は南中時の高度が低いので南の窓に日がよく当たる。庇が出過ぎていると日射が遮られダイレクトゲインに利用できない!

冬は太陽が南東から上り南西に沈む。東・西面に当たる日射量は少ない

北　東　夏至　西　秋分・春分　南　冬至

図7 太陽の位置を季節ごとにしっかり把握するのが夏の日射遮蔽・冬の日射取得の第一歩

季節ごとの太陽の動きをしっかりと認識することが一番大事。夏の東西面の日射は強烈な温度上昇をもたらす一方で冬の日射取得は期待できないため、窓面積を減らすなどの徹底防御が基本。南面は夏に適度な庇などで日射を防ぐとともに、冬はしっかり日射を取り入れるのが上策

図8 各方位への日射量の時刻変化をチェック

― 水平面 ― 東 ― 南 ― 西 ― 北

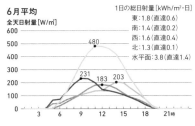

6月平均
全天日射量[W/㎡]

1日の総日射量[kWh/㎡・日]
東:1.8(直達0.6)
南:1.4(直達0.2)
西:1.6(直達0.4)
北:1.3(直達0.1)
水平面:3.8(直達1.4)

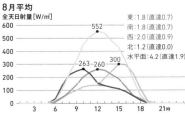

8月平均
全天日射量[W/㎡]

東:1.8(直達0.7)
南:1.8(直達0.7)
西:2.0(直達0.9)
北:1.2(直達0.0)
水平面:4.2(直達1.9)

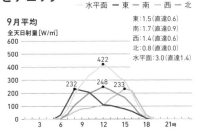

9月平均
全天日射量[W/㎡]

東:1.5(直達0.6)
南:1.7(直達0.9)
西:1.4(直達0.6)
北:0.8(直達0.0)
水平面:3.0(直達1.4)

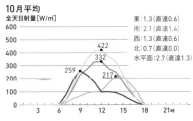

10月平均
全天日射量[W/㎡]

東:1.3(直達0.6)
南:2.1(直達1.4)
西:1.3(直達0.6)
北:0.7(直達0.0)
水平面:2.7(直達1.3)

各方位の毎時刻における全天日射量の各月平均。月によって水平面や各方位の壁面への入射日射量が変化している様子が分かる。より詳しく分析するには、日射量を直達と天空に分けて考える必要がある。方位別に示した数値は、入射する全天日射量の日合計 kWh/（㎡・日）。そのうち直達日射分はカッコ内に記した

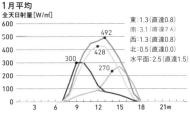

1月平均
全天日射量[W/㎡]

東:1.3(直達0.8)
南:3.1(直達2.6)
西:1.3(直達0.8)
北:0.5(直達0.0)
水平面:2.5(直達1.5)

（資料：新エネルギー・産業技術総合開発機構の日射に関するデータベース（東京平均年）の数値を基に筆者が算出）

夏の備え

日射は「直達」と「天空」の2つ、夏は天空の割合が多い

　ここまでは日射熱をひとくくりで考えてきたが、より効果的な日射遮蔽を考えるには、日射を2つに分けて考える必要がある。太陽から直接照り付ける「直達日射」と、大気で拡散されて天空の全方位から降り注ぐ「天空日射」である **図9**。

　夏には強烈に照り付ける直達日射が大半のイメージがあるが、実は8月平均では天空日射の方が多い **図10左**。夏は湿度が高く雲も多いので、日射が拡散されやすいのだ。

　もちろん、晴天の日には直達日射が卓越する **図10右**。特に、

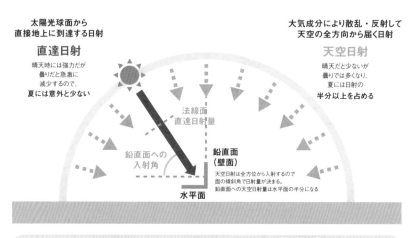

太陽光球面から 直接地上に到達する日射	大気成分により散乱・反射して 天空の全方向から届く日射
直達日射	**天空日射**
晴天時には強力だが 曇りだと急激に 減少するので、 **夏には意外と少ない**	晴天だと少ないが 曇りでは多くなり、 夏には日射の **半分以上を占める**

法線面
直達日射量

鉛直面への
入射角

鉛直面
（壁面）

天空日射は全方位から入射するので
面の傾斜角で日射量が決まる。
鉛直面への天空日射量は水平面の半分になる

水平面

$$\text{水平面全天日射量} = \text{水平面直達日射量} + \text{水平面天空日射量}$$

$$\text{鉛直面全天日射量} \fallingdotseq \text{法線面直達日射量} \times \text{入射角の余弦} + \text{水平面天空日射量} \times \frac{1}{2}$$

図9 日射は「直達」と「天空」に分けて考える

日射というと、太陽そのものから直接届く強烈な「直達」ばかりが気になるが、実際には大気に散乱・反射して天空の全方位から降り注ぐ「天空」も忘れてはいけない。実は、湿度が高く雲も多い夏は、天空日射の割合が非常に多いので要注意。日射遮蔽においては、この直達と天空をしっかり区別して対策する必要がある

8月平均	直達日射の多い晴天日（8月25日）

水平面
日射量[W/㎡]

ピーク552w
1.9kWh
2.3kWh

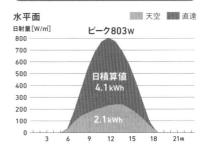

水平面
日射量[W/㎡]　天空　直達

ピーク803w
日積算値
4.1kWh
2.1kWh

南面
日射量[W/㎡]

ピーク260w
0.7kWh
1.2kWh

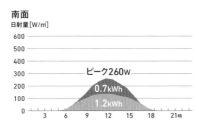

南面
日射量[W/㎡]

ピーク389w
1.7kWh
1.1kWh

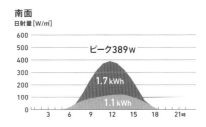

東面
日射量[W/㎡]

ピーク263w
0.7kWh
1.2kWh

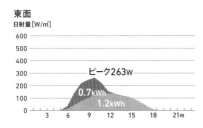

東面
日射量[W/㎡]

ピーク518w
1.9kWh
1.1kWh

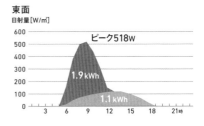

西面
日射量[W/㎡]

ピーク300w
0.9kWh
1.2kWh

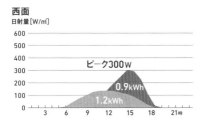

西面
日射量[W/㎡]

ピーク483w
1.7kWh
1.1kWh

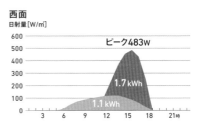

図10 夏は天空日射が多く軒・庇では防ぎにくい
晴天日は直達日射の増加による大きなピークにご用心

東京の8月で平均を取ると、実は直達よりも天空日射量の方が多い（左）。天空日射は軒・庇では防ぎにくいので、窓面での遮蔽の方が重要になる。晴天日になると直達成分の方が多くなるが、特に問題になるのは短時間に日射が集中する東・西面。太陽高度が低い朝・夕の遮蔽が重要となるので、やはり窓面での遮蔽が重要となる（算出条件は図8と同様）

図11 日射の防御は東・西を最優先すべし

8月上旬の15時ごろに撮影した赤外線画像。南面よりも西面に強い日射が当たっていることが分かる。太陽高度が低い時間に日射が当たる東・西面の日射遮蔽を優先するのが基本となる。ただし、南面も太陽高度が低くなる秋には日射遮蔽が必要

2016年8月4日（南向き）　　**2016年8月5日（西向き）**

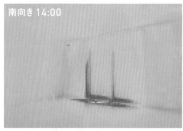

図12 クルリと回る実験棟で南窓・西窓からの日射を観察

東京大学工学部1号館上の回転する屋上実験棟における、赤外線カメラの映像。左の南向きの場合は、開口部正対時の太陽高度が高いために開口部からそれほど日射が入らない。右の西向きの場合は、午後から強烈な日射が低い角度で部屋奥まで入り込み、温度が急上昇する

東面・西面には短時間に強烈な直達日射が集中するので、注意が必要。外壁面に当たる日射熱 図11、室内に侵入する日射熱 図12 をみても、特に太陽高度が低い東・西面にあたる直達日射は、最優先で防ぐ必要があることは明らかだ。

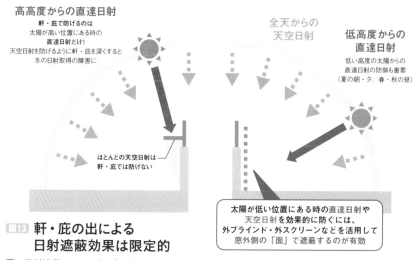

高高度からの直達日射
軒・庇で防げるのは
太陽が高い位置にある時の
直達日射だけ!
天空日射を防げるように軒・庇を深くすると
冬の日射取得の障害に

**全天からの
天空日射**

**低高度からの
直達日射**
低い高度の太陽からの
直達日射の防御も重要
（夏の朝・夕、春・秋の昼）

ほとんどの天空日射は
軒・庇では防げない

太陽が低い位置にある時の直達日射や
天空日射を効果的に防ぐには、
外ブラインド・外スクリーンなどを活用して
窓外側の「面」で遮蔽するのが有効

**図13 軒・庇の出による
日射遮蔽効果は限定的**
夏の日射遮蔽というと軒・庇が注目されがちだが、防げるのは太陽が高い位置にある場合の「直達日射」分に限られる。低い太陽高度からの直達日射、そして天空日射を防ぐには、窓のなるべく外側の「面」での防御が欠かせない

図14 深すぎる軒・庇は冬の日射を大幅にカットしてしまう
太陽高度が低い冬においても、深過ぎる軒・庇の出は冬の日射取得を大幅に減らしてしまう。日射遮蔽は固定的な処置ではなく、季節によって調節できる可変的な措置の方が望ましい

庇・軒は高い高度からの直達日射しか防げない

日射遮蔽というと、窓上に飛び出して影をつくる「軒」や「庇」が主役というイメージがあるが、実は軒・庇は高い高度からの直達日射しか防ぐことができない 図13左 。夏に日射熱の多くを占め、空全体から降り注ぐ天空日射は、軒・庇を大きく出さないと防げない。だが、出が深過ぎると、今度は冬の日射取得を大幅に阻害してしまう 図14 。

窓外側の面で天空日射と低高度からの直達日射を防ぐ

天空日射および東・西面で最重要となる低い高度からの直達日射を防ぐには、やはり窓外側で面的に防ぐのが最も有効。

南面については、冬の日射取得を邪魔しない程度の軒・庇の出で6〜8月の直達日射をしのぎ、南中時の太陽高度が下がってくる9〜10月には「面での防御」も併用することをおススメする。

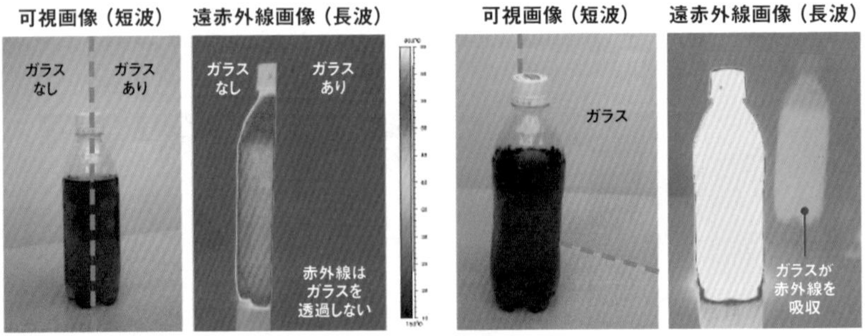

可視画像（短波）　遠赤外線画像（長波）　可視画像（短波）　遠赤外線画像（長波）

図15 **ガラスは（遠赤外線にとって）透明ではない**

ガラスを透過するのは、可視光や近赤外線といった「短波」のみ。暖かいお茶の入ったペットボトルから放射される遠赤外線は「長波」なので、ガラスを透過できずに吸収されてしまう。短波の日射熱がガラスを通過して室内に入る一方で、長波の放射はガラスを抜けられずに屋外に出ていかない。この熱の一方通行が「温室効果」の正体である

天空日射と直達日射の両方を防ぐ「面」での遮蔽は、何といってもガラス外側で防ぐのが効果的。採光を含めたトータルバランスでは「外ブラインド」が1番だが、なにぶん高価。暗さを気にしないのなら、簾・よしずでも十分である。最近では、日射遮蔽と採光に優れ安価で後付けが容易なスクリーン系の遮蔽部材も多く登場しているので、ぜひ検討してほしい。

ガラスの外で防げない場合の次善の策は「反射」の利用

　どうしてもガラス外側で遮蔽が難しい場合は、次善の策として「反射」を使う方法がある。ガラスは日射のような短波の電磁波（＝可視光＋近赤外線）は透過するが、日射熱が吸収され

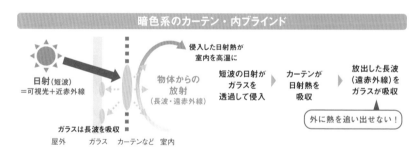

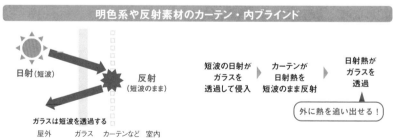

図16 ガラス内側でしか遮蔽できない場合は短波のまま打ち返す！

日射遮蔽はガラス外側で行うのが基本だが、耐風や納まり・コストの関係から内側での遮蔽にせざるを得ない場合も多い。その場合は、日射熱を吸収することなく短波のまま反射して、弾き返すのが効果的。可視光・近赤外線の短波のまま反射すればガラスを透過できるので、光を反射しやすい明色や反射素材の内ブラインドやカーテンを用いると良い

てから再放射される長波の遠赤外線は通さず吸収してしまう 図15 。この「日射（短波）は通すが放射（長波）は通さない」という一方通行が、ガラスの温室効果の本質である。

　ガラス内側のカーテンや内ブラインドの色が暗色系だと、日射熱をそのまま吸収してしまうので室内に熱がこもる 図16左 。カーテンや内ブラインドが明色や反射素材だと、日射を短波のまま反射するのでガラスを透過して追い出すことが可能となる 図16右 。よく自動車のフロントガラスにアルミの反射板を置いているのを目にするが、日射を短波のまま反射して車外に放出するのは、ガラスの特性からみても理にかなっているのだ。

日射遮蔽のやり方はいろいろ、窓は方位ごとにしっかり対策

　図17 に、様々な日射遮蔽措置を行った場合の室内温熱環境を示す。外ブラインドや簾といった、ガラス外側の遮蔽手段が最も優れていることが分かる。内ブラインドも、明色系なら反射によってある程度の遮蔽効果を得ることができる。室内側に貼る遮蔽シートは日射熱を吸収して高温になってしまっており、ほとんど効果がなさそうである。

　日射遮蔽は夏を旨とした日本の伝統住宅のお家芸のようなイメージがあるが、太陽の軌跡や直達・天空日射の分類まで考えると、正しい知識に基づいた慎重な対策が必要なことが分かる。特に、夏に天空日射が多いため、軒・庇ではなく「面」での遮蔽が重要となる。外皮が高断熱化するほど日射遮蔽を強化する必要がある。盛夏ばかりでなく、秋まで含めて冷房なしでもなるべく涼しく、冷房をつけても少ない熱負荷で済むよう対策が必要なことを、しっかり理解しておきたい。

外ブラインド

外ブラインド　遮蔽なし

37.3℃　42.5℃

外気34℃

簾（すだれ）

簾　遮蔽なし

38.0℃　41.7℃

外気33℃

内ブラインド（明色）

内ブラインド　遮蔽なし

46.4℃　44.3℃

外気35℃

遮熱シート

遮熱シート　遮蔽なし

51.5℃　44.5℃

外気31℃

夏の備え

図17 遮蔽措置で室内温度は大きく変わる

東京大学の屋上実験棟にて、異なる遮蔽部材を設置して室内側から撮影した赤外線画像（右）。外ブラインドやすだれといったガラス外側の遮蔽の効果が最も大きいことが分かる。内ブラインドも明色のものを使えば日射を反射できる。室内側に貼る遮熱シートは、日射熱を吸収・放出してしまうので遮蔽効果が少ない

Q.23
全館24時間冷房は電気代が高い？

A.

▶ ヒートポンプのスイートスポットを生かせば、全館24時間冷房は低コストで運用可能。

▶ 簡易な定風量型の登場で設置コストもダウン。快適性が向上し、太陽光発電とも相性抜群。

夏の暑さが深刻化する中、夏を健康・快適に過ごすために
は、全館24時間冷房が現実的である。全館24時間冷房
システムはバブル期にも1度はやったが、設置費が非常に高額
で電気代も膨大だったため、すぐに下火になった経緯がある。
全館24時間冷房は今も高価で増エネのままなのだろうか。

　冷房では、各部屋に壁掛けエアコンを設置してそれぞれを操
作する「個別エアコン」冷房が一般的。エアコンは年間800万
台も発売される超メジャー製品のため、値段がこなれていて設
置も容易だ。

　だが 図1 に示すように、長所と短所があり、基本的には在室
時のみ冷房する「居室間欠運転」専用の機種である。

　ところが最近になって、高性能住宅に取り組む事業者を中心
に「エアコン1台で全館24時間冷房」にトライした事例が増
えている。

個別エアコン冷房の長所と短所

- 1台当たりが安価で交換も容易
- 間仕切られた個室にも設置が容易
- 部屋ごとのON/OFFや室温・風量などの調整が容易
- 「畳数の目安」で機器容量を選べば暖冷房能力は十分（過大）

- 全部屋につけると設置コストがかさむ
- 部屋ごとに屋内機・屋外機の設置スペースが必要
- 気流感や上下温度差などの不快を感じやすい
- 在室時のみONにする使い方が普通なので、ヒートポンプ効率
  のスイートスポットを生かせず低効率になりがち

図1 個別エアコンの長所と短所

最も一般的な冷房方式は、各部屋にエアコンを1台ずつ設置する「個別エアコン」冷房である。
設置が容易で制御性も良く、在室時だけONにして使う「居室間欠運転」には適した機械である。
一方で、部屋ごとに設置するのはコストやスペースのムダが大きく、最近の高断熱で日射遮蔽
に優れた住宅では住戸全体を常時冷やす「全館24時間冷房」へのニーズが高まっている

最もメジャーな個別エアコン冷房は「居室間欠運転」専用

　Q.18で紹介した暖房用の「床下エアコン」で冷房すると、重たい冷気が下にたまって足元を冷やすのでおススメできない。

　重たい冷気を住宅全体に回すには、なるべく上方のロフトなどに冷房専用のエアコンを設置し、冷気を下に吹き下ろす 図2。ただし、冷気は間仕切られた個室や日射不足の窓際には回り込んでくれないので、間仕切りが多く開口部が大きいプランには向かない。24時間冷房し続ける前提で、空間がつながったオープンプランとし、かつ開口部の日射遮蔽を完璧に設計する必要があるのだ。空間ごとの空調制御が難しい点も注意が必要だ。

壁掛けエアコンのファンは空気を遠くに送る力「静圧」が弱い

　壁掛けエアコンの送風を担うのは、内蔵された「ラインフローファン」と呼ばれる横長筒状のファン 図3。柔らかい風を一様に吹き出すのには優れているが、空気を押し込むのに必要な「静圧」をつくる力が弱い。そのため、冷風を遠くに届けるのは難しく、またフィルターが目詰まりすると風量が急減するのも欠点。壁掛けエアコンは、本格的な全館24時間冷房を想定したつくりにはなっていないのだ。

ダクト式全館冷房は各部屋に冷気をしっかり届ける

　今後の在宅勤務の普及などを考えると、住宅でも個室の充実や防音・プライバシー確保へのニーズが高まる可能性は高い。間仕切られたプランで部屋ごとにしっかり空調しようとすれば、冷風をダクト経由で各部屋の吹き出し口に送り込む「ダクト式

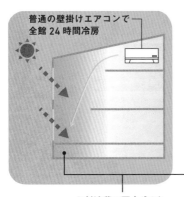

天井裏ロフトの壁掛けエアコンから
冷房を吹き下ろす

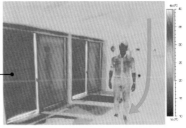

普通の壁掛けエアコンで
全館24時間冷房

日射遮蔽が不十分だと、
窓際が暑く不快に

図2 エアコン1台の全館冷房は可能だが制約も

重たい冷気は下に流れるため、1台のエアコンで全館冷房するには、なるべく上方の天井裏ロフトなどに設置して冷気を床面に吹き下ろすことになる。間仕切りが少なくオープンプランの住宅には有効だが、間仕切られた個室には冷気が届きにくい。冷気が回りにくい窓際は暑く不快になりやすいので、日射遮蔽は完全に行う必要がある

ラインフローファン
(別名:クロスフローファン)
穏やかな気流を一様に吹き出す。静圧が小さく、遠くへの送風は苦手

プロペラファン
換気扇に用いられる。静圧が小さく、外部風の影響を受けやすい

シロッコファン
換気装置やレンジフード用。静圧が大きく風量安定

ターボファン
ダクト式空調機用。ダクトの圧損に負けず空気を送れる

静圧小　　　　　　　　　ファンが空気を押し込む力「静圧」　　　　　　　静圧大

図3 壁掛けエアコンのファンは静圧をつくる能力が低い

壁掛けエアコンは、1時間におよそ600㎥の空気を吹き出す力があり、内蔵する「ラインフローファン」は部屋内に一様で柔らかい風を吹き出すのに適した形式である。ただし、空気を押し込むのに必要な「静圧」をつくる力が弱い。空気を遠くに届けるのは苦手で、フィルターが目詰まりすると風量が大きく低下してしまう。空気をダクト経由で遠くに届けるダクト式空調機には、静圧をつくる力が強いターボファンが内蔵されている

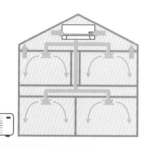

図4　ダクト式全館空調は個室も空調でき、屋外機も少ない

ダクト式全館空調は、各部屋に吹き出し口だけ設置してダクト経由で冷風を送り込む方式。ダクトなどの施工の手間がかかるが、間仕切られた個室にも確実に冷風を送り込むことができる。壁掛けエアコンのように室内機・室外機の設置スペースが必要なく、人体に直接冷風が当たる不快感も少ない。空調機には、送風ファンを内蔵したダクト空調専用の機種を用いる場合もあれば、一般的な壁掛けエアコンと送風ファンを組み合わせた方式など、数多く提案されている。屋外機も1～2台にまとめられるので省スペース。写真はOMソーラーの給湯・暖冷房まで1台の屋外機で分担する「OMX」

全館冷房」が有利である　図4 。

　ダクトの敷設に手間やコスト、スペースは必要だが、各部屋のエアコン屋内機やコンセント・冷媒配管は不要となる。換気機能も備えた全館冷房なら、換気の給気口も不要。吹き出し口1つで冷房と換気ができるうえ、冷風が穏やかに常時吹き出すため、温度ムラや気流感が小さく快適性にも優れている。

全館空調は簡便安価な定風量型（CAV）が主流に

　バブル期に普及したダクト式の全館空調は、可変風量型（VAV–Variable Air Volume）といわれる複雑な方式。部屋ご

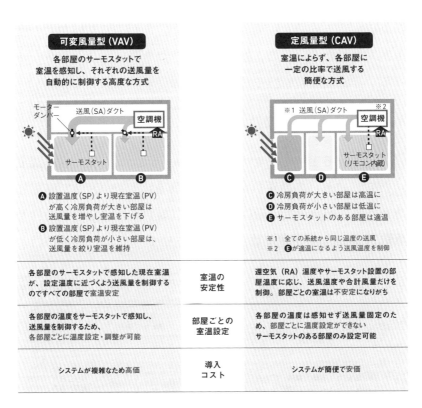

可変風量型（VAV）		定風量型（CAV）
各部屋のサーモスタットで室温を感知し、それぞれの送風量を自動的に制御する高度な方式		室温によらず、各部屋に一定の比率で送風する簡便な方式

可変風量型（VAV）

A 設置温度（SP）より現在室温（PV）が高く冷房負荷が大きい部屋は送風量を増やし室温を下げる
B 設置温度（SP）より現在室温（PV）が低く冷房負荷が小さい部屋は、送風量を絞り室温を維持

定風量型（CAV）

C 冷房負荷が大きい部屋は高温に
D 冷房負荷が小さい部屋は低温に
E サーモスタットのある部屋は適温

※1 全ての系統から同じ温度の送風
※2 **E**が適温になるよう送風温度を制御

可変風量型（VAV）		定風量型（CAV）
各部屋のサーモスタットで感知した現在室温が、設定温度に近づくよう送風量を制御するのですべての部屋で室温安定	室温の安定性	還気（RA）温度やサーモスタット設置の部屋温度に応じ、送風温度や合計風量だけを制御。部屋ごとの室温は不安定になりがち
各部屋の温度をサーモスタットで感知し、送風量を制御するため、各部屋ごとに温度設定・調整が可能	部屋ごとの室温設定	各部屋の温度は感知せず送風量固定のため、部屋ごとに温度設定ができないサーモスタットのある部屋のみ設定可能
システムが複雑なため高価	導入コスト	システムが簡便で安価

図5 全館空調は複雑・高価なVAVから簡便・安価なCAVへ

バブル期の全館空調は、高度な制御が可能な可変風量型（VAV）が主流であったが、導入コストが高く普及しなかった。現在主流の方式は、簡便な定風量型（CAV）である。定風量型は安価であるが、制御性が低いため、建物の断熱気密や日射遮蔽を十分に確保する必要がある

とに設置したサーモスタットが室温を感知し、各部屋の送風ダクトの吹き出し口に設けられたモーターダンパーの開度を制御することで、室温を設定温度に保つ 図5左。当時の断熱や日射遮蔽が不十分な住宅向けにはこうした高度な制御性が要求された。その分、高価で一般には広まらなかった。

　現在では、よりシンプルな定風量型（CAV=Constant Air Volume）が主流である 図5右。風量は常時一定のまま、サーモスタットがある部屋の室温が設定温度になるよう送風温度だけ

を制御する方式で、設備コストが安い。ただし、部屋ごとの室温制御はできないため、熱負荷のバラつきや時間変動が少なくなるよう、建物の断熱や日射遮蔽の徹底が不可欠となる。

窓の日射遮蔽と内部発熱が冷房最大の敵

　図6にQ.16と同じモデル建物を用いて、東京（8月の外気平均28℃）における冷房負荷の内訳概算を示した。Q.22で確認したように、冷房最大の敵は窓からの日射熱。冷房期の平均日射熱取得率 η_{AC} 値が建築物省エネ法ギリギリでは、日射熱だけ

※ η_{AC} 2.8 ÷ 100 × 280m² × 180W/m² ≒ 1400W（Q.22を参照）

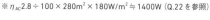

図6 冷房は内部発熱と窓からの日射熱との闘い

冷房時は、内外温度差が小さいので熱貫流は小さいが、照明・家電による内部発熱、そして開口部からの日射熱取得が大きな冷房負荷となる。開口部の日射遮蔽を徹底するとともに、照明や家電の節電化も効果がある
（地域は東京、温度と相対湿度はそれぞれ、屋外28℃・70%、室内26℃・70%。家族人数は4人を想定して試算）

で日平均1400Wと膨大。冷気が十分に届かない窓際は放射温度が高くなり、不快の原因となる。日射遮蔽の徹底は省エネだけでなく、快適性の向上のためにも極めて重要だ。

　室内の家電・照明からの発熱もバカにならない。住宅で消費する電気は、最終的にはほぼ全て熱となって冷房熱負荷を増やしてしまう。家電や照明の節電は、単なる電気代の節約だけでなく、冷房の省エネ・快適性向上にも有効なのだ。

暖房の暖気は下に、冷房の冷気は横に吹き出す

　快適性をしっかりと確保するためには、吹き出し口を暖房と冷房で兼用する方式の場合、季節ごとに吹き出し口の向きを切

屋根や壁をしっかり断熱すれば
室内の放射温度が低く保たれる

人の頭より上の空間では
早い風速で遠くまで吹き出しても
気流感の問題なし！

暑くなりがちな
窓付近に冷気を
しっかり届かす

小さな冷房負荷なら
ぬるい吹き出し温度で処理でき、
温度ムラも小さく済む！

人の頭より下は
風速を抑えて
気流感を和らげる

ガラスの外で日射遮蔽すれば
冷房熱負荷が小さくなり
窓際も暑くない！

り替える必要がある 図7 。

　暖房の軽い暖気は床に向かって吹き下ろすことで、足元まで暖まる。冷房の冷気は横に吹き出すことで、冷気の降下が穏やかになり温度ムラや気流感が小さくなる。暑くなりやすい窓際まで快適にするためには、窓に冷気が届くように吹き出し口の配置を計画することが肝心だ。

冷房をきちんと効かせるには送風量の確保が絶対条件

　送風ダクトで各部屋に空気を送り込む全館空調において、冷

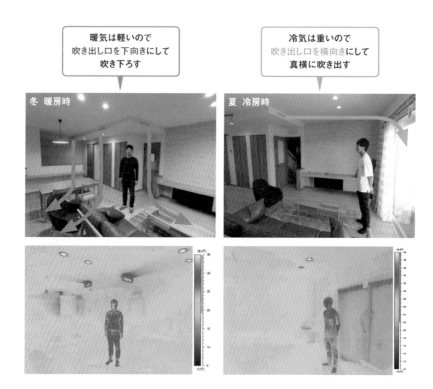

暖気は軽いので
吹き出し口を下向きにして
吹き下ろす

冷気は重いので
吹き出し口を横向きにして
真横に吹き出す

冬 暖房時

夏 冷房時

図7 吹き出し口の向きも肝心！
同じ吹き出し口を暖房・冷房に兼用する場合は、吹き出しの向きを季節ごとに切り替える必要がある。吹き出し向きの変えやすさも重要（撮影協力：桧家住宅）

熱・温熱を運ぶのは空気のみ。あいにく空気は密度や比熱が非常に小さく、代替フロン冷媒や水に比べると熱の運び屋としては劣等生。きちんと空気式の冷暖房を効かせるためには、十分な空気循環量の確保が不可欠となる。

冷房においては、結露などの問題で空調機からあまり低温の空気を送ることができない。室温26℃に対して送風温度は16℃程度が下限であり、温度差は10℃程度 図8 。一般的なダクト式エアコン1台の送風量は約600m³/hであり、10℃差では2000W程度と、一番小さいエアコン程度の顕熱しか送ることができない。 図6 で示した冷房顕熱負荷2600Wはカバーしきれないので、まずは日射遮蔽の徹底が必要だ。

空気で送れる熱量は冷房において特に余裕がないことをしっかり認識したうえで、十分な風量を確保できるダクト設計と丁寧な施工が不可欠。空調機を2台設置できればなお安心だ。

図8 空気で送れる顕熱量は温度差が小さい冷房では特に少ない

空気は密度や比熱が小さく、熱を送る熱媒としては「劣等生」である。特に冷房では供給できる顕熱が少ないため、各部屋への吹き出し風量をしっかり確保する設計・施工が不可欠である

空気の密度 ≒ 1.2 kg/m³
空気の比熱 ≒ 1000J/(kg・K) とすると

1時間に 1m³ の空気が 1K 差で運べる顕熱量
≒ 1m³/h ÷ 3600秒/h × 1K × 1.2 kg/m³ × 1000J/(kg・K)
≒ 0.35Wh/(m³・K)

> 1台のダクト式エアコンは
> 小型のエアコン程度の
> 顕熱しか送ることができない。
> 1台で全館空調するには、
> 徹底した負荷削減が必要。
> 複数台設置や大風量型は
> 冷房能力に余裕あり

1時間に600m³の送風で送れる顕熱量

冷房　送風16℃ 室温26℃ → 温度差10K
600m³/h × 10K × 0.35 Wh/(m³・K) ≒ 2000W ≒
最小エアコン並
2.2kW

暖房　送風44℃ 室温24℃ → 温度差20K
600m³/h × 20K × 0.35Wh/(m³・K) ≒ 4000W ≒
中型エアコン並
4.0kW

屋根の断熱＋窓の日射遮蔽＋全館 24 時間冷房は非常に快適

Q.21 で示したように、不快だからと冷房を使いたがらない人は多い。この不快は、断熱や日射遮蔽が不十分な住宅において、壁掛けエアコンを在室時にだけ ON にする居室間欠運転に大きな原因がある。

ここまで見てきたように、断熱と日射遮蔽を徹底したうえで、しっかりと計画された全館空調を 24 時間つけ続ければ、非常に穏やかな室内環境となる。温度ムラや気流感が少なく「冷房を付けていることを忘れてしまう」最高の冷房は、建物と設備の入念な設計ではじめて実現できるのだ。

全館 24 時間冷房でも電気代は意外と安い

快適な冷房のメドはたったが、残る心配は電気代だ。家中 24 時間冷房をつけるとなると消費電力量が大変なことになりそうだが、実はちゃんと設計すれば心配ない。

Q.8 で述べたように、部屋ごとに個別エアコンを設置した居室間欠運転の一般的な住宅では、運転時間のほとんどが超低負荷の低効率領域に集中し、ヒートポンプ本来の高効率を発揮できない 図9上。

これに対して、家中の熱負荷をまとめて 1 台の空調機で処理する全館 24 時間冷房とすれば、ヒートポンプの効率が最も高くなる「中間能力」近辺のスイートスポットに運転時間が集中する 図9下。ヒートポンプの実力を発揮させられるよう適切に設計すれば、増加した熱負荷も少ない消費電力量で処理できるのだ。

なにはさておき、実際に全館24時間冷房を運転した住宅の例をみてみよう。**図10** を見ると、夏を通して室温は26℃程度で安定。1番暑い8月の消費電力量は合計で205.7kWhだった。買電単価28円/kWhとすれば、6000円足らずで済む。1日200円ほどの電気代で家族みんなが1日中快適に過ごせるのであれば、十分リーズナブルではないだろうか。

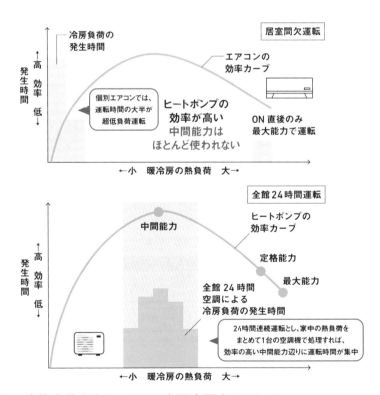

図9 **建物全体をまとめて24時間冷房することで**
ヒートポンプ効率のスイートスポットを生かせる

上はリビングに設置した個別エアコンの居室間欠運転時の効率と冷房負荷の発生時間のイメージ。個室には、最小容量のエアコン（冷房能力2.2W）でも過大容量なので、さらに極端な低負荷・低効率運転が続くことになる。下は、24時間連続運転による全館空調で熱負荷が発生する時間帯とヒートポンプの効率のイメージ。家中の熱負荷をまとめることで、最も効率が高い中間能力付近のスイートスポットを生かした省エネ運転が可能となる

図11では、室温と消費電力の時刻変動をみてみよう。快晴だった8月18日は、外気温度が最高35.7℃まで上昇しているが、室温は26℃前後で終日安定している。1日の消費電力量8.3kWhのうち5.8kWhが7〜17時に消費されているので、太陽光発電を載せれば自家消費で3分の2が賄える。太陽光発電と冷房は、発電と消費のタイミングがピッタリなので蓄電池も

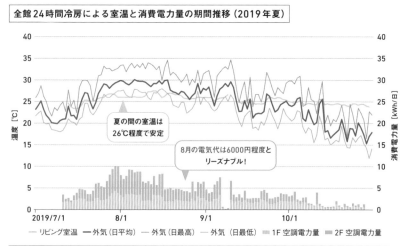

全館24時間冷房による室温と消費電力量の期間推移（2019年夏）

夏の間の室温は
26℃程度で安定

8月の電気代は6000円程度と
リーズナブル！

― リビング室温　― 外気（日平均）― 外気（日最高）― 外気（日最低）■ 1F 空調電力量　■ 2F 空調電力量

		7月	8月	9月	10月
外気温日平均		24.3℃	28.5℃	25.2℃	20.1℃
最低外気温〜最高外気温		22.1〜27.5℃	26.0〜32.0℃	22.3〜29.0℃	17.3〜23.7℃
1カ月当たりの電力量	2階	44.6 kWh	120 kWh	55.3 kWh	22.3 kWh
	1階	46.0 kWh	85.7 kWh	56 kWh	31.5 kWh
電力量合計		90.6 kWh	205.7 kWh	111.3 kWh	53.8 kWh

図10 全館24時間冷房でも期間全体の消費電力は多くない

全館24時間冷房というと電気代が心配になるが、盛夏の8月でも消費電力は205.7kWhであり、買電単価28円/kWhとしても6000円足らず。さらに太陽光発電の搭載住戸では、消費電力の多くを発電の自家消費で賄うことが可能である

計測条件（図10と11共通）
・千葉県の床面積117㎡の2階建て戸建て住宅
・UA値0.55（HEAT20 G1レベル）、ηAC値1.8
・1階と2階にそれぞれダクト式空調機を設置
・計測時は無人で、人体と家電の内部発熱を模擬するため、650Wの電気ヒーターを常時ONにした
・計測開始は2019年7月13日
・9月12日から14日は冷房停止
・外気温度は気象台データを参照（千葉）

必要ない。

　冷房は「エコの敵」というイメージが強いが、建物と設備の適切な設計、そして太陽光発電との組み合わせで省エネも快適性も全て鮮やかに解決できてしまうのだ。夏の間中、快適な温熱環境をごくわずかな買電負担で実現できる全館24時間冷房は、ますます暑くなる日本の必須アイテムになりそうだ。

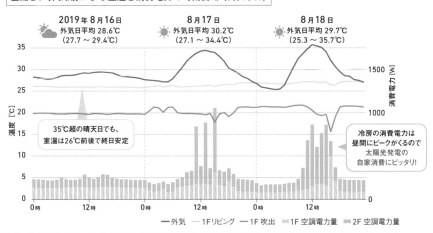

全館24時間冷房による室温と消費電力の時刻変動（代表3日）

		8月16日	8月17日	8月18日
1階リビングの室温	日平均	25.9℃	26.2℃	26.9℃
	最低室温〜最高室温	25.8〜26.1℃	25.8〜26.9℃	25.3〜27.2℃
空調機の吹き出し温度	日平均	19.8℃	20.2℃	20.8℃
	最低室温・最高室温	19.6〜19.9℃	17.8〜21.3℃	15.6〜21.7℃
階ごとの空調消費電力量	2階空調	2.4kWh/日	4.8kWh/日	5.3kWh/日
	1階空調	3.3kWh/日	3.4kWh/日	3.0kWh/日
消費電力量合計		5.7kWh/日	8.2kWh/日	8.3kWh/日
昼間（7時〜17時の消費電力量）		2.8kWh/日	5.3kWh/日	5.8kWh/日

図11 全館24時間冷房なら夏の晴天日でも 1日中快適で消費電力も少ない

終日冷房を付けることで、日最高気温が35℃を超える晴天日においても常に室温は26℃で安定している。消費電力量も住宅全体で1日5.7〜8.3kWhであり、買電単価を28円/kWhとすれば、1日160〜230円にすぎない。消費電力は昼に増えるので、太陽光発電を載せていれば過半を自家消費で賄うことが可能（試算条件は図10と同様）

ナイチンゲール
(1820〜1910)

体を冷やすことなく
清浄な外気を取り入れるには
どうしたらいいの？

第8章

空気とお湯

新型コロナウイルスの感染拡大の影響もあり、一気に関心が高まった「換気」。実は、これまでかなりいいかげんに扱われてきた設備である。メンテナンスを含めた空気質の維持と、省エネを両立する丁寧な設計・施工が求められる。「給湯」もまだまだ工夫の余地あり。

Q.24
花粉対策は空気清浄機が1番？

花粉対策は任せて!!

床に落ちたら吸い込めないでしょ…フフッ

A.

▶ 空気清浄機は室内空気質確保の脇役。屋外から室内への花粉持ち込みを防ぐのがカギ。

▶ 換気の給気口にフィルターを付け、外から侵入する花粉をブロックするのが効果的。

春は憂鬱な花粉症のシーズン。最近では海外からPM2.5（微小粒子状物質）が飛んでくると聞けば、空気汚染も気になる。きれいな空気を保つ身近なアイテムといえば、すぐ思いつくのが「空気清浄機」。家の中の空気をきれいに保つには、空気清浄機が1番なのだろうか？

　一般的な空気清浄機を分解してみると、**図1**のように集じんフィルターと脱臭フィルターが入っている。本体に内蔵するファンが室内の空気を吸い込み、花粉やPM2.5などの微小な粒子は集じんフィルターの細かい繊維で絡め取る。そして、アンモニアなどの臭い成分は、活性炭などを使った脱臭フィルターで吸着する仕組みだ。つまり、一般的な空気清浄機にできるのは、「集じん」と「脱臭」ということになる。

図1 空気清浄機の機能は「集じん」と「脱臭」

空気清浄機の構成は単純。集じんフィルターの繊維で粒子状の汚染物質を絡めとり、「活性炭などを使った脱臭フィルターでガス状の汚染物質の一部を吸着する

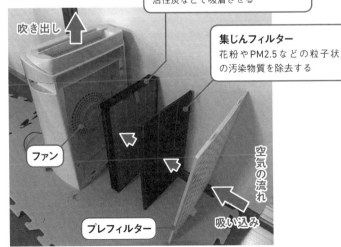

脱臭フィルター
集じんフィルターでは取り除けないたばこや臭いのガス成分の一部を、活性炭などで吸着させる

集じんフィルター
花粉やPM2.5などの粒子状の汚染物質を除去する

吹き出し

ファン

プレフィルター

空気の流れ

吸い込み

空気清浄機の脱臭試験はたばこ煙の3成分だけが対象

　一般に市販されている空気清浄機は日本電機工業会（JEMA）の規格「JEM1467 家庭用空気清浄機」に準じて、「集じん」と「脱臭」性能を満たすようにつくられている。ただし、JEM1467 が想定しているのは、もっぱら「たばこの煙」。実際の試験も、たばこ（銘柄もメビウス指定！）を用いて行われているのだ。

　JEM1467 の試験項目を見れば明らかなように、室内喫煙を主に想定して喫煙で汚れた室内空気から、粉じんと臭いをどれだけ除去できるかを規定している 図2 。

　確かにたばこの煙は膨大な種類の汚染物質を含んでいるので、汚染源の代表としてはなかなかの「強者」である。とはいえ、

図2 空気清浄機は室内空気質確保の主役にあらず
空気清浄機の必要機能は、日本電機工業会（JEMA）の規定にあるように、主にたばこ煙の「粉じん」と「脱臭」。汚染物質の一部を取り除く機能しかない「脇役」にすぎないことを、よく確認しておこう

JEM1467　家庭用空気清浄機における試験項目

● **集じん性能試験（該当製品のみ PM2.5 除去性能も試験）**
たばこ煙に含まれる粉じんの除去性能を試験
カタログなどに記載された「適用床面積」は、粉じん濃度 $1.25mg/m^3$ の汚れた空気（たばこ煙に満ちた状況）を、30分間で $0.15mg/m^3$（たばこ臭が僅かに残る許容レベル）にまで洗浄できる面積（天井高2.4m想定）を表す

● **脱臭性能試験**
たばこ臭のうち「アンモニア」「アセトアルデヒド」「酢酸」の3成分の除去性能を試験
30分で3つの成分の濃度を半分にできる脱臭性能が必要

● **ウイルス除去性能（該当製品のみ）**
大腸菌ファージまたはインフルエンザウイルスの除去性能を試験

たばこ煙に含まれる数千種類に及ぶ全ての有害物質を試験の対象としているわけではない。

　脱臭性能でチェックしているのは「アンモニア」「アセトアルデヒド」「酢酸」の３種類にすぎず、そもそも一酸化炭素などのガス状の有害物質は空気清浄機では除去できない。空気清浄機は室内の空気を繰り返し循環させ、粉じんや臭いの「一部」を取り除く役割を果たす「脇役」と捉えるのが賢明だ。

「換気」と「付着」の花粉侵入ルートを塞ぐ

　では、どうすれば室内の空気を清浄に保てるのか。従来からの対策は、汚染物質がもっぱら室内から発生すると想定し、汚染物質を室内で発生させない「汚染源の撲滅」と、外の清浄な空気を取り入れ汚染された室内空気を絶えず押し出す「換気」

図3 花粉は「換気」と「付着」で室内に侵入する大きな粒子

屋外から花粉が室外に侵入するルートは、換気が最大。床面やカーテンに付着して室内にとどまる。次いで、ふとんや洗濯物、外衣に付着して持ち込まれていると推測されている

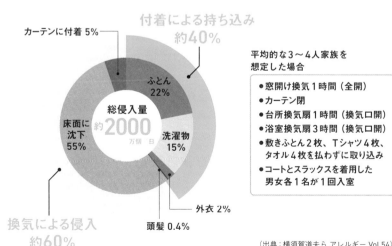

付着による持ち込み
約**40%**

カーテンに付着 5%

ふとん
22%

総侵入量
約**2000**
万個／日

床面に
沈下
55%

洗濯物
15%

換気による侵入
約**60%**

頭髪 0.4%

外衣 2%

平均的な３〜４人家族を
想定した場合

● 窓開け換気１時間（全開）
● カーテン閉
● 台所換気扇１時間（換気口開）
● 浴室換気扇３時間（換気口開）
● 敷きふとん２枚、Tシャツ４枚、
　タオル４枚を払わずに取り込み
● コートとスラックスを着用した
　男女各１名が１回入室

（出典：横須賀道夫ら アレルギー Vol.54）

空気とお湯

313

の2つが重視されてきた。新型コロナウイルスが問題となった2020年の今でもこの2つの重要性は少しも変わらない。

しかしながら、花粉は室内で発生することはなく、全て外から侵入してくる「外敵」。主な侵入ルートは「換気」と「付着」だ図3。そして、花粉は汚染物質の中でも特に「大きく」そして「重い」粒子である図4。この事実を理解すれば、住宅でできる効果的な花粉対策がおのずと見えてくる。

第1に、外からの侵入をできるだけ防ぐこと。換気自体は室内空気質の確保に欠かせないが、外からの汚染を室内に取り入れることがないよう、給気口に花粉除去フィルターを付けるのが効果的だ。粒子の大きい花粉は、目の粗いフィルターでも容易に除去できる。

給気と排気の両方を機械換気する「第一種換気」（Q.25で後述）なら、給気口が1カ所に集中するので、メンテナンスも容易で集じん性能の高いフィルターを採用しやすい。

また、屋外に干したふとんや洗濯物に花粉が「付着」して持ち込まれるのを防ぐため、室内干しや衣類乾燥機の利用も有効である。衣服の花粉を屋外で落とす、屋外着は玄関回りに収納して居室内に取り込まない、などの習慣も有効だ。

侵入した花粉は床面に沈下するので床掃除が肝心

次に、室内に侵入してしまった花粉をどう取り除くか。花粉は大きく重いので、空気中を秒速2cmと結構なスピードで沈下する。つまり、室内に取り込まれてから1〜2分程度で、早くも床面に落ちてしまうのだ。空気清浄機は空気中を漂う粉じんや臭いを除去することはできるが、床に落ちてしまった花

図4 **花粉の粒子は大きくて重たい！**

花粉は30マイクロメートル程度と、黄砂や細菌・PM2.5などに比べ、
かなり大きく重たい粒子のため、短時間で床下に沈下してしまう

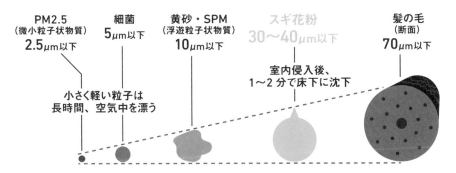

PM2.5
（微小粒子状物質）
2.5µm以下

細菌
5µm以下

黄砂・SPM
（浮遊粒子状物質）
10µm以下

スギ花粉
30～40µm以下

髪の毛
（断面）
70µm以下

**小さく軽い粒子は
長時間、空気中を漂う**

**室内侵入後、
1～2分で床下に沈下**

出典：米国EPA・大阪府環境農林水産部
「微小粒子状物質（PM2.5）」に関する資料より

粉は吸い取れない。

　最も重要なのは床付近にたまった花粉を、再度まき上げない
よう取り除くこと。水拭きで慎重に取り除くのがベストだが、
掃除機を使うなら、はやりのサイクロン方式よりも紙パック式
の方が花粉を取り除く効果が高いのでおススメである。

新型コロナ対策でも「換気不足を補う」脇役

　新型コロナウイルス対策として厚生労働省は、「換気の悪い密
閉空間」の商業施設において、以下の留意点を満たしていれば
空気清浄機が有効としている。①HEPAフィルターによるろ過
式で風量は5m³/分以上、②人の居場所から10m²の範囲内に設
置、③外気の取り入れと空気清浄機の風向きを一致させる。

　空気清浄機はウイルス除去に一定の効果が確認されているが、
あくまでも「換気不足を補う」脇役である。十分な全般換気が
本来の主役であり、コロナ後の家づくりでは、ますますその重
要性が高まることをお忘れなく。

315

ママ、スースーして寒い…

そうね、冬の間は換気を止めましょうね

A.

▶ 室内空気質確保の「主役」は換気設備。
　給気・排気がしっかりできる設計・施工を。

▶ 換気の生命線はメンテナンス。給気口や
　フィルターの清掃のしやすさは超大事！

住宅の気密化と空気質の悪化を受けて、現在では住宅でも換気設備の設置が義務付けられている。換気設備は本来、人が片時も休まず吸い続ける空気の質を確保するために最重要な「主役」なのだが、なぜか日本では非常にいいかげんに扱われている設備でもある。ここでは、清潔な空気をきちんと室内に届ける換気計画について考えてみよう。

昔の家は漏気メイン 「局所換気」で臭いを排出

　住宅の換気設備というと、キッチンやトイレ、浴室についている「換気扇」をイメージする人も多いだろう。使用後に短時間だけ動かして臭いや湿気を外に排出するこうした簡易的な換気を「局所換気」と呼ぶ 図1。

　局所換気はあくまでも、臭いが発生しやすい水回りに設置されるもので、リビングなどの居室の空気を入れ替える力はほと

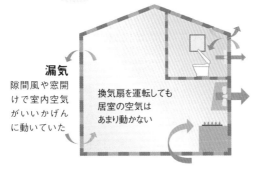

局所換気
● 臭いや廃ガスを外に排出する簡易な装備。代表格は「換気扇」
● かつては、室内の化学物質は少なく特に問題なし
● 必要時のみ短時間運転。建物全体を常時換気する能力はない

漏気
隙間風や窓開けで室内空気がいいかげんに動いていた

換気扇を運転しても居室の空気はあまり動かない

トイレ・浴室
臭いや湿気を逃がすため、通気口に小型換気扇を設置するのが一般的

キッチン
臭いや廃ガス除去のため調理時だけ大風量が必要。大型の換気扇が設置される

気密性が低いので換気扇付近の隙間から外気が吸引される

図1 気密化されていない昔の住宅は漏気＋局所換気
気密性が低いと漏気で空気が動く。加えて水回りの局所換気が必要なときだけ用いられていた

んどない。しかし従来の気密性が低い家では、漏気が勝手に出入りし、なにかと窓を開けて自然換気も行われていた。内装の化学物質が少ない時代には、それで特に問題なく済んでいた。

1990年代には気密化と合成建材でシックハウスが大問題に

それが1980年ごろになると、開口部の高性能化や暖冷房負荷の削減のために建物の気密化が進み、漏気による空気の出入りが減少。折しもこの時期に、化学物質を大量に用いた合成建材内装の利用が急増した。

合成建材から放出されるホルムアルデヒドなどの揮発性有機化合物（VOC）が換気されることなく室内に充満し、汚染された空気を吸い続けた居住者が目や鼻・のどの痛み、頭痛・倦怠感を訴える事例が相次いだ。これが1990年代に大きな問題になった「シックハウス症候群」である。

2003年の建築基準法改正で換気設備が義務化

政府はシックハウス問題の解決に向け、室内空気のホルムアルデヒド濃度を許容値以下にするべく、汚染源である「内装の仕上げの制限」、および新鮮な外気を取り入れて汚れた室内空気を屋外に押し出す「機械換気設備の設置」を義務化した。2003年の建築基準法改正だ 図2 。

必要な換気量についてこのときに定められたのが、「住宅の居室は換気回数0.5回/hを確保」という通称0.5回ルール。つまり、1時間（1h）に室内の半分の空気を入れ替えられる能力の換気設備を付けることが義務とされた。一般的な2階建ての住宅であれば、150m³/h ≒ 1辺5mの立方体に相当する空気を、

シックハウス問題に対応した建築基準法改正（2003年）

室内のホルムアルデヒド濃度を許容濃度（100μg /㎥ =0.08ppm）以下に維持するため、①内装の仕上げの制限によるホルムアルデヒドの発生抑制と②機械換気設備の設置が義務化された。

①内装の仕上げの制限
・ホルムアルデヒドの発散速度の速い、第1種材料建材は使用禁止
・第2種（F☆☆）・第3種（F☆☆☆）は使用可能面積の制限あり
・ホルムアルデヒドの発散速度が遅く、面積制限のない規制対象（F☆☆☆☆）が実質的な標準に

②機械換気設備の設置
・住宅でも機械換気設備の設置が必須に
・居室の空気が毎時半分入れ替わる換気回数0.5回/hを確保

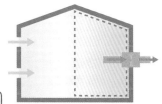

容積300m³の住宅での
（床面積120m² ×階高2.5m）
必要換気量 ≒ **150**m³/h
（300㎡× 0.5回/h）

1人の呼吸に必要な空気の量は
30～40m³/h
150㎡/hなら4～5人分

1時間に居室の半分の空気を
入れ替えられる
換気装置の設置が義務に

図2 シックハウス対策で機械換気設備の「設置」が義務化

社会問題化したシックハウスの解決に向けて、2003年の建築基準法の改正で内装の仕上げの制限および換気設備の「設置」が義務化された。ただし、「運転」は義務化されていない

24時間絶えず動かせる能力が必要になる。

　ちなみに、1人の呼吸に必要な換気量はおおむね30～40m³/hなので、150m³/hであれば4～5人分の呼吸をカバーできることになる。0.5回/h換気は化学物質の汚染防止に向けたシックハウス対策のため定められた換気量であるが、結果的に人の呼吸に必要な風量は確保できているわけだ。

全般換気は第一種・第二種・第三種の3タイプ

　シックハウス対策では、新鮮な外気を常に家中に取り込み、汚れた空気を屋外に排出し続けることが肝心。従来までの局所換気では全く力不足であるため、住宅全体を換気する「全般換

空気とお湯

第一種換気
給気・排気ともに機械換気

- 給気・排気ともにファンで送風。室内空気質の確保に最も優れている。
- 熱交換換気と組み合わせが容易で暖冷房負荷の削減効果が大きい。
- 給排気を換気ユニットでまとめて行うので、フィルター掃除が容易。
- PM2.5除去フィルターの装着も可能。
- ファンが2台となるので省電力化のための配慮が重要。
- ダクトが長くなるので、ダクトの適切な設計と給気口を含めたメンテナンス性の確保が非常に重要。

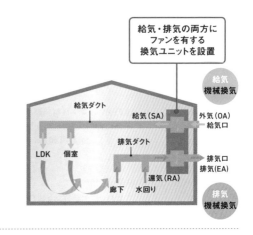

第二種換気
給気のみ機械換気

- 給気をファンで室内に押し込み、排気は自然換気とする方式。
- 漏気の侵入を防ぐため、室内空気質を確実に保ちたい病院などで用いられることが多い。
- 住宅での採用は少ないが、太陽熱や地中熱で給気を予熱する場合に用いられる事例あり。
（図は屋根空気集熱式太陽熱の場合）

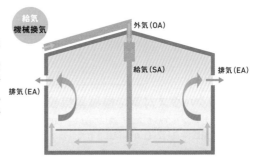

第三種換気
排気のみ機械換気

- 給気口は居室ごとに設け、水回りから排気するのが一般的。
- 排気ファン1台のみのシンプルな構成で低コスト。
- 従来から主流の方式。
- 空気質の維持には、住宅の高気密化や適切な換気経路の設計が重要。
- 低気密住宅では換気がきちんと行われないリスクが大きい。
- 家中の給気口を個別に清掃する必要があり、熱交換換気の利用も困難。

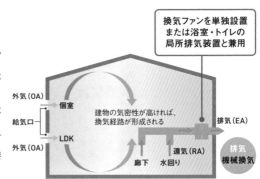

図3 機械換気は3タイプそれぞれに長所と短所あり

新鮮な外気を取り入れ、汚染された室内空気を排出する換気装置は、給気・排気のどこに機械換気を用いるかで3つのタイプに分類されている。現在、最も普及しているのは、排気のみ機械換気の第三種だ。従来からの局所換気に似た簡便なシステムで低コストだが短所も多い。近年は、熱交換換気や外気フィルターが組み合わせやすい第一種も広まりつつある

気」が登場した。

　全般換気を担う換気システムは、給気・排気のどれを機械換気とするかで、大きく3種類に分けられる 図3 。

　全般換気の中でも、従来からの局所換気に似たシンプルさから一気に普及したのが、排気だけ機械で行う「第三種換気」。各居室の外壁に防虫網とフィルターがついた給気口を取り付け、ここから外気を取り入れる。排気は従来の換気扇から進化したパイプファンや浴室換気装置を用いている。従来の局所換気に給気口と長時間運転できる排気ファンを追加しただけの、かなり簡便なシステムなので、設置コストも手ごろだ。

　最近増えているのは、給気・排気ともに機械換気を行う「第一種換気」。設備が複雑で設置コストもかかるが、空気質の確保には最も有利。給気と排気の間で熱と湿気の回収を行う「熱交換換気」とも組み合わせやすいので、暖冷房の省エネにつなげやすいのが最大のメリットだ。

　残る「第二種換気」は、給気のみ機械換気を行う方式で、外からの汚染を嫌う病院などでは一般的。住宅での採用は少ないが、給気を太陽熱や地中熱で予熱する場合に用いられる。

建築基準法改正で義務化されたのは換気装置の「設置」だけ

　建基法改正後に問題となったのは、機械換気設備について、きちんとした設計・施工、運用が行われなかったケースが非常に多かったことだ。義務化されたのは機械換気設備の「設置」だけなので、ただ設置しただけのいいかげんな設計・施工が横行。居住者も何のために設置されているのか理解していないために、電源をOFFにしてしまうことが多かった。空気の質は

居住者が気付きにくいため、換気装置がきちんと働いていなくても見過ごされがち。暖房や冷房、給湯、照明、家電なら、すぐ不調に気付いて改善要求されるところなのだが……。

「空気の質」の良しあしは残念ながら目には見えないが、健康への影響は大きい。前述の3種類の機械換気設備には、それぞれ長所と短所があり、どれが正解というものではない。住宅ごとに適切な設計・施工・運用がされていれば、どのタイプでも空気質の維持は十分可能である。

1年8760時間動く換気ユニットは省電力タイプを選ぶ

まずは設計・施工の留意点をみていこう。全般換気は1年8760時間、休むことなく動き続けるのが仕事である。そのため、ファンが消費する電気代が高くつかないよう、空気を送り込む換気ユニットは省電力型を選ぶのが肝心。特に、給気と排気の両方でファンが2台必要となる第一種換気の場合は注意しよう。ファンを駆動するモーターは、必ず高効率な「DCブラシレス」を選択すること。

ダクトは「太く」「滑らか」にしないと空気が通らない

せっかく高効率なDCブラシレスモーターの換気ユニットを選んでも、空気の通り道である「ダクト」が細くて凸凹していては、空気はすみずみまで届かない。このダクトこそ、換気システムがしっかり新鮮な空気を届けられるかどうかを決める、最もクリティカルな部分である。

ダクトを隙間に通すのが大変だからと、ダクト径を安易に細くしてしまう場合が非常に多いが、ダクトは細くすると風量が大幅

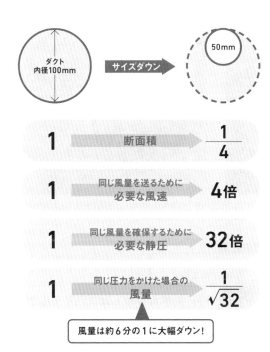

図4 細いダクトは換気装置の意味をなくす

ダクトを通すスペースがないからと、ダクト径を安易に細くする場合が多い。だが、ダクト径を絞ると圧力損失が大きく増えるため、送風ファンが空気を押し込む力（静圧）で送れる風量が大きく減少してしまう。ダクト径は分岐前で内径100mm、分岐後でも75mmは確保することが望ましい

にダウンする 図4 。ダクトの内径を100mmから半分の50mmにダウンすると、風量は半分どころか約6分の1に激減してしまうのだ（換気ユニットの静圧が同じ場合で比較した場合）。

建築環境・省エネルギー機構が発行する「自立循環型住宅への設計ガイドライン」によると、換気ダクトは、分岐前で内径100mm以上、分岐後でも75mm以上の確保が求められている。圧力損失の少ない太いダクトは換気のキモなのだ。

また、施工が簡単だからと柔らかい「フレキシブルダクト」が使われる場合も多いが、内部が凸凹しているので、空気の通りを邪魔してしまう。梁下などに通す際、安易につぶされて閉塞してしまう場合も非常に多い。内部が平滑で圧力損失が小さい「スパイラルダクト」がおススメだ 図5 。

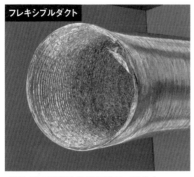

フレキシブルダクト

●柔軟で施工は容易だが施工時につぶしやすい
●内部が凸凹していて圧力損失が大きく、清掃も困難

スパイラルダクト

●施工の手間はかかるが、内部が平滑で圧力損失が小さい。清掃も容易

換気ダクトをつぶさないよう
注意して施工する

図5 大事なダクトはスパイラルで

現場で施工が容易なフレキシブルダクトが一般的であるが、つぶれやすく圧力損失も大きいので、風量確保が困難。風量が多いダクト部分にはスパイラルダクトの採用が望ましい。また、ダクトが梁下などでつぶれないよう、ダクト経路の確保と丁寧な施工も欠かせない

換気システムの生命線は「メンテナンス」のしやすさ

　そして、換気設備にとって何より大切なのは運用時の「メンテナンス」である 図6 図7 。換気設備には、空気の汚れをこし取るために多くのフィルターや防虫網が設けられている。これらが詰まってしまうと、空気が動かなくなり、ファンはむなしく空回りするだけ。メンテナンスが面倒だと放置されがちなので、簡単に清掃できることが肝心である。

　第一種換気は、換気ユニットのメンテナンスが特に重要になる。外から取り込む外気（OA）と室内から吸い込む還気（RA）のそれぞれに対応するよう、フィルターが2つ設けられ

メンテされていない給気口

カビの生えたダクト

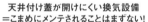

メンテナンスを考慮して
低い位置に設置された給気口

図6

外気を取り入れる給気口は
特にメンテナンス性が重要

2階の外壁に設置された給気口の中には、足場を組まなければ近づけないものも多く見られる。給気口が1カ所に集中する第一種換気では、給気口のメンテナンス性には特に注意すること

（写真：上の2点は三浦眞オフィス提供）

天井付け蓋が開けにくい換気設備
＝こまめにメンテされることはまずない！

目詰まりしたフィルター
＝ファンが空回りするだけで換気不良に

フィルターボックスを
床に設置することで
メンテナンス性が向上

図7

フィルター掃除のしやすさは
換気ユニットの生命線

換気にはフィルターがつきものだが、掃除をしなければ目詰まりを起こして換気設備は空気を送れなくなる。換気設備をしっかり機能させるには、フィルター掃除の容易さが非常に重要なのだ

ている。特に外気系統のフィルターにはホコリや虫が詰まりやすいので、こまめな清掃が不可欠だ。

　換気ユニット本体が隠蔽されている場合は、別途、フィルターボックスをアクセスしやすい場所に設けるのがおススメだ。また、第一種換気は給気口が1カ所に集められてそこから全ての外気を取り込んでいる。唯一の給気口が詰まると住宅全体の換気ができなくなるので、メンテナンスが絶対欠かせない。

第三種換気では各居室の給気口メンテナンスも必要

　第三種換気のメンテナンスでは、各部屋に設けられた複数の給気口が課題となる。給気口は、一般的な住戸で10個程度あり、内側からフィルター、外側から防虫網を掃除するのは、結構な手間がかかる。特に上階部分にある給気口については、足場を設けなくてもアクセスできる位置に設置しておくことが肝

心だ。後は、換気ユニットの吸込口にある室内からの還気（RA）フィルターのメンテも忘れずに。

　ここまで述べてきたように、換気設備は適切な設計・施工、日々のメンテナンスがあってはじめて、本来の目的である「室内空気質の維持」が可能となる。**図8** に挙げた全般換気の果たすべき役割をしっかり再認識して、「どうせ気付かれない」でごまかすことなく、きれいな空気を確保しよう。

全般換気の果たすべき役割

これができないなら換気設備をつける意味なし！

必要な量 の 清浄な空気 を 人がいる場所 に いつも 届ける

必要な量
- ・空気質を保つのに必要な量の外気を確実に取り入れる。
- ・換気量が多すぎると寒さ暑さ、暖冷房の増エネの原因になるので注意する。
- ・換気量確保のため換気装置の能力と十分なダクト径を確保することが重要。

清浄な空気
- ・屋外空気が汚染された場所では、外気フィルターで花粉やPM2.5を除去する。
- ・換気設備内で空気を汚すことがないよう、換気ユニットやダクト内を清潔に保つ。
- ・室内で汚れた空気が確実に排出されるよう、適切な換気経路の計画と確実な施工を。

人がいる場所
- ・暮らしに応じた換気方式を選び、人が滞在する場所に給気口を設ける。
- ・住まい手に寒さを感じさせない工夫も大事。
- ・メンテナンス性を十分に考慮し、容易に掃除できるよう設計する。

いつも
- ・全般換気は365日24時間の常時運転が大基本。
- ・換気設備を稼働させ続けても電気代が高くならないよう、しっかりした省エネ措置を。
- ・高効率な換気設備選びと十分なダクト径を確保することが肝心。

図8　全般換気の存在意味をいま一度考えよう

人が生きていくために片時も欠かすことができない空気。その空気の質を建物内全ての居室で十分に確保することが全般換気の存在意義。それができないのであれば、換気設備は設置する意味がない、ということをしっかり認識することが肝心

空気とお湯

Q.26
換気をしたら
寒くなる？

ナイチンゲール
(1820〜1910)

体を冷やすことなく
清浄な外気を取り入れるには
どうしたらいいの？

A.

▶ 外気を給気する第三種換気システムは、寒さ
を感じさせない給気口位置の工夫が必要。

▶ 排気の熱を給気に使う熱交換換気なら、暖房
熱負荷減と冷気を防ぎながらの換気が可能。

　　　　が片時も休まず体の奥に取り入れる、空気の質はとても
　　　　大事。かの有名なナイチンゲールも1859年発行の「看
護覚書」で、「看護において最も重要なのは、患者が吸う空気
を患者の体を冷やすことなく、外と同じく清浄に保つこと」。
と言い切っている。「空気質の確保」を最重要視するとともに
「換気に伴う寒さ」の解決策に悩んでいたことがうかがえる。

寒さ防止と熱ロス削減が無暖房化のカギ

　ここまで繰り返し述べてきた通り、換気は室内空気質確保に
絶対不可欠である。一方で**図1**に示すように、窓や壁の断熱を
強化してHEAT20のG2レベルまでU_A値を小さくできている
場合、換気による熱損失の割合は、無視できなくなってくる。

　冬にせっかく暖めた（ただし汚れた）室内の空気を捨てて、
代わりに新しく取り入れた清浄な外気（ただし冷たい）を暖め
るには、それなりの暖房負荷が発生する。特に無暖房住宅の実
現には、換気に伴う暖房負荷の削減は必須だ。まずは、「換気
をしながら寒さや暖房の増エネを防ぐ」手法をみていこう。

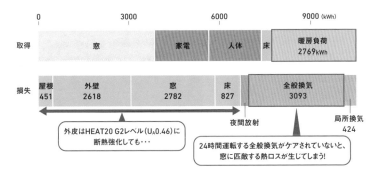

図1 無暖房の実現には全般換気の熱ロス低減が不可欠
窓や壁の断熱を高めてHEAT20のG2レベルまでU_A値が低下してくると、全般換気に伴う熱ロスが
非常に大きくなってくる。無暖房の実現には、断熱に次いで換気の熱ロス低減が不可欠である

生の外気は寒さと暑さの原因に

　換気に伴い外気が直接入ってくる給気口周りは、冬に冷え込みやすくなる 図2左。冷たい外気を暖めるために、暖房の消費エネルギーも増加してしまう。居住者が寒さを感じて給気口を閉じてしまうと換気ができなくなり、室内空気質を悪化させるのもよくある問題だ。また、夏には外の暑くて湿った外気が直接侵入してくるので、これまた冷房の増エネや不快の原因につながってしまう 図2右。

　特に、日本で広く普及している第三種換気システムは、外気をそのまま給気するので、寒さを感じさせない工夫が必要になる。給気口は上吹き出し型を採用し、冷気が暖房設備の暖気で

冬の暖房時

給気口

給気の寒さを感じると
居住者が給気口を閉めてしまうので
換気ができなくなる！

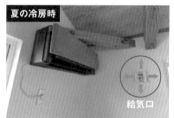

夏の冷房時

給気口

暑くて高湿な外気が侵入
冷房の増エネや不快感に
つながりやすい

図2 熱交換のない給気口は設置場所にご用心

第三種換気の給気口からは、生の外気が侵入する。冬には冷たく乾燥した空気がそのまま入ってくるので、特に給気口の位置が下側にある場合は冷気が足元にたまり、不快の原因になりやすい

速やかに暖められる位置に配置するとよい。

第三種換気の省エネならデマンド換気で換気量を抑制

　機械換気で排気をそのまま捨ててしまう第三種換気において、暖房の増エネを防ぐにはどうしたらよいか。Q.25で触れた通り、全般換気ではシックハウス症候群対策のために必要な換気量として、「室内の空気を1時間に半分だけ外気と入れ替える」ことが、2003年改正の建築基準法で求められている。

　建材や家具からの揮発性有機化合物（VOC）発生量を徹底的に削減すれば、後は人の呼吸に必要な換気量さえ確保すれば十分なはず。この考えに基づいたのが「デマンド制御」 図3 。室内のCO_2濃度や湿度から空気の汚染レベルを推測し、換気

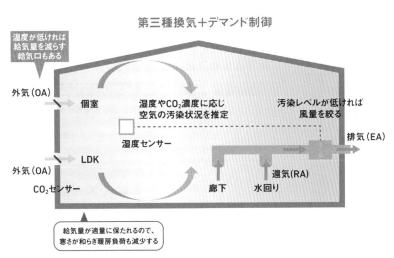

第三種換気＋デマンド制御

温度が低ければ給気量を減らす給気口もある

外気（OA）→ 個室

湿度やCO₂濃度に応じ空気の汚染状況を推定

湿度センサー

汚染レベルが低ければ風量を絞る

排気（EA）

外気（OA）→ LDK

CO_2センサー

廊下　　水回り　還気（RA）

給気量が適量に保たれるので、寒さが和らぎ暖房負荷も減少する

図3 熱交換なしでも「デマンド換気」で換気量を適量に

全般換気で求められている0.5回/hの換気量は、シックハウス対策で定められた風量。建材や家具のVOCが十分に削減されている場合に、人の呼吸や湿気の除去に必要最小限の風量まで絞るのが「デマンド制御」だ。室内の湿気やCO_2濃度が低い場合は汚染レベルが低いと判断して、換気量を絞る

空気とお湯

量を適宜絞るので、在室人数が少ないなど、必要換気量が少ない場合には暖房の省エネ効果が期待できる。

熱交換換気で排気の熱を取り戻し給気を予熱する

シンプルな第三種換気でも寒さや暖房熱負荷の低減はある程度可能だが、本格的な対策はやはり「熱交換換気」を組み込んだ第一種換気 図4。Q25でみた通り、第一種換気では、給気・排気の両方が機械換気されている。換気ユニット内の給気と排気との空気の流れの間に熱交換素子を設置し、暖冷房された室内からの排気の熱を外からの給気に回収させることで、暖冷房のムダを大きく削減する。熱交換素子は、紙に似た素材や樹脂・アルミの薄膜を重ねたもので、給気・排気を交互に通過させて熱を移動させる仕組みになっている 図5。

この熱交換換気には、温度と湿気の両方を回収する「全熱交

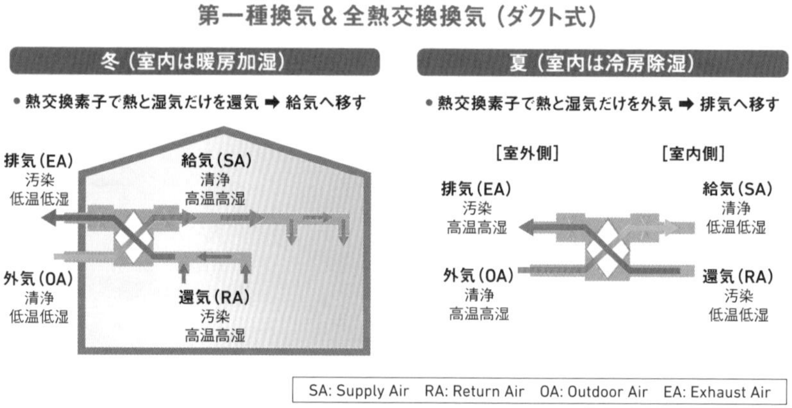

第一種換気 & 全熱交換換気（ダクト式）

冬（室内は暖房加湿）
• 熱交換素子で熱と湿気だけを還気 ➡ 給気へ移す

排気（EA）
汚染
低温低湿

給気（SA）
清浄
高温高湿

外気（OA）
清浄
低温低湿

還気（RA）
汚染
高温高湿

夏（室内は冷房除湿）
• 熱交換素子で熱と湿気だけを外気 ➡ 排気へ移す

［室外側］　　　［室内側］

排気（EA）
汚染
高温高湿

給気（SA）
清浄
低温低湿

外気（OA）
清浄
高温高湿

還気（RA）
汚染
低温低湿

SA: Supply Air　RA: Return Air　OA: Outdoor Air　EA: Exhaust Air

図4 全熱交換は温度と湿度を回収し熱負荷を低減

熱交換を行うには、給気・排気ともにファンで送風する第一種換気が必要となる。一般的にはダクト式が用いられるが、近年ではダクト工事が不要な「ダクトレス式」も登場している

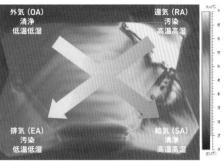

外気（OA）
清浄
低温低湿

還気（RA）
汚染
高温高湿

排気（EA）
汚染
低温低湿

給気（SA）
清浄
高温高湿

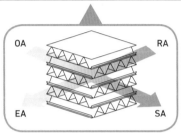

OA   RA

EA   SA

給気と排気の温度差を有効活用！
交差させることで熱と水蒸気を効率よく交換！

図5 給気と排気が薄膜を隔てて熱と湿気を交換

熱交換素子においては、薄い紙状のメンブレンを隔てて、給気と排気が交差する。顕熱交換では温度（顕熱）のみ、全熱交換では温度（顕熱）と水蒸気（潜熱）が、排気から給気に移動することで回収される

全熱交換型換気

外気(OA)
清浄
低温低湿

給気(SA)
清浄
高温高湿

熱　湿気

熱交換素子
（透湿膜）

水蒸気

排気(EA)
汚染
低温低湿

還気(RA)
汚染
高温高湿

- 湿気も通す素材の熱交換素子で、温度と水蒸気の両方を回収する
- 日本では広く普及した方式で、冬の乾燥緩和や夏の湿度低減を重視する場合に有効
- 熱交換素子が臭気も通しやすいので、トイレなどからの還気は接続せず局所排気とするのが一般的
- 低温時に氷結すると素子が傷みやすいので注意

顕熱交換型換気

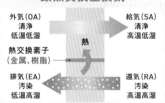

外気(OA)
清浄
低温低湿

給気(SA)
清浄
高温低湿

熱

熱交換素子
（金属、樹脂）

排気(EA)
汚染
低温高湿

還気(RA)
汚染
高温高湿

- 湿気を通さない材料の素子で温度のみ回収する
- 海外では一般的な方式で、給気の清浄度を優先する場合に有効
- 素子が臭気を通さないのでトイレなどを含めた家や全ての還気を接続可能
- 建物全体の給気と排気の風量バランスを取りやすい。

図6 全熱交換か顕熱交換か、湿気回収の要否と空気質がポイント

熱交換素子は、湿気を通すか通さないかで分類される。全熱＝顕熱（温度）＋潜熱（湿気）。選択の目安としては、「冬の乾燥緩和や夏の除湿を重視するなら全熱交換」「空気の清浄さを優先するなら顕熱交換」といったところか

おさらい

第一種換気
給気・排気ともに機械換気

換気扇　換気扇

確実に給排気されるので
空気質の確保に最も有利
熱交換換気も可能

第二種換気
給気のみ機械換気

換気扇　室内正圧

室内の気圧が高いので
汚染源が入りにくい
太陽熱や地中熱利用に有利

第三種換気
排気のみ機械換気

室内負圧　換気扇

最も簡便で低コスト
建物の気密が悪いと
空気がうまく動かない

長所も短所も
3種3様!!
住宅ごとにしっかり
計画を

換」と、温度のみを回収する「顕熱交換」がある ■6 。日本で広く普及しているのは湿気も回収する全熱交換。特に、冬に室内の乾燥を和らげるのに効果的である。

ただし、熱交換素子は紙に似た透湿する素材のため、臭気も通しやすくトイレなどの排気は換気ユニットの還気（RA）系統に接続しないのが一般的。

もう一方の顕熱交換は、湿気の回収はできないが、給気の汚染リスクが小さく、空気質にこだわる場合に向いており、海外製品の多くはこのタイプだ。

どちらを選ぶかは悩ましいが、冬場の乾燥対策には「全熱」、空気質にこだわるなら「顕熱」がとりあえずの目安となる。

熱交換換気システム選びのチェックポイント

せっかく熱交換換気を採用するなら、性能にもこだわりたい。排気の熱をどれだけ回収できるかを示す「熱交換効率」がなるべく100%に近い、高効率な製品を選ぶとともに、「有効換気量率」も忘れずにチェックしよう。

熱交換器内部の気密性が低い機種（＝有効換気量率が低い）では、部材の隙間から排気が漏れて再度室内に給気されてしまうので、換気設備本来の役割を果たせない。有効換気量率が100%に近い高気密な機種がオススメである。

局所換気の多用は第一種換気の給排気バランスを崩す

第一種換気は熱交換換気との相性がよく、給気・排気をそれぞれファンでしっかり行う優れた全般換気システムである。ただし本来の性能を発揮させるには、キッチンやトイレ・浴室な

住宅全体
給気＝排気　局所換気で排気　第一種熱交換換気 **給気＞排気**　→　熱回収性能が低下！寒さや増エネの要因に

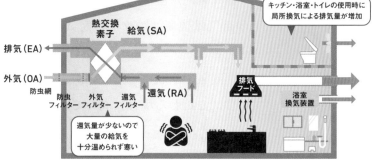

熱交換素子　給気（SA）

排気（EA）

外気（OA）
防虫網

防虫フィルター　外気フィルター　還気フィルター　還気（RA）

キッチン・浴室・トイレの使用時に局所換気による排気量が増加

排気フード

浴室換気装置

還気量が少ないので大量の給気を十分温められず寒い

図7 局所換気の多用は全熱交換換気のバランスを崩す

第一種熱交換による全般換気を採用している場合も、トイレや浴室などの水回りは熱交換での臭気の移動や結露のリスクがあるので還気（RA）には接続せず、局所換気による排気を採用している場合が多い。局所換気の排気量が多すぎると熱交換換気の効果が低下する。局所換気は、小風量で短時間だけ運転するのが望ましい。また、局所換気の切り忘れを避けるため、照明と連動した局所換気スイッチや在室時だけ局所換気を動かせる人感センサーなどが有効

ど、局所換気との組み合わせ方にも気を配りたい 図7 。

　キッチンのレンジフードの排気風量は、強運転で400㎥/hに達し、全般換気の150㎥/h（建築基準法で求められる必要換気量）よりずっと大きい 図8 。そのため、レンジフードを動かすと給気が間に合わず室内が負圧になり、玄関扉が開かないなどの問題が起こる。空調された室内空気がレンジフードに吸引されるのを防ぐためにも、コンロ付近に給気口を設けるか、同時給排レンジフードを採用するなどして、コンロ使用時専用の局所換気ルートを確保することが重要になる。

　特に全熱交換の場合は、トイレや浴室の排気を全般換気ユニットの還気系統に接続せず、別に換気扇を設けて局所排気とする場合が多い。熱交換時に臭気が移動したり結露したりする

例8 レンジフードには専用の給気口を設置する

レンジフードは全般換気に比べて大きな排気量を有するため、高気密住宅では扉が開かなくなるなどのトラブルが起こる。専用の給気口を設けるか、同時給排ができるレンジフードを選択すること

負圧

大風量のレンジフードを運転すると、室内が屋外より低圧（負圧）になり扉が外に開かないなどのトラブルに

ガスコンロの場合の必要風量（建設省告示第1826号）

[定数]		[理論廃ガス量]		[発熱量]		[必要換気量]
30m³/h	×	0.93m³/kWh	×	8kW	=	約220m³/h
通常の排気フード		都市ガス		コンロ3口		

住宅用レンジフードの一般的な排気能力
強運転で400m³/h程度 >

建築基準法が求める
必要全般換気量（0.5回/h）
150m³/h

住宅用レンジフードの最大風量は建基法の全般換気量よりもはるかに多い

レンジフード専用の排気経路を確保!

コンロが外壁に面している場合は**レンジフード専用の給気口設置**	コンロが外壁から離れている場合は**同時給排気レンジフード**
●コンロの近くの外壁に給気口を設ける ●給気口は給気電動シャッター付きが好適	●外気から給気ダクト（内径150mm程度）で給気 ●給排気経路に使用時のみ開く電動シャッター

図9 全般換気は全熱交換していても局所換気で熱がダダもれ

全熱交換は臭気の逆流を避けるため、トイレや浴室などの排気を還気系統につながずに局所排気とする場合が多い。局所排気が常時運転されていると、室内の暖気が熱交換されずにそのまま排出されてしまい、暖房熱負荷の増大につながる。全般換気で熱交換をする場合には、局所換気は短時間で自動的にOFFされるスイッチの導入など工夫が必要

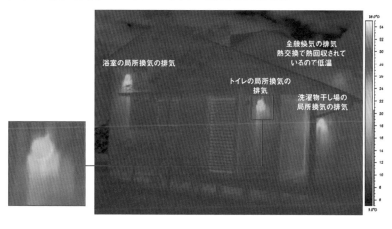

浴室の局所換気の排気

全般換気の排気
熱交換で熱回収されているので低温

トイレの局所換気の排気

洗濯物干し場の局所換気の排気

リスクがあるためだ。

　この局所換気を止め忘れて長時間運転すると、全般換気ユニットの給気と排気の風量バランスが崩れ、熱回収がうまくいかなくなる。排気される熱はそのままムダになるので、寒さや暖房の増エネにつながってしまう 図9 。トイレや浴室の局所排気は、短時間で OFF される工夫を忘れずに。

ダクトレス熱交換換気は 2 個 1 セットの換気ユニット

　第一種熱交換換気は、ダクト式が主流だが、熱交換のメリットは生かしつつダクトを敷設する手間をなくしたのが、最近登場した「ダクトレス熱交換換気」である 図10 。蓄熱エレメント

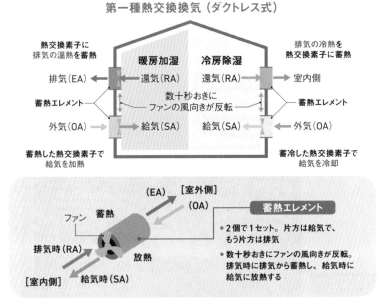

第一種熱交換換気（ダクトレス式）

熱交換素子に
排気の温熱を蓄熱

排気の冷熱を
熱交換素子に蓄熱

暖房加湿　　冷房除湿

排気（EA） ← 還気（RA）　還気（RA） → 室内側

　　　　　　数十秒おきに
蓄熱エレメント → ファンの風向きが反転 ← 蓄熱エレメント

外気（OA） → 給気（SA）　給気（SA） ← 外気（OA）

蓄熱した熱交換素子で
給気を加熱

蓄冷した熱交換素子で
給気を冷却

（EA）　　［室外側］
　　　　　（OA）
ファン　蓄熱　　　　　　　　　蓄熱エレメント

排気時（RA）　　　　　　　　・2個で1セット。片方は給気で、
　　　　　　放熱　　　　　　　　もう片方は排気
［室内側］　給気時（SA）　　　・数十秒おきにファンの風向きが反転。
　　　　　　　　　　　　　　　　排気時に排気から蓄熱し、給気時に
　　　　　　　　　　　　　　　　給気に放熱する

図10 ダクトレスでも熱交換換気が実現可能に

近年では熱交換換気においても、ダクト工事が不要な「ダクトレス式」が登場している。2個で1セットの換気ユニットが数十秒おきに給排気を反転させることで、熱交換素子で吸放熱を行う。ダクトが不要なので施工が簡便だが、フィルター掃除はそれぞれ個別に行う必要がある

を有した2個で1セットの換気ユニットを壁に埋め込み、数十秒おきに給気・排気を交互に切り替える。蓄熱エレメントが排気時に吸熱、給気時に放熱することで、簡易に熱と湿気を回収することが可能である。ダクトがいらないのが大きなメリットであるが、1住戸に3〜5セット程度が必要なので、設置コストはそれなり。計6〜10個分のフィルターをメンテナンスする必要があることにも注意が必要である。

　きれいな空気を取り込みながら寒さや熱ロスをなくす。ナイチンゲールが知ったらきっと欲しがる「清浄な外気を体を冷やさず取り込める」換気技術が、現在では様々に用意されている。それぞれの特徴をしっかり把握して、空気質と快適・省エネ性のバランスがしっかり取れた換気設備を選んでほしい。

清浄な外気を
体を冷やすことなく
取り込める
熱交換換気!?

私の長年の夢が
かなうわ!

Q.27 給湯は湯水のごとく？

エコジョーズ エコキュート ハイブリッド エネファーム エネファームS

一体どの給湯機がいいの？

ママ、お湯はすごくエネルギーを使うって聞いたんだけど…

A.

▶高効率給湯機は、住宅省エネの最重要設備。
  必ず高効率タイプを選択すること。

▶給湯省エネのためには「節湯」もコスパ良。
  様々な手法があるので積極的に採用しよう。

お風呂にゆったり漬かったり、シャワーをたっぷり浴びたり。日本人にとって「お湯」は、衛生のためだけでなく、日々のレクリエーションとしても欠かせない。そのありがたさを知ってか知らずか、「湯水のごとく」という言葉もある。給湯は住宅の省エネにおいて、どのくらい重要なのだろうか。

給湯は住宅で 2 番目に CO_2 排出量が多い

建築物省エネ法のエネルギー消費量の評価において、給湯が占める割合は非常に大きい。環境省の調査でも、給湯から排出される CO_2 は照明・家電の次に多いことが分かる 図1。

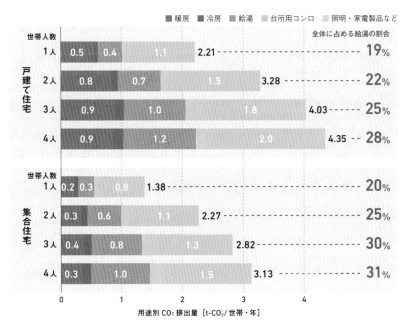

図1 給湯の CO_2 排出量とエネルギー消費はかなり多い

住宅の CO_2 排出量を用途別に推計した値を、戸建て住宅・集合住宅ごとに世帯人数別で示した。給湯は、照明・家電に次いで CO_2 排出量（≒エネルギー消費量）が多い。特に暖冷房負荷が小さい集合住宅で給湯の割合が大きく、省エネが重要である

（資料：環境省「家庭部門の CO_2 排出実態統計調査」の全国平均を基に筆者が分析）

特に暖冷房負荷の割合が低い集合住宅においては、給湯の割合が高くなる。集合住宅では、空調機器や照明機器は居住者による持ち込みが一般的だが、給湯設備はあらかじめビルトインされているので居住者が選ぶことはできない。供給事業者側で省エネ措置が取られるよう、政策誘導が重要な用途でもある。

個別給湯から住戸セントラル給湯へ

給湯の消費が多い日本だが、かつては、浴室に「風呂釜」、台所に「湯沸かし器」というように、給湯箇所にそれぞれ小型の熱源を設置する「個別給湯」が一般的だった。それが1980年以降になると、大型の熱源1台から給湯配管で住戸全体に給湯する「住戸セントラル給湯」が一般化。湯の供給能力が大きくなって家中の水栓から湯を使えるようになり、給湯消費量が増加した。

給湯するのは簡単なように思えるが、比熱が非常に大きい水を大量に加熱するには、家電や暖冷房とは桁違いの加熱能力がいる。そのため、万ワット単位の加熱能力のパワーとコンパクトさを兼ね備えたガス・石油給湯機が圧倒的に主流となった。加熱能力が数千ワットしかないヒーター式電気温水器は、あらかじめ湯をためておくタンクが必要なのでサイズが大きく、湯切れリスクもあってマイナーな存在にとどまっていた。

高効率給湯機が 2000 年以降に続々登場

2000年以降になると、続々とエネルギー効率を高めた給湯機が登場。01年に発売された電気ヒートポンプ給湯機（通称：エコキュート）は、電気温水器をはるかに超える効率を達成。

　深夜電力（≒原発）と組み合わせた圧倒的に安いランニングコストにより、オール電化住宅の普及を大きく後押しした。

　ガス事業者も、従来型より効率を高めた潜熱回収型ガス給湯器（通称：エコジョーズ）、マイホーム発電の先駆けであるガスエンジン・コージェネ（通称：エコウィル）を03年に市場投入。その後も発電効率を高めた燃料電池（通称：エネファーム）を発売し、エコキュートに対抗する。さらには、電気ヒートポンプとガス瞬間式のいいとこ取りを狙ったハイブリッド給湯機まで登場。電気・ガス小売りの自由化もあり、給湯機メーカーとエネルギー事業者が入り乱れた競争が続いている。

高効率給湯機は住宅省エネの最重要設備

　燃料間で激しい競争が繰り広げられたおかげで、日本には世界最先端の省エネ技術を搭載した高効率給湯機がたくさんある。

しかし、依然として高効率給湯機のシェアは、全体の半分程度にとどまっている 図2。分譲・賃貸物件の新築時、そして修理交換の際に、わずかなコスト削減を優先して、いまだに低効率な従来型が選択されてしまっているようだ。

住宅の省エネにおいて、高効率給湯機はまさに「要」。建築物省エネ法の一次エネルギー基準や ZEH 達成において重要なのは当然として、あらゆる新築物件、そして修理交換の際にも、必ず高効率タイプを選択することが肝心である。

エコキュートは低温沸き上げ・適量貯湯が高効率発揮のカギ

エコキュートはヒートポンプで空気熱を集めて湯を沸き上げることで、高いエネルギー効率を発揮する 図3。1 の電気で供給できる熱量が「年間給湯保温効率（JIS 効率）」で表されており、この値が大きい高効率機種を選ぶことをおススメする 図4。

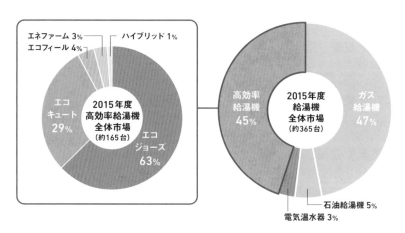

図2 高効率給湯機のシェアは依然として半分にも満たず

給湯機の出荷全体に占める、高効率給湯機の割合は依然として半分程度。残り半分は、潜熱回収を行わない従来型（非エコ）のガス給湯機が占めている。極端に効率が低いヒーター式電気温水器も依然として出荷され続けている（出典：月刊スマートハウス別冊 Qtopia No.3）

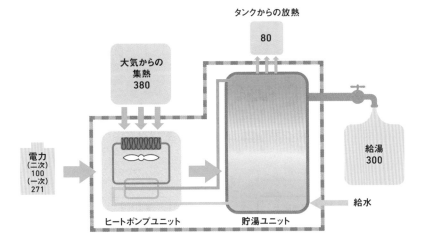

図3 ヒートポンプ給湯機は空気の熱でお湯を沸かす

ヒートポンプ給湯機（エコキュート）は、空気熱を活用することで高いエネルギー効率を発揮するが、本来の性能を発揮するには、ヒートポンプ効率の向上とタンク放熱の削減が重要である（出典：自立循環型住宅への設計ガイドライン温暖地版、数字は年間給湯保温効率3.0機種の場合）

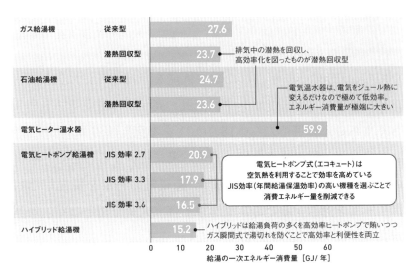

図4 高効率給湯機の採用で一次エネは大きく削減

給湯は大量のエネルギーを消費する用途だが、高効率な給湯機を採用することで、消費エネルギーを大きく削減できる。新築の際はもちろん、故障交換の際も高効率タイプを必ず選びたい（主な試算条件は次の通り。6地域・延べ床面積120㎡・4人家族・「給湯設備がある（浴室等がある）」「節湯措置なし」を選択・効率入力なし。ハイブリッド給湯機は区分2（品番を入力しない・フロン系冷媒・タンク容量（大）。建築物省エネ法のエネルギー消費性能計算プログラム（住宅版）を用いた）

空気とお湯

省エネモード

低温沸き上げ
↓
温度リフト小・ヒートポンプ効率高

適量貯湯
↓
タンク熱ロス小

エネルギー効率が向上
昼間沸き増しも可能
湯切れリスクも許容範囲

沸き上げ大／深夜のみモード

高温沸き上げ
↓
温度リフト大・ヒートポンプ効率低

大量貯湯
↓
タンク熱ロス大

湯切れリスクは低いが
エネルギー効率は低下
消費電力量は増大

図5 ヒートポンプ給湯機は低温・適量沸き上げが高効率化のカギ

かつては、深夜電力時間帯にだけ沸き上げ、それ以外の沸き上げ不可の時間帯に湯切れが起こらないように貯湯熱量を多くする制御が一般的だった。だが、「高温沸き上げ・大量貯湯」はヒートポンプ効率を大きく低下させる。エコキュート本来の力を発揮するには、「低温沸き上げ・適量貯湯」に制御される「省エネモード」に設定する必要がある

　ただし、JIS効率に示された本来性能を発揮するには、暖房・冷房と同様に、ヒートポンプは低温・高温間の温度リフトを小さくすることが肝心だ（Q.18、Q.21を参照）。「省エネモード」に設定して、低温沸き上げ・適量貯湯に制御することで、本来の省エネ性能を発揮できる 図5左。深夜電力利用を優先した制御モードを選択すると、高温沸き上げ・大量貯湯となり、効率が大きく低下するので、注意したい 図5右。

　最近では、深夜電力単価も上昇しているため（2010年6円／kWh→20年15～20円／kWh）、エコキュートといえど、節電は重要。JIS効率の高い機種選択と適切な制御モードの設定により、トータルでの省エネ・節電が肝心なのだ。

ハイブリッドは電気ヒートポンプをガス瞬間式がサポート

　ハイブリッド給湯機（建築物省エネ法ではヒートポンプ・ガス瞬間式併用型給湯機）は、電気ヒートポンプが給湯負荷の多くを分担するとともに、潜熱回収型ガス給湯器が湯切れを防ぐ仕組み。電気ヒートポンプの高効率とガスの瞬発力の高さを兼ね備え、高いエネルギー効率と利便性を持っている。

　給湯に加えて、温水暖房にもヒートポンプを利用する「ダブルハイブリッド」もある 図6。高いエネルギー効率を給湯と暖房の両方に発揮しながら、ヒートポンプの効率・能力が低下する外気低温時にもガスによって確実に暖房温水が供給できるので、寒冷地に非常に適している。

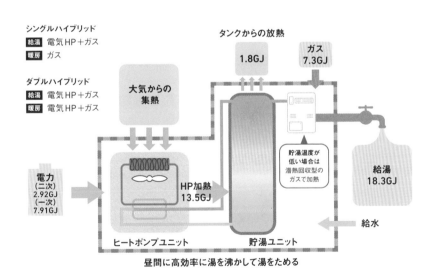

図6 ハイブリッドは高効率ヒートポンプを潜熱回収型ガスがアシスト

ハイブリッド給湯機は、給湯熱負荷の多くをヒートポンプ（HP）で分担し、不足分を潜熱回収式ガス給湯機で補うことで、高いエネルギー効率と湯切れ防止を両立させている
（資料：平成28年省エネルギー基準に準拠したエネルギー消費性能の評価に関する技術情報（住宅）のヒートポンプ・ガス瞬間式併用型給湯温水暖房機を基に筆者が加筆、図中の値は6地域の年間積算値）

また、深夜電力利用を想定していないため、貯湯タンクの全量を昼間沸き上げに利用できる。そのため、太陽光発電の自家消費にも適している。エネルギー事情が多様化する中でフレキシブルな対応ができる非常にユニークな高効率給湯機として、今後の進化が注目されている。

昼間沸き上げの老舗「太陽熱給湯設備」

最近はエコキュートやハイブリッド給湯機で太陽光発電の自家消費がもっぱら話題になるが、昼間沸き上げの "老舗" といえば、「太陽熱給湯設備」。太陽熱をシンプルに集めることで、簡便ながら大きな省エネ効果を持っている。上手に使えば、晴天時に給湯負荷のほとんどを賄うことも可能である。

現状では、「太陽熱温水器」と「ソーラーシステム」の2つに大別されるが、それぞれ一長一短がある 図7 。両者の長所を兼ね備えた、安価で利便性が高い機種の登場が期待される。

コージェネは「マイホーム発電」で排熱を有効利用

住戸内でガスを燃料に発電を行い、その際の排熱を給湯・暖房に有効利用することで省エネを図ったのが、電気と熱を同時供給する「コージェネレーション（コージェネ）」である。様々なタイプが登場しているが、発電ユニットの形式により、発電効率などに大きな違いがある 図8 。

系統の電力は、遠方の火力発電所などでつくられるため、発電時に出てしまう排熱を利用できず海に捨てている。現状の火力発電所の発電効率は37%とされており、残り63%がムダになっている計算だ。つまり、1の電気をつくるのに1÷

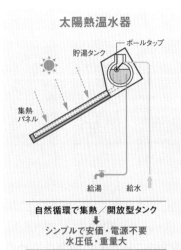
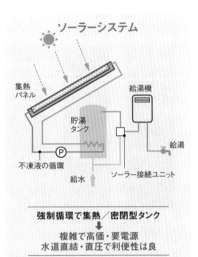

太陽熱温水器	ソーラーシステム
自然循環で集熱／開放型タンク	強制循環で集熱／密閉型タンク
↓	↓
シンプルで安価・電源不要 水圧低・重量大	複雑で高価・要電源 水道直結・直圧で利便性は良

図7 太陽エネルギー利用の老舗? 太陽熱給湯設備

シンプルに太陽熱を給湯に利用する太陽熱給湯設備はオイルショック以降、急速に普及したが、最近ではヒートポンプ給湯機などに押され気味。安価で利便性の高い形式の登場が期待される

ガスエンジン・コージェネ	PEFC 固体高分子形燃料電池 (通称：エネファーム)	SOFC 固体酸化物型燃料電池 (通称：エネファームS)
		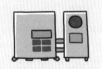
定格発電出力 1000W／1500W	定格発電出力 700W	定格発電出力 700W／400W
発電効率が低い	発電・排熱効率のバランスがよい	発電効率が高いが排熱量は少ない
大量の排熱を温水暖房に利用	貯湯容量 130L	貯湯容量 25L／20L と小型
温暖地では販売終了	排熱で給湯の多くを賄う	余剰排熱はラジエーター放熱
寒冷地向けは温水暖房専用	温水暖房にも利用する機種も	100%能力で常時発電して、 余剰分を系統に売電する機種もあり

図8 コージェネレーションは大きく3タイプ、発電効率がポイント

住戸内でガスを消費して発電するコージェネレーションは、発電時の排熱を給湯・暖房に活用することでエネルギー効率を高めている。発電ユニットの形式によって大きく3タイプに分けられる（発電仕様は2020年4月時点）

空気とお湯

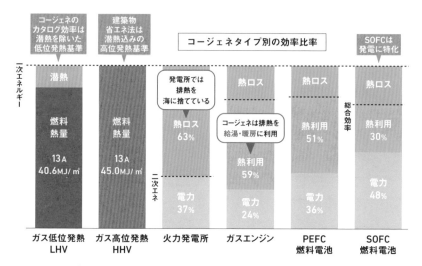

コージェネタイプ別の効率比率

コージェネの
カタログ効率は
潜熱を除いた
低位発熱基準

建築物
省エネ法は
潜熱込みの
高位発熱基準

発電所では
排熱を
海に捨てている

SOFCは
発電に特化

コージェネは排熱を
給湯・暖房に利用

潜熱			熱ロス	熱ロス	熱ロス
燃料熱量 13A 40.6MJ/㎥	燃料熱量 13A 45.0MJ/㎥	熱ロス 63%	熱利用 59%	熱利用 51%	熱利用 30%
		電力 37%	電力 24%	電力 36%	電力 48%
ガス低位発熱 LHV	ガス高位発熱 HHV	火力発電所	ガスエンジン	PEFC 燃料電池	SOFC 燃料電池

一次エネルギー / 二次エネ / 総合効率

図9 コージェネは発電時の排熱を活用することで総合効率を高める

通常の発電所は、燃料の37％程度しか電気にできず、残りの熱は海に捨てている。コージェネでは排熱を主に給湯に活用することで、発電＋熱利用の総合効率を高めている。ただし、電気は熱よりもエネルギーの質が高いので、特にSOFCでは発電効率を重視し、排熱の多くはラジエーターで捨てている

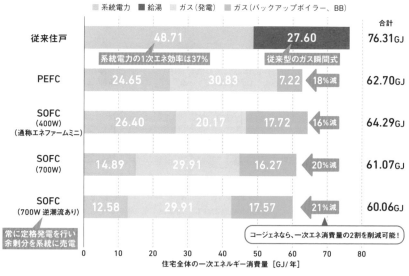

■ 系統電力　■ 給湯　■ ガス（発電）　■ ガス（バックアップボイラー、BB）

合計

			76.31GJ
従来住戸	48.71	27.60	76.31GJ
PEFC	24.65　30.83　7.22	18%減	62.70GJ
SOFC (400W) (通称エネファームミニ)	26.40　20.17　17.72	16%減	64.29GJ
SOFC (700W)	14.89　29.91　16.27	20%減	61.07GJ
SOFC (700W 逆潮流あり)	12.58　29.91　17.57	21%減	60.06GJ

系統電力の1次エネ効率は37%　従来型のガス瞬間式

常に定格発電を行い
余剰分を系統に売電

コージェネなら、一次エネ消費量の2割を削減可能！

住宅全体の一次エネルギー消費量 [GJ/年]

図10 コージェネは住宅全体の電気と熱をガス発電とBBで賄う

コージェネは、住宅全体の電気と熱需要を系統電力と給湯機の代わりに分担することで、省エネ効果を発揮する。コージェネの形式によって、エネルギー消費量の内訳は大きく異なる。バックアップボイラー（BB）は、発電排熱で賄えない給湯・温水暖房負荷を分担する

（資料：建築物省エネ法のエネルギー消費性能計算プログラム（住宅版）を用いて筆者が分析）

0.37＝2.71の燃料が必要なことになる。これが建築物省エネ法での「一次エネルギー換算係数」である。

コージェネを利用した「マイホーム発電」であれば、排熱を給湯・暖房に有効利用することで、電気と熱を併せた総合効率を高くすることができる 図9。住宅全体の一次エネルギー消費量でみても、2割程度の削減が可能だ 図10。

最近では、排熱を温水暖房に利用したPEFC、常時定格発電して余剰を系統に売電する逆潮流SOFC、定格発電出力400Wの小型SOFC（通称：エネファームミニ）など、ユニークな機種も登場。安価な都市ガスが利用できるエリアでは、高効率給湯機の進化系としてコージェネは有力な選択肢である。

なお、熱より電気の方がエネルギーの質が高く使いやすいので、最近の燃料電池では、発電効率を高めるための工夫を盛り込んだ機種（特にSOFC）も増えている。

節湯も給湯省エネのカギ！ 節水もできてコスパはピカイチ

給湯省エネの第1の要は高効率給湯機やコージェネであるが、湯消費自体を少なく済ませる「節湯」も忘れてはならない。ムダな湯消費を減らす節湯処置は建築物省エネ法でも多く取り上げられており、積極的な採用が望ましい 図11。

また、建築物省エネ法では取り上げられていないが、1杯で200リットル近い湯を使ってしまう浴槽の節湯も重要である。考えてみれば、1m³の湯は1000リットル。内側が角張っている浴槽は、入浴できる水位にまで大量の湯が必要になる。内側の形状を工夫して少ない湯で水位を確保できる浴槽であれば、大きな節湯効果が期待できる。最近では水位70%の湯量を表

節湯A1（手元止水機能）
- 手元に近いところで容易に止水できる

ワイヤレスリモコン　　　　　タッチボタン

キッチン
湯消費
9%減

浴室シャワー
20%減

節湯B1（少流量吐水）
- 少流量で快適に使える

浴室シャワー
15%減

小口径配管（ヘッダー方式）
- ヘッダー方式の配管とすることで、配管の口径を小さくできる
- 口径を小さくすることで、配管内湯の熱損失が低減
- 湯待ち時間の短縮にもつながる
- シャワー系統は13mm、台所・洗面は10mmで十分

キッチン・
シャワー洗面
湯消費
5%減

高断熱浴槽
- 浴槽壁体の2重化と蓋の高断熱化で
  湯温の低下を抑える
- 蓋をしっかり閉めて保温効果を維持すること

浴槽追い焚き
熱負荷
30%減

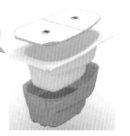

図11 節湯は給湯省エネ「第2のポイント」
熱源の高効率化とともに、湯消費の節約「節湯」により、
給湯負荷そのものを削減することも重要である
（建築物省エネ法のエネルギー消費性能計算プログラム（住宅版）を用い
て試算した。削減率は6地域での概算）

示している製品もあるので、値をよくチェックしたい。

　節湯は、エネルギーの節約だけでなく、上下水道の節約にも
つながるので、コストパフォーマンスが非常によい 図12 。1度採
用すれば効果が永続する節湯措置をぜひ積極的に選びたい。

　給湯は住宅における最大のエネルギー消費用途の1つである
が、高効率熱源と節湯により効果的に削減が可能なのだ。

図12 「節湯」こそコスパ最強の省エネ

節湯はガス代と水道代の両方が節約でき、1粒で2度おいしい省エネ措置。
特に湯消費量の多い「風呂」と「シャワー」をマークせよ！

東京ガス	東京都水道局
20㎥〜80㎥（B表）2012年2月時 ガス種13A=45MJ/㎥ ［熱量当たりのCO_2/価格］ ●CO_2 2.21kg/㎥→50g/MJ ●コスト137円/㎥→3円/MJ	1カ月の（31㎥〜50㎥）の従量料金 ［体積当たりのCO_2/価格］ ●CO_2水道19g/㎥+下水51g/㎥=70g/㎥ ●コスト水道202円/㎥+下水170円/㎥ =372円/㎥

浴槽に180ℓ（=0.18㎥）
湯はりをすると

シャワーを10分
出しっぱなしにすると
10分×10ℓ=100ℓ（=0.10㎥）

水の比熱：4.2kJ/ℓ
給水温度：年平均15℃
給湯温度：通年で40℃
ガス給湯器の熱効率：80%
消費電力は考慮せず

［熱量］
180×（40-15）×4.2÷0.8=23.6MJ

［CO_2排出量］
ガス（50×23.6=1,180g）
+水道（70×0.18=12.6g）=1,192g

［コスト］
ガス（3×23.6=70.8円）
+水道（372×0.18=67.0円）=138円

［熱量］
180×（40-15）×4.2÷0.8=13.1MJ

［CO_2排出量］
ガス（13.1×50=655g）
+水道（70×0.10=7g）=662g

［コスト］
ガス（3×13.1=39.3円）
+水道（372×0.10=37.2円）=77円

CO_2は圧倒的にガスが多く、コストはガス・水道ほぼ同じ。
給湯の省エネによるコストの低減効果は大きい

空気とお湯

頼もしい❤

エピローグ

これまで8つの章27のテーマにわたり、エコハウスを様々な視点から論じてきた。取り入れるべき対策や解決すべき課題がたくさんあり過ぎると感じたかもしれない。それでも、「誰もがエコハウスに住める」のか。本書の締めくくりとして、この禁断のテーマを検証する。

あなたはエコハウスに住みたいですか?

Q.28
みんなエコハウスに住めるかな？

しっかり設計！
高性能なマイホーム

暖かくて涼しい生活が
安い電気代で実現

メンテナンスもばっちり
子ども世代の資産に

A.

▸ 誰でもエコハウスに住むことはできる。

▸ 快適な生活を絶対に諦めないこと。

書では、住宅のエネルギーと温熱空気環境について考え
本　てきた。最後に、エコハウスに住むための大事なポイン
トをお伝えしたい。

　まず何より、「健康・快適な暮らし」を絶対に諦めないとい
う強い意志を持つこと。本書で繰り返し述べたように、「暖か
く涼しい健康・快適な暮らし」を「いつまでも最小のエネル
ギーコスト」で実現するための方法は、数限りなくある。

　「外皮性能」「高効率設備」「自然エネルギー」そして「プラ
ンニング」の4つの要素の組み合わせがもたらす可能性は無限。
地域の気候や敷地条件、住まい手が望む生活、そしてかけられ

外皮性能
断熱・気密
日射遮蔽

高効率設備
暖冷房・換気
給湯・照明

「暖かく涼しい健康・快適な暮らし」を
「いつまでも最小のエネルギーコスト」で
「全ての人」に

自然
エネルギー
太陽光発電
日射熱利用

プランニング
建物配置
開口部の設計
部屋割り

真のエコハウスを実現する方法は
地域の気候や敷地条件、
望む生活に応じて色々ある!

図1 4大要素を組み合わせればエコハウスの可能性は無限
気候や敷地条件、コストに応じて既に存在する手法を組み合わせれば、真のエコハウスの実現は可能

設計者

電気代を心配せずに
健康・快適に暮らせる
お住まいを必ず実現します！
どうぞお任せ下さい！

「外皮」「設備」「自然エネルギー」
「プランニング」の工夫次第で、
実現できることは無限です。

施工者

断熱・気密が
しっかり効くよう
自慢の腕で施工しますぜ
安心して任せてくだせえ！

建て主

最新技術を勉強していて
しっかり設計・施工を
してくれるプロに出会えたよ

これからの生活が楽しみ！
早くお家ができないかな！

る費用に応じた「答え」を得ることは絶対に可能である **図1**。
今後、何十年にわたる「生活の質」を諦める理由は全くないこ
とを、まずしっかり心に刻んでおこう。

　本書では、真のエコハウスを実現するための最重要項目とし
て、「冬の無暖房化」を取り上げた **図2**。熱の「赤字」である
暖房熱負荷を限りなくゼロにするため、断熱・気密による熱の
「支出」削減（手法Ⓐ）はもちろんのこと、開口部からの日射
熱取得といった熱の「収入」を増やすこと（手法Ⓑ）も有効だ。

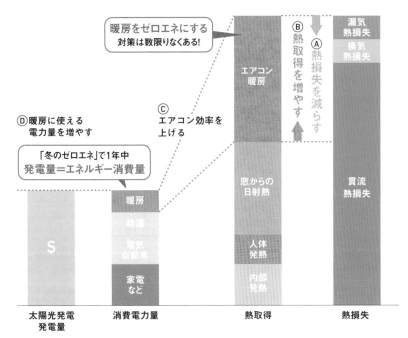

図2　冬の無暖房化がエコハウスの最重要項目
太陽光発電による発電量と消費エネルギーのバランスが取れればエネルギー自立が見えてくる。
右の熱収支のグラフのように寒冷地などで冬に暖房負荷が増える場合でも、熱損失を減らし、熱
取得を増やす方法はたくさんあるので、諦める必要なし！

エピローグ

図3左に、エネルギー自立に欠かせない冬のゼロエネを実現するための、エアコン効率の向上（手法Ⓒ）、暖房に使える電力増大（手法Ⓓ）も含めた４つの手法を示した。冬の日射が豊富な太平洋側の温暖地では、U_A値を極端に小さくせずとも、建物配置や開口部の設計最適化により無暖房・ゼロエネの実現が十分に可能。一方、気候が寒冷で冬の日射が少ない地域は無暖房化が困難なので、暖房コストが安く済むよう、より強力な断熱・気密や、暖房設備の高効率化が重要になる。

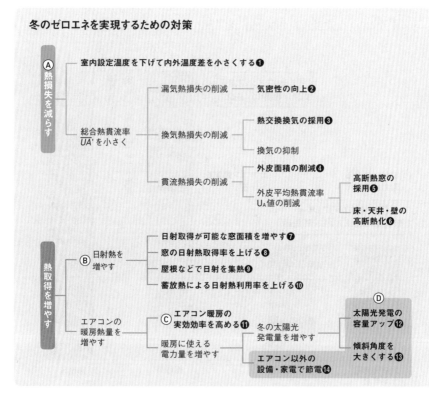

図3 1点豪華主義よりもバランス良く総合的な対策を

図2で示した冬の無暖房化を実現するための対策から、一部を抜粋してメリットや検討・計画時の留意点をまとめた。机上の数値や特定の設備導入では、コストの割に効果を実感しにくいことも少なくない。様々な対策を盛り込んで総動員することがエコハウス実現のカギだ

外皮の U_A 値を最小化したり、特定の設備を導入したりすることは、設計の目標ではない。何事も1つの対策だけを突き詰めると、効果の割にコスト上昇が大きくコスパが悪い。1点豪華主義よりも全項目で80点を取る方が、必要十分な性能のエコハウスをリーズナブルに実現できるのだ 図3右。

敷地と建物詳細を考慮できる設計ツールが最後のカギ

こうした真のエコハウス実現のための設計は、残念ながら建

手法	NO.	対策	省エネ以外のメリット	計画時の留意点
A	❶	エアコンの設定温度を下げる	温度ムラ・乾燥感が低減	温熱環境の快適性の低下に配慮
	❷	気密性の向上	冷気の侵入を防止 躯体の長寿命化	気密性確保のための部材選びと丁寧な施工が必須
	❸	熱交換換気の採用	冷気・暑気の侵入防止 湿度の安定	高効率な熱交換換気設備の選択 適切なダクトの設計・施工 フィルターやダクトのメンテナンス
	❹	外皮面積の削減	建設コストの削減	建物形状・プランを工夫すること
	❺	高断熱窓の採用	窓際の温熱環境の改善	窓部材のコスト増はサイズ・開き方の工夫で低減できる
	❻	壁・床・天井の高断熱化	放射・床表面温度の改善 躯体の長寿命化	断熱材・施工コストを見込む
B	❼	日射取得が可能な窓面積を増やす	自然光利用・眺望の確保、太陽のリズムに沿った生活スタイルに	室温変動が大きくなり過ぎない工夫が必要
	❽	窓の日射熱取得率を上げる	窓際の暖かさが得られる	サイズ・開き方・ガラスといった細やかな設計が肝心
	❾	屋根で太陽熱を集熱	室内温度や光環境の安定	屋根集熱部材＋送風装置の導入が必要
	❿	蓄放熱により日射熱利用率を上げる	室内温度の変動が安定	適切な融点・容量の蓄熱体を敷設すること
C	⓫	エアコン暖房の実効効率を高める	適切に設計すれば快適性が向上	建物性能・プランニングを含め総合的に計画すること
D	⓬	太陽光発電の容量アップ	適正容量の太陽光発電でエネルギー自立	過剰容量分の回収不能コストに注意
	⓭	太陽光発電の傾斜角度を大きくする	発電量の増加でエネルギーに余裕	急勾配屋根の工事費を見込み、建物性能・プランニングを総合的に計画
	⓮	エアコン以外の設備・家電の節電	―	高効率家電の採用や暮らし方で不便を感じない工夫を

築物省エネ法やZEHの計算手法では実現できない。地域の気象が選択できず、周辺環境も考慮できないからだ。加えて、暮らし方が固定されているので空調時間や設定温度も変更できないし、消費電力や太陽光発電の詳細も分析することができない。「ミニマムスタンダード」の合否を判定するためだけにつくられたツールに過剰な期待をするのはお門違いというものだ。

　幸いにして最近では、地域の気候や周辺条件を反映し、空調条件を実使用に合わせたうえで、日当たりや室温・エネルギー消費量を高い精度で予測できるツールが整備されてきている 図4。既に、外皮・設備・自然エネルギーの要素技術はそろっている。これらの要素を統合して上手に最適化する「設計手法」こそが、エコハウス実現のために、最後に残されたカギなのである。

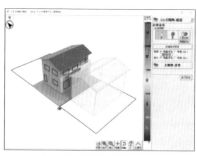

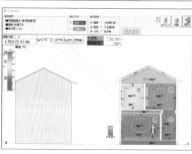

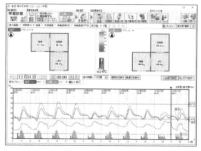

図4

詳細な検討を可能にする
設計ツールも充実してきた

設計ツールの一例。計画地の地域の気候や周辺条件などに合わせて、オーダーメードで検討するためのツールも整備されてきている
（出典：インテグラルのホームズ君「省エネ診断エキスパート パッシブ設計オプション」）

「差別化」に惑わされず学び続ける優良事業者を見つけよう

　ただし、机上のスペックや計算では健康・快適で電気代が安い家は完成できない。丁寧な設計と施工が不可欠である。優秀で熱意のある設計者・施工者を見つけることが肝心だ。

　建設事業者の話を聞いていると、「うちは U_A 値が小さいから他社の住宅より暖かい」「この部材を使っているから高性能」など、他とは違うという差別化トークをよく耳にする。しかし本書で示してきた通り、建築物省エネ法の U_A 値や η_{AC} 値は、快適性や省エネ性能を保証するものではない。事業者によっては、「差別化」自体が目的となって、無意味な「性能値競争」に走るところも多いので要注意だ。

　住宅設計・施工に必要な知識は非常に多岐にわたる。最新のトレンドと技術をキャッチアップするのは容易ではないので、会社全員の熱意と体制が重要となる。つくり手に家づくりへの情熱があり、常に最新技術を学び続けているかどうかが、事業者選びの重要ポイントだ。

　事業者のレベルを図るためには、必ず本書を見せて反応を確認することをおススメする（笑）。本書で述べてきたような基本的な知識すら頭に入っていない事業者では、エコハウスのつくり手として甚だ心もとない。

信頼できるつくり手を見つければエコハウスは建ったも同然

　筆者は日本中を回り、様々な設計者・施工者とお会いする。最近では全国どこにでも、勉強熱心で良い家づくりをしている人が増えていることに、本当に驚かされる。

　特に地域をリードするような「スーパー工務店」は、最新の技術と設計手法を貪欲に取り入れ、住宅の質を急激に高めている。テレビで宣伝しているハウスメーカーの方が高性能に見えるが、彼らは大量生産に最適化されており、物件ごとの仕様変更が困難なので性能競争において必ずしも有利でない。

　地域の事情や気候に精通し、世界中から最新の技術を学び、目の前の建て主のために最高の住宅を届ける。そのための努力を常に惜しまない。そうした立派な設計・施工のプロはきっとあなたの近くにいるはず。地元で見つけられれば、エコハウスは半分、建ったも同然である。

優良な設計者・施工者に腕を振るってもらうために

　優良な設計者・施工者は住宅のプロとして、建て主に責任をもって良い家を届けようと日々精進している。しかし、プロと

はいえ彼ら彼女らも人間。彼ら彼女らと良好な関係を築くことがエコハウスの実現と維持にとって大切になる。頻繁な設計変更や強引なコストダウン、無理な工期の短縮などを求めることはつくり手に大きな負担をかけ、建て主自身にとっても不利益となるのだ。丁寧な設計・施工を行いつつ最新の技術にキャッチアップするには、適切な利潤や時間を確保することが重要なのだ。適切な「余裕」は、エコハウスを建て続ける事業者のサステナブルな運営に不可欠なのである。

大抵の優良事業者は引く手あまたで受注残を常に抱えているので、むやみに受注をする必要がない。だから、方向性が違っていたり無理な要求をしたりする建て主の依頼は引き受けないこともある。建て主側が事業者を選ぶばかりでなく、事業者側が建て主を選ぶ場合だってあるのだ。

住宅が建った後も、事業者との関係は長く続く。目先の利益ばかりに惑わされず長期的にお互い良好な関係をつくる方が、その後の暮らしにおいてはるかに大きな利益につながることを覚えておこう。

もちろん実現したい生活の目標は、初めに遠慮なくしっかり伝えておきたい。そのうえで、じっくり話し合って良い答えを一緒に見つけよう。プロの設計者・施工者が実力を発揮できる関係をつくれれば、エコハウスはもう完成したも同然だ。

「みんながエコハウスに住むことは絶対にできる」。最後の質問に力強くイエスと答えることができて、うれしく思う。みんなの明るい未来の希望を真のエコハウスに託し、本書の結びとしたい。みんながエコハウスに住めるようにな〜れ！

キーワード索引

最後に

　筆者の専門である建築環境工学に限らず、建築業界では「大きい建物が偉い」という風潮がある。しかし2020年の新型コロナウイルス問題を経て全世界が再確認したのは、人にとって1番大事なのは「健康」と「生活」という有史以来の事実である。

　人にとって1番大事な建築物は「家」である。世界や日本の将来に大きな困難が待ち受けているにしても、生活の器がしっかりしていれば、人は幸せに暮らしていける。

　本書は徹頭徹尾、住まい手みんなの末永い幸せな暮らしを願って書かせていただいた。筆者の知りうること全てをお伝えするべく、当初予定をはるかに超えるボリュームとなり、編集者やデザイナー、イラストレーターの方々には大変なご負担をおかけした。本書が楽しく読んでいただけるものになったのは皆様のおかげです。ありがとうございました。

　また、大学のさえない一教員にすぎない自分に、親身に世話を焼いてくださった全国の素晴らしい設計者・施工者の方々に深謝します。本書の内容は全て、皆様の努力と挑戦から学ばせていただいたものです。

　最後に、暖かい心と明るいユーモアでいつも私に生きる意味と勇気を与えてくれる、妻の都周熙と息子の幸宏に、心からの感謝をささげます。

前 真之

前 真之 <small>(まえ まさゆき)</small>

東京大学大学院工学系研究科建築学専攻准教授。博士（工学）。1975年生まれ。98年東京大学工学部建築学科卒業。2003年東京大学大学院博士課程修了、建築研究所などを経て、04年10月に東京大学大学院工学系研究科客員助教授に就任。2008年から現職。専門分野は建築環境工学で住宅のエネルギー消費全般を研究。健康・快適な生活を太陽エネルギーで実現するエコハウスの実現と普及のための要素技術・設計手法の開発に取り組んでいる

エコハウスのウソ2

2020年8月31日　初版第1刷発行
2022年9月30日　初版第3刷発行

著者＝前 真之
発行者＝戸川 尚樹
編集スタッフ＝谷口 りえ
編集協力＝宮沢 洋（Office Bunga）
発行＝日経BP
発売＝日経BPマーケティング
〒105-8308　東京都港区虎ノ門4丁目3番12号

装丁・デザイン＝村上 総、吉光さおり、玉川 桜（カミグラフデザイン）
イラスト＝ナカニシミエ
印刷・製本＝図書印刷株式会社